Van Pionier tot Luchtridder

Geschiedenis van het Belgisch Militair Vliegwezen
voor en tijdens de Eerste Wereldoorlog

Uitgeverij De Krijger

ISBN 90-72547-31-4
WET DEPOT/1997/6004/5

Niets uit deze uitgave mag worden verveelvuldigd en/of openbaar gemaakt
door middel van druk, fotocopie, microfilm of op welke wijze ook, zonder
voorafgaandelijke toestemming van de uitgever

Van Pionier tot Luchtridder

Geschiedenis van het Belgisch Militair Vliegwezen
voor en tijdens de Eerste Wereldoorlog

Voorwoord

Een der meest boeiende maar wellicht ook minst bekende aspecten van de Eerste Wereldoorlog is de rol van het vliegwezen in dit strijdgebeuren. Wanneer de oorlogsdreiging toeneemt beginnen de verschillende partijen in Europa het vliegtuig als een mogelijk strijdmiddel te beschouwen. Waar het vliegen eerst als sport werd beschouwd krijgt het nu een militair karakter.

Alhoewel in de luchtvaart de pioniersfase nog niet is afgelopen toch heeft het nieuwbakken vijfde wapen geen moeite voor het vinden van vrijwilligers. Zeer veel cavaleristen en infanteristen beantwoorden de oproep want met de opkomst van de luchtmacht zien velen hun traditionele rol in het oorlogsgebeuren wegvallen. Alhoewel de legerleidingen in de oorlogvoerende landen hiervoor oorspronkelijk niet overtuigd zijn zullen zij naargelang de strijd verder gaat geleidelijk aan hun standpunt herzien.

Voor de vliegeniers betekent het een leven van romantiek, actie en avontuur, of een gelegenheid om roem te vergaren. Naarmate de piloot meer vijandelijke toestellen neerschiet hoe meer zijn aanzien stijgt. Maar het avontuurlijke verdwijnt stilaan en maakt plaats voor dodelijk stuntwerk waar geen ruimte meer is voor romantiek. In de beginfaze heeft de strijd in de lucht nog ridderlijke allures waarbij de piloten elkaar nog met de hand toewuiven. Maar later worden dezelfde mannen piloten van moordmachines. Tegen het einde van de oorlog is er geen plaats meer voor medelijden met de tegenstander.

De evolutie van het vliegen in België verloopt nagenoeg zoals in de omringende landen. Bij het uitbreken van de Eerste Wereldoorlog is de organisatie en de uitrusting van het Belgisch Militair Vliegwezen dan ook nog zeer beperkt. Maar naargelang de strijd verder gaat evolueert het dan ook in een snel ritme mee met het oorlogsgebeuren.

Begin 1910 staat het vliegwezen nog in de kinderschoenen. Met slechts twee min of meer georganiseerde vliegvelden en enkel baron Pierre de Caters als enig brevethouder van burgerlijk piloot blijft het vliegen nog een wereldje van avonturiers. Maar de drang naar het veroveren van het luchtruim neemt snel toe. Bij het uitbreken van de Eerste Wereldoorlog telt België 37 militaire piloten, waarbij zich nog enkele burgerpiloten vrijwillig aanmelden

Hoe dit alles is ontstaan en het door de oorlogsjaren heen verder is geëvolueerd hebben we in bijgaand werk trachten weer te geven. Het werd een lange en moeilijke zoektocht. Met spijt hebben we moeten vaststellen dat talrijke waardevolle documenten verdwenen zijn of zich als gevolg van de Tweede Wereldoorlog in het buitenland bevinden en niet meer voor navorsing toegankelijk zijn. Toch hebben we met het beschikbaar materiaal een beeld kunnen vormen van de opgang, de strijd, de overwinningen maar ook de nederlagen van onze luchtpioniers. Met hun mogelijkheden die erg beperkt waren hebben zij toch een vooraanstaande rol gespeeld in de langdurige strijd voor de bevrijding van het vaderland.

We hebben getracht een stuk geschiedenis van een beperkte groep mensen die toch een belangrijke bijdrage in 's lands verdeding hebben geleverd uit de verborgenheid te halen. Met een terugblik op 80 jaar einde van de Eerste Wereldoorlog is het niet alleen passend de heldendaden van talrijke jonge piloten te herdenken maar ons tevens te bezinnen over hun enorm aandeel in het offer dat zij gebracht hebben om mee te helpen in de opbouw van onze hedendaagse maatschappij.

Tenslotte wensen we ten zeerste alle personen die hun medewerking hebben verleend oprecht te danken. In het bijzonder Etienne Delannoo voor zijn vele maanden zoekwerk in de archieven van het Koninklijk Legermuseum te Brussel en van het Centrum voor Historische Documentatie van de Krijgsmacht in Heverlee, en George Murdoch (Andover-Engeland) voor het navorsingswerk in het RAF Museum te Hendon.

Eerste vliegtuigen

Het heeft eeuwen geduurd vooraleer de mens er is in geslaagd om op te stijgen met een toestel dat zwaarder weegt dan lucht. Vele experimenten en berekeningen zijn er uitgevoerd vooraleer de gebroeders Orville en Wilbur Wright op 17 december 1903 de eerste geslaagde vluchten uitvoeren in Kitty Hawk, in de staat North Carolina in de Verenigde Staten. Gedurende 59 seconden slagen zij erin om een afstand van 852 voet (ongeveer 255 meter) af te leggen. Hieraan waren echter meer dan vier jaar experimenten met zweefvliegtuigen voorafgegaan. De Duitser Otto Lilienthal had immers reeds tussen 1890 en 1896 meer dan 2.000 vluchten met zelfgebouwde zweefvliegtuigen gemaakt. Daarnaast had de Amerikaan Langley op de rivier Potomac proeven genomen met de "aërodroom", een soort zweefvliegtuig dat was uitgerust met een stoommachine. Bovenvermelde experimenten hebben veel bijgedragen in de proefnemingen van de gebroeders Wright.

Met hun zelf ontworpen en gebouwde motor werd de Flyer I in december 1903 in kisten verpakt in hun woning te Dayton en naar North Carolina vervoerd[1]. Daar werd hij weer in elkaar gezet en werden op 14 december de eerste proefvluchten genomen, echter zonder resultaat.

Drie dagen later echter kennen de gebroeders Wright succes. Voor de eerste maal worden de wetenschappelijke grondslagen van het vliegen die Leonardo da Vinci reeds in het begin van de 16° eeuw had vastgelegd met succes uitgeprobeerd. De geslaagde vlucht van de gebroeders Wright mag dan ook beschouwd worden als de geboorte van de hedendaagse luchtvaart. De geboorte van het vliegtuig brengt meteen ook grote invloed mee op de levenswijze en de manier van denken in het begin van de twintigste eeuw.

Alhoewel de gebroeders Wright de uitvinders zijn van het vliegtuig toch is de snelle ontwikkeling in deze pioniersfase toe te schrijven aan de Franse pioniers en dit zonder dat ze afwisten van de proeven in de Verenigde Staten. Aanvankelijk waren de actiefste mensen in Frankrijk de gebroeders Gabriel en Charles Voisin, die mogen beschouwd worden als de eerste vliegtuigconstructeurs uit de geschiedenis van de luchtvaart. De eerste officieel gecontroleerde vlucht werd door de piloot Santos-Dumont op een van hun toestellen uitgevoerd. In 1906 vestigt hij een toenmalig wereldrecord door in 21,2 seconden 207 meter ver te vliegen. Het jaar nadien vliegen ook Delagrange en Farman op vliegtuigen van de gebroeders Voisin. Farman zal later zelf grote bekendheid verwerven bij het ontwerpen van zijn eigen toestellen.

De geschiedenis van de luchtvaart is in feite tamelijk kort en is wellicht een der meest ingewikkelde van alle avonturen die de mensheid heeft meegemaakt. Waar dit aanvankelijk bij illusies bleef is de

[1] De Flyer I was uitgerust met een 12 pk watergekoelde motor in lijn. Het toestel had een vleugelspanwijdte van 12,29 meter en een lengte van 6,43 meter en woog 274 kg. De constructie werd gemaakt uit spar- en essehout die met doek werd bekleed.

luchtvaart tenslotte ontstaan in een tijdsbestek van slechts enkele jaren. De verdere ontwikkeling is daarbij nog versneld als gevolg van de omstandigheden. Wanneer in 1914 de Eerste Wereldoorlog uitbreekt is de rol van de luchtvaart nog zeer beperkt maar daar zal snel wijziging in komen.

In het begin van de twintigste eeuw is de vliegerij in de ogen van het grote publiek eerder het domein van de avonturiers. Voor grote geldbedragen worden door deze waaghalzen de meest gewaagde stunts uitgehaald[2]. De vliegtuigen worden dan ook beschouwd als middelen om een nieuwe sport te beoefenen of gewoon om sensatie te zoeken. Maar de Eerste Wereldoorlog zal hierin een gevoelige verandering teweeg brengen. Voor 1914 wordt slechts in beperkte mate gebruik gemaakt van het vliegtuig als militair wapen.

Maar het pionierswerk in het buitenland heeft ook zijn weerklank in België. Van 25 mei tot 2 juni 1908 wordt in Gent een vliegweek gehouden waaraan de aanwezigheid van de Engelsman Henry Farman aanzienlijk bijdraagt tot het succes. Hij realiseert immers de eerste vlucht met een gemotoriseerd vliegtuig in België.

Daarnaast kent Gent nog andere primeurs. Op 30 mei neemt Henry Farman een passagier mee wat voorheen nog in geen enkele officiële vlucht is gebeurd[3]. De vliegweek in Gent is de aanleiding tot andere luchtvaartmeetings. Na Gent volgen Oostende en Spa. De eerste vluchten in België en de daaraan verbonden hoge geldprijzen inspireren ook landgenoten om de vliegerij te beoefenen. Wie de eerste Belgische piloot is kan niet met zekerheid gezegd worden. Twee personen kunnen er wellicht aanspraak op maken: professor Emile Allard en baron Pierre de Caters. Reeds in 1909 vliegen beiden met een vliegtuig. Maar door deelname aan vele internationale competities heeft de Caters een grotere bekendheid verworven bij het grote publiek.

Ondertussen zijn nog anderen gegrepen door de passie voor het vliegen. Op 2 mei 1910 behaalt de Luikse ingenieur Jules de Laminne zijn vliegbrevet in de Farman vliegschool te Mourmelon in Frankrijk[4]. Onder de eerste piloten vinden we ook de naam van een vrouw terug. Hélène Dutrieu behaalt in 1910 het vliegbrevet nr 27. Tijdens een demonstratievlucht te Blankenberge maakt zij als eerste vrouw ter wereld een heen- en terugvlucht tussen twee steden, Blankenberge en Brugge, met een passagier aan boord[5].

Helaas de pionierstijd eist ook zijn slachtoffers: op 10 juli 1910 tijdens een oefenvlucht op het vliegveld van Gent blokkeert een afgeknapte spankabel de schroef van het toestel van de Luikenaar Daniel Kinet. Zijn vliegtuig stort naar beneden en de piloot overlijdt vijf dagen later aan zijn verwondingen. Hij is het eerste slachtoffer van de Belgische luchtvaart. Twee dagen na de dood van zijn broer stort Nicolas Kinet neer tijdens de vliegmeeting te Stokkel.

(2) In het Koninklijk Legermuseum te Brussel vonden we een omslag met daarin het contract van de Franse vliegenier PARISOT voor een meeting te Ans op 22 juni 1913. Hierin staan volgende voorwaarden:
-Voor het uitvoeren van vluchten op de meeting: 1.300F
-Is het vliegen onmogelijk door regen of door windkracht groter dan 8 meter per seconde dan is de vergoeding 250F
-Is de deelname onmogelijk door ziekte of breuk van het toestel: nul F.

(3) De passagier is de Parijse advocaat Ernest Archdeacon. De volgende dag maakt juffrouw Pottelsberghe de la Potterie als eerste vrouw ter wereld een vlucht mee als passagierster.

(4) Jules de Laminne is de eerste piloot die een koninklijk persoon als passagier tijdens een van zijn vluchten heeft meegenomen. Dit gebeurde op het vliegveld van Kiewit en zijn medereiziger was koning Ferdinand van Bulgarije.

(5) De passagier was haar technieker Beaud. De vlucht werd uitgevoerd met een Farman HF3 op 3 september 1910.

QUINZAINE D'AVIATION DE STOCKEL. — UN VOL DE M. DE CATERS.

Een vlucht van Pierre de Caters tijdens de vliegmeeting te Stokkel.

In 1910 heeft België twee min of meer georganiseerde vliegvelden: Kiewit bij Hasselt en Sint Job in 't Goor bij Antwerpen. Het vliegveld te Sint Job in 't Goor is het persoonlijk bezit van Pierre de Caters; als schatrijk edelman sedert lang een fervent liefhebber van autorennen. Deze man heeft zonder twijfel het meest bijgedragen tot de ontwikkeling van de Belgische luchtvaart.

Kiewit heeft het privilegie te beschikken over een nieuwe Farman HF3 welke de Laminne gekocht heeft te Mourmelon. Op 7 juli brengt Minister van Oorlog Hellebaut een bezoek aan het vliegveld van Kiewit en maakt een vlucht mee met het vliegtuig van de Laminne. De minister is zo entoesiast dat hij besluit een vliegafdeling in het Belgisch leger op te richten. Daarbij verzoekt hij de Laminne de officieren welke door het Ministerie van Oorlog zullen aangeduid worden een vliegtraining te geven. De Laminne gaat zelfs zo ver dat hij belooft dit te doen uit louter plezier, zonder enige vergoeding.

Enkele dagen later beslist generaal Hellebaut dat de vliegtuigen moeten ingeschakeld worden in de Compagnie d'Ouvriers et d'Aérostiers te Wilrijk welke op dat ogenblik onder het bevel staat van Le Clément de Saint Marcq. Volgens het bevel van de generaal dienen de toekomstige piloten een opleiding te volgen zoals deze aan de Franse burgerluchtvaartscholen wordt gegeven. Eenmaal deze training doorgemaakt zullen ze ingeschakeld worden voor een verdere training bij de Compagnie des Aérostiers. De piloten zullen als vrijwilligers gerecruteerd worden uit de genieregimenten.

De interesse bij de militairen is zo groot dat talrijke aanvragen bij het ministerie toekomen en generaal Hellebaut aan Le Clément de Saint Marcq opdracht geeft om zo snel mogelijk in contact te komen met de Laminne om een vliegtuig te kopen en ermee opleiding te geven(6). Het wordt een Farman tweedekker met een 50 pk Gnome motor.

(6)Zie nota D.M. 4°Direction Générale 1er Bureau 2° section No 20086 du 9 septembre 1910.

Op 3 oktober 1910 wordt luitenant Georges Nelis officieel aangeduid om een vliegopleiding te volgen te Kiewit. Na zijn opleiding vertrekt Nelis samen met drie techniekers naar Mourmelon om er aan de Farmanschool nog meer ervaring op te doen. De techniekers krijgen een opleiding in de Gnomefabrieken waar vliegtuigmotoren worden gebouwd[7].

Twee cavalerieofficieren, Emmanuel Bronne van de 2° Lansiers en Robert Dhanis van de 1° Gidsen gaan privaat naar Kiewit om er een vliegopleiding te volgen. Ook Pierre Lebon behaalt er als leerling van de Laminne zijn brevet. Om een vliegbrevet te halen zijn de eisen niet zo streng: driemaal een vlucht maken van vijf kilometer in een gesloten achtvormige kring en daarbij evenveel keer landen op een lengte van maximum 150 meter![8] Om het miltair vliegbrevet te behalen is er vooreerst een brevet van burgerlijk piloot vereist. Daarenboven dient nog een parcours afgelegd waarvan de afstand dertig kilometer bedraagt tussen het vetrekpunt en een opgelegd doel.

Intussen kent ook Pierre de Caters succes met zijn vliegschool te Sint Job in 't Goor. Twee jonge luitenanten Baudouin de Montens d'Oosterwijck en Alfred Sarteel hebben er het vliegen als hobby gekozen. Daarnaast komen ook nog de burgerpiloten Jan Olieslagers, Jules Tyck en graaf Joseph d'Hespel veelvuldig oefenen op het vliegveld van de Caters. Zelfs de Nederlandse regering stuurt afgevaardigden naar de school te Sint Job in 't Goor om de organisatie van de lessen te bestuderen. Ook Nederlandse officieren doen een aanvraag om er de lessen te mogen volgen.

Reeds een jaar vooraleer generaal Hellebaut een bezoek bracht aan Kiewit had de Caters de Minister van Oorlog laten weten dat hij zijn vliegveld beschikbaar stelde voor alle officieren die een vliegopleiding willen volgen. Hij was immers de eerste Belg die een vliegbrevet haalde en door zijn successen op vliegmeetings met zijn Voisin trekt hij ook de aandacht van meerdere officieren.

Op 31 oktober 1910 beslist generaal Hellebaut een comité op te richten om een organisatieplan voor een vliegeenheid op te stellen[9]. Uit het rapport volgt een voorstel om een militaire vliegschool op te richten. Tevens beveelt het aan om vliegend personeel te recruteren vanuit het gehele leger. Het aankopen van een toestel Henry Farman zal noodzakelijk zijn evenals de nodige wisselstukken en gereedschappen. Als toekomstig vliegveld wordt het militair oefenterrein van Brasschaat vooropgesteld, waar zich een oefenterrein van de artillerie bevindt.

Het Ministerie van Oorlog aanvaardt het voorstel en in Brasschaat worden de werkzaamheden gestart om het terrein te effenen. Na Nelis wordt een tweede officier, luitenant Lebon, aangeduid om een vliegopleiding te volgen in Kiewit. Kort daarna volgen ook de luitenanten Bronne en Dhanis die intussen reeds hun brevet van burgerpiloot behaald hebben.

[7] Het zijn de soldaten Carels, technieker, Pauwels en Salbater, beiden schrijnwerkers.

[8] Voor de lijst van de behaalde brevetten zie bijlage I.

[9] Dit comité wordt voorgezeten door generaal Van Sprang.

Bij de aanvang telt het Militaire Vliegwezen in totaal vijf piloten: Nelis, Lebon, Bronne, Dhanis en Sarteel die zijn eindproeven te Sint Job in 't Goor heeft afgelegd en de anderen volgt naar Brasschaat. Daar worden nog twee techniekers en een schrijnwerker aan toegevoegd die het onderhoud van het toestel moeten verzekeren.

Maar het blijft wachten op een toestel. Gelukkig kan de vliegschool starten met een Aviator toestel dat Pierre de Caters begin 1911 aangeboden heeft aan koning Albert welke het schenkt aan de school om ermee opleidingen te geven. Op 1 mei wordt met de opleiding van de militairen gestart. Wanneer op 5 mei de officiële inhuldiging van de Militaire Vliegschool plaats vindt kunnen ze beschikken over twee vliegtuigen. De vroegere Aviator van de Caters en de Farman welke op het einde van het vorige jaar werd besteld, en welke door de Laminne in Kiewit wordt gebruikt, en door hem zelf met Nelis als passagier naar Brasschaat wordt overgevlogen tijdens de openingsdag.

Maar tijdens een demonstratievlucht van luitenant Emmanuel Bronne verliest hij tijdens de vlucht als gevolg van zijn kleine gestalte het contact met het roer. Zijn toestel gaat aan het slingeren en het stort naar beneden. Bronne wordt met brandwonden en een gebroken dijbeen weggebracht. Er wordt er van afgezien om de Aviator uit zijn loods te halen daar de omstandigheden er zich nu zeker niet toe lenen.

Bij ministerieel besluit van 19 mei 1911 worden twee nieuwe leerlingen aangeduid: de onderluitenanten Soumoy van de 1° Jagers te voet en Rochet van de vestingsartillerie. Om de opleidingen niet te vertragen wordt onmiddellijk een nieuw toestel in bestelling genomen welke op 24 mei in Brasschaat wordt afgeleverd. Maar opnieuw slaat het noodlot toe. In de vroege morgen van de daaropvolgende dag stort het toestel met Soumoy en Dhanis aan boord naar beneden. De bemanning komt ongedeerd uit het avontuur maar het toestel zelf is onherstelbaar verloren. Op 7 augustus wordt een derde Farman geleverd, gevolgd door een vierde op 31 augustus.

Meerdere kandidaten bieden zich aan om toestellen toe te leveren aan het leger. Jules de Laminne heeft reeds meerdere piloten opgeleid en hij is daarbij de vertegenwoordiger van Henry Farman. In een fabriekje te Herstal maakt Léon de Brouckère vliegtuigen van Henry Farman en later zijn eigen ontworpen toestel, dit met de medewerking van ingenieur Emile Allard, in een loods te Kiewit. Daarenboven is Pierre de Caters verantwoordelijk voor de verkoop van de Duitse Aviatik machines[10].

Tot nu toe werden alle nieuwe machines voor het Militair Vliegwezen aangekocht bij Farman. Maar tijdens de vliegweek in Antwerpen slaagden de gebroeders Bollekens erin het toestel van de Caters, dat tijdens de openingsdag beschadigd werd in een minimum van tijd te herstellen. Regelmatig wordt door de Caters op de firma beroep gedaan om reparaties uit te voeren. Dit bedrijf in de Pelikaanstraat te

[10] De AVIATIK toestellen werden gebouwd door de Automobil und Aviatikwerke te Freiburg im Breisgau.

(11) De firma werd in 1858 gesticht door Jerome Bollekens. Hij overleed in 1905 en werd opgevolgd door zijn zonen Eugène, Joseph en Isidore. In 1910 richten ze een aparte firma op voor het bouwen van vliegtuigen onder de naam JERO. Naast de licentie voor het bouwen van de Farman bekomen ze ook brevetten voor verbeteringen die ze aanbrengen aan de vliegtuigen en voor het maken van speciale transportwagens voor het vervoer van vliegtuigen langs de weg.

(12) Kaptein-commandant Mathieu, een ballonvaarder, die als eerste commandant van het Vliegwezen wordt benoemd beschikt zelf niet over een vliegbrevet. Wel vliegt hij regelmatig mee als passagier. Dit zal weldra door enkele piloten kwalijk genomen worden. Vooral Willy Coppens hekelt dit gemis aan vliegervaring veelvuldig in zijn latere geschriften. Zo schrijft hij onder andere: "Het duurde niet lang of Mathieu stelde REGLEMENTAIRE OVERGANGSSCHIKKINGEN VOOR DE ESCADRILLES op. Bevelvoerders die zelf niet op de bres staan voelen snel de behoefte om de acties van hun ondergeschikten te reglementeren en te kortwieken". Zie doc. KML:AC21.279A A.E/L.R.1983-85.

Antwerpen is een schrijnwerkerij en aldus goed uitgerust voor het herstellen van de vleugels die uit een houten geraamte worden vervaardigd(11). Weldra verwerven ze het recht om de toestellen van Henry Farman onder licentie te bouwen. Hierdoor worden zij de enige leveranciers van toestellen aan het Belgisch leger. Ondertussen brengt de firma Bollekens talrijke verbeteringen aan de toestellen aan. De motoren van het type Gnome welke aanvankelijk een vermogen hebben van 25 pk worden eerst vervangen door motoren van 50 pk en daarna van 70 pk. In samenspraak met het hoofdbedrijf in Frankrijk worden nog technische wijzigingen aan de constructie aangebracht. Na aandringen van commandant Mathieu wordt rond de zetels van de bemanning een soort cockpit gebouwd; en de stabilisator die zich vooraan bevindt wordt nu naar achter verplaatst. Al deze wijzigingen hebben als resultaat dat de door de firma Bollekens geleverde toestellen een snelheid van 125 kilometer per uur halen. Tegen het begin van de Eerste Wereldoorlog zijn er 24 machines toegeleverd.

Volgende vliegtuigen werden door de firma Jero aan het Belgisch leger toegeleverd:

vliegtuigtype	leveringsjaar	aantal
Farman type 1909	1910	1
Farman Ecole 1910	1911	3
Farman HF16	1912	4
Farman HF20	1913-1914	20

Vooraleer de Duitsers hun aanval op Antwerpen zullen starten stelt de regering een trein ter beschikking waarvan de firma Bollekens gebruik kan maken om uit te wijken naar Calais. Veertig gespecialiseerde arbeiders trekken samen met hun familie richting Oostende om vier dagen later eerst naar Le Havre door te reizen en daarna terug te keren naar Calais. Hier zal voortaan het centrum voor de reparatie van vliegtuigen ondergebracht worden voor de rest van de oorlog.

Door het uitbreiden van de luchtvaartactiviteiten dringt er zich ook een herschikking op in de leiding. Commandant Mathieu wordt aangeduid om Le Clément de Saint Marcq op te volgen als het hoofd van de Compagnie d'Ouvriers et d'Aérostiers du Génie en van de nieuwe vliegschool te Brasschaat(12).

Intussen is de Broqueville de nieuwe Minister van Oorlog geworden ter vervanging van generaal Hellebaut. Op 29 maart 1913 ondertekent hij een decreet waarin het vliegveld van Kiewit een militair vliegveld wordt, met een elementaire vliegschool. Hiertoe worden som-

De werkplaatsen van de gebroeders Bollekens te Antwerpen waar op industriële wijze vliegtuigen in serie werden vervaardigd. Na het uitbreken van de oorlog werd de hele fabriek naar Frankrijk overgeplaatst.

mige van de burgerlijke instructeurs aangeworven om er te werken onder militaire supervisie van luitenant Demanet. Ook te Sint Job in 't Goor komt er een nieuwe bevelvoerder; luitenant Sarteel.

Daar het aantal piloten steeds toeneemt is het Ministerie van Oorlog van oordeel dat een splitsing tussen de ballonvaarders en de vliegeniers zich opdringt. Alle vliegend personeel wordt daarom gegroepeerd in een nieuwe eenheid die de naam "Compagnie des Aviateurs" krijgt, onder de leiding van commandant Mathieu. De Belgische Luchtmacht is geboren!

De "Compagnie des Aviateurs"

De officiele erkenning van deze nieuwe eenheid wordt vastgelegd in een koninklijk besluit van 16 april 1913, waarin de vliegeniers voortaan volledig onafhankelijk zijn van de ballonvaarders. De militaire vliegers krijgen de nodige zelfstandigheid in de "Compagnie des Aviateurs" welke ingedeeld wordt in een aantal escadrilles[13].

In eerste instantie wordt eraan gedacht vier escadrilles (één per legerdivisie) te vormen met in het achterhoofd het idee om het aantal zo snel mogelijk uit te breiden tot zes. Dit zou in enige mate overeenstemmen met de geplande oorlogsorganisatie. Deze nieuwe organisatie wordt effectief op 26 april 1913[14].

In juni wordt nog een aantal Farman HF20 toestellen met een 80 pk motor geleverd waardoor het beschikbare aantal is toegenomen tot twintig. De eerste operationele opdracht wordt uitgevoerd op 26 mei. Twee toestellen bestuurd door Demanet en Moulin nemen er deel aan de legermaneuvers in het kamp van Beverlo. Op 1 juni 1913 is Kiewit geopend als nieuwe militaire vliegschool en Brasschaat behoudt de status van belangrijkste militaire vliegschool. Daarnaast worden er ook nog nieuwe vliegvelden aangelegd nabij de vesterkte plaatsen Luik en Namen.

De opleiding van de militaire piloten gebeurt in drie fasen. Vooreerst dienen de kandidaten hun voorbereidend brevet te halen aan de vliegschool van Sint Job in 't Goor, waar de firma Bollekens instaat voor de lessen onder de leiding van Fernand Verschaeve[15].

Na het behalen van dit brevet volgt nog een vervolmakingscursus in de vliegschool van Brasschaat. Tenslotte dient een examen afgelegd voor een militaire jury. Als slot volgt een effectieve vliegopleiding onder het toeziend oog van een ervaren piloot.

Maar de opleiding eist ook zijn slachtoffers. Tijdens een oefenvlucht boven de Ardennen op 28 juni 1914 stort het vliegtuig van onderluitenant Felix Liedel neer te Martelange; met de dood van de piloot als gevolg. Wanneer Lucien Poot en Maurice Hubert tijdens een van hun vluchten naar het kamp van Beverlo, waar zij aan de legeroefeningen zullen deelnemen, op 10 juli 1914 neerstort op een loods wordt Hubert hierbij dodelijk gewond.

Overeenstemmend met het koninklijk besluit worden vier escadrilles opgericht[16]. Elke escadrille beschikt over vier vliegtuigen en heeft daarbij zijn eigen administratief- en onderhoudspersoneel. Voor het transport van de vliegtuigen staan vijf trekkers ter beschikking met evenveel aanhangwagens. Daarbij hoort nog een mobiele werkplaats en een voertuig met de nodige uitrusting en een motorrijwiel om snel de bevelen van het hoofdkwartier naar de piloten te kunnen overbrengen. Eveneens beschikken ze over vrachtwagens met de nodige reservebrandstof, de

---

(13) Voor de tekst van het decreet zie bijlage II.

(14) Voor een overzichtschema van het ontstaan van het Vliegwezen zie bijlage III.

(15) Fernand Verschaeve, houder van brevet nr 17, zal echter in de functie van testpiloot verongelukken tijdens een proefvlucht te Sint Job in 't Goor op 8 april 1914. Hij wordt in zijn functie opgevolgd door de piloot Réné Vertongen, brevethouder nr 70.

(16) Voor de samenstelling van de Compagnie des Aviateurs bij het uitbreken van de Eerste Wereldoorlog zie bijlage IV.

wisselstukken, het kampeergerief en de eerste-hulp-toestellen voor bij eventuele ongevallen. De trekkers waarop zes zitplaatsen zijn voorzien kunnen door het wegnemen ervan omgebouwd worden tot ambulances, terwijl de aanhangwagens gebruikt kunnen worden voor het vervoer van de ontmantelde vliegtuigen.

Vanaf februari 1914 kunnen op vraag van het Vliegwezen de officieren van om het even welk wapen toelating bekomen om als passagier mee te vliegen met de militaire piloten. Het is de bedoeling de mannen voor te bereiden tot de opleiding van waarnemer.

De Belgische vliegers tijdens de maneuvers van het vliegwezen in het kamp van Beverlo.

Twee escadrilles zijn gevormd wanneer in augustus 1913 de zomermaneuvers plaatsgrijpen in de streek tussen Samber en Maas. De 1° escadrille onder leiding van luitenant Demanet begeeft zich op 23 augustus naar Liegnon waar ze ter beschikking wordt gesteld van de 3° legerdivisie. Generaal Leman, bevelhebber van de 3° legerdivisie, ziet hierin echter geen enkel voordeel want hij beschouwt de escadrilles eerder als last. Over de maneuvers van het vliegwezen in het kamp van Beverlo schrijft hij: *"Une petite escadrille de 4 avions faisait partie de cette division, je voulus l'employer à Beverlo. Elle fait sans doute de son mieux mais en fin de compte elle ne fit quasi rien... Bref, l'expérience me prouva que je commettrais une faute grossière en comptant sur leur aide au jour de danger et l'évènement confirma le jugement que j'avais porté sur leur insuffisance."*

De 2° escadrille van luitenant Wahis trekt naar Laneffe om er onder het bevel geplaatst te worden van de 2° legerdivisie. Gedurende meerdere dagen worden talrijke verkenningsvluchten uitgevoerd.

Wanneer de oorlog zich aankondigt is de Belgische militaire luchtvaart nog in volle ontwikkeling. Vier escadrilles zijn opgericht waarvan er nog twee in volle organisatie welke in reserve gehouden worden te Brasschaat. In totaal staan 37 militaire piloten klaar met daarbij nog 8 gemobiliseerde burgerpiloten die een vijfde escadrille vormen; de "escadrille eendekkers"[17]. Sommige piloten stellen hun eigen toestel ter beschikking. Henri Crombez vliegt er met zijn Deperdussin; Jan Olieslagers en Jules Tyck bieden hun Bleriot eendekker aan om de nakende oorlog aan te vatten.

Ook de andere landen hebben zich op het gebied van de luchtvaart op een nakende oorlog voorbereid. In april 1912 werd in Groot-Brittanië het Royal Flying Corps opgericht. Evenals in België is hier het vliegwezen ook ontstaan uit de sectie ballonvaarders. Het wordt beschouwd als een onafhankelijke eenheid maar wordt uiteindelijk ingedeeld in drie secties: de Military Wing onder het ministerie van oorlog, de Naval Wing onder de bevoegdheid van de admiraliteit en de Central Flying School die aan beide afdelingen opleiding geeft. Het squadron vormt er de tactische eenheid welke beschikt over drie groepen met elk vier vliegtuigen. Wanneer het Britse Expeditieleger naar het Europese continent komt beschikt het over 63 toestellen waar er kort nadien nog 10 toestellen van de Naval Wing bijkomen.

Het kenteken dat bevestigd werd op de revers van het uniform van de piloten van het Royal Flying Corps.

In oktober van hetzelfde jaar start ook Duitsland met de Fliegertruppe. Aanvankelijk werd bij de oprichting van de Duitse luchtmacht het opperbevel over de vliegtuigen onder het gezag van de inspecteur-generaal van het vervoer gesteld. Tegenover het gebruik van het vliegtuig als wapen stond ook in Duitsland de meerderheid van de bevolking zeer sceptisch. Bij de mobilisatie zijn de Duitsers in staat bijna 230 toestellen in te zetten welke beschikbaar gesteld worden aan 33 Feldflieger Abteilungen met elk zes toestellen en 8 Festungsflieger Abteilungen met telkens drie toestellen.

Frankrijk is echter het eerste land ter wereld welke het vliegtuig inschakelt voor militaire doeleinden. In augustus 1909 beslist de Franse minister van oorlog generaal Brun om enkele vliegtuigen aan te kopen en ze ter beschikking te stellen van de artillerie en de genie. De

(17)Lijst van de gebrevetteerde militaire piloten: zie bijlage V.

Franse eenheid is de escadrille die beschikt over zes toestellen. In augustus 1914 zijn reeds 21 escadrilles met tweezitters operationeel. Daarbij maken vier escadrilles met elk drie toestellen de verbinding met de cavalerie. Bij het uitbreken van de Eerste Wereldoorlog is langs geallieerde zijde het Franse vliegwezen veruit het best uitgerust met zijn 138 onmiddellijk inzetbare toestellen.

Bijna alle vliegtuigen gebruikt bij het Belgisch vliegwezen zijn van het type Henry Farman; uitgezonderd sommige welke het persoonlijk bezit zijn van de piloten die zich vrijwillig hebben aangeboden en nu deel uitmaken van de 5° escadrille. De Duitsers maken hoofdzakelijk gebruik van Tauben, Albatros en Aviatik toestellen, terwijl de Fransen het houden bij Voisin of Farman. Bij de Britten zijn zowel Bleriots, Henry Farmans als Avro's in gebruik.

Op 4 augustus worden de twee operationele eenheden naar hun oorlogsbasissen gestuurd. De 1° escadrille naar Ans bij Luik om er verkenningsvluchten uit te voeren rond de Luikse forten. De 2° escadrille trekt naar Belgrade bij Namen. Nog dezelfde avond overvliegen twee toestellen van de 1° escadrille met de bemanningen Hagemans-Gallez en Massaux-Daumerie de Belgisch-Duitse grens. Duitsers zijn er niet te bespeuren...

Piloot Verschaeve aan boord van een Farman toestel gemaakt onder licentie door de constructiehuizen JERO van de gebroeders Bollekens te Antwerpen.

BALLONVAART

Reeds 120 jaar voor de vlucht van de gebroeders Wright, op 21 november 1783, slaagde de eerste mens erin om los van de grond te komen door gebruik te maken van het "lichter dan lucht" principe. Door een gondel vast te maken aan een hete-lucht-ballon slagen professor Jean-François Pilâtre de Rozier en legermajoor Marquis François d'Arlandes er in te Parijs gedurende 25 minuten een afstand van ongeveer drie kilometer af te leggen. Maar deze proef werd slechts mogelijk gemaakt dank zij het idee van de gebroeders Montgolfier die op 4 juni 1783 op de markt van Annonnay een ballon gevuld met warme lucht laten opstijgen tot op een hoogte van ongeveer 2.000 meter. Op 19 september doen ze de proef opnieuw over in Parijs maar nu met een haan, een schaap en een gans als passagiers. Reeds tijdens de derde vlucht verlaten Pilâtre de Rozier en majoor d'Arlandes als eerste mensen de aarde. Zij verdienden als eersten de naam aéronauten of luchtvaarders.

Een luchtballon en enkele vliegtuigen op het vliegveld van Wilrijk.

Maar ook in de ballonvaart zet de evolutie zich door. In 1852 rust de Franse ingenieur Giffard een ballon uit met een stoommachine van 3 pk die met een propellor is verbonden en tevens is uitgerust met een vertikaal roer. De sigaarvormige ballon heeft een lengte van 43 meter en bereikt een uursnelheid van 8 kilometer. Hierdoor is de luchtballon, waarvan zijn vlucht tot nu toe afhankelijk was van de grillen van wind en luchtstromingen, nu bestuurbaar geworden. De geboorte van het luchtschip is een feit.

Dit nieuw type toestel ontwikkelt zich zeer snel; en dit gaat zelfs door na de geboorte van het vliegtuig. De bouw van luchtschepen wordt meer en meer verfijnd en gecompliceerd. In Duitsland is men ook actief in het uitproberen van luchtballons. In 1892 ontwikkelen Major August von Parseval, Hauptmann Hans Bartsch von Siegfeld en August Riedinger een "Drachen" welke is uitgerust met een stabilisatievin.

Het oplaten van een Duitse kabelballon. Bemerk links de gemotoriseerde windas.

De Duitse graaf von Zeppelin wordt een van de belangrijkste figuren bij het ontwikkelen en het testen van luchtschepen[18]. Opmerkelijk bij de constructie van zijn luchtschepen is het geraamte dat uit aluminium is vervaardigd waardoor het een veel stijvere structuur bekomt. Zijn vele proeven zullen uiteindelijk leiden naar de bouw van luchtgiganten die in de beginfaze van de Eerste Wereldoorlog een aanzienlijke rol zullen spelen tijdens de bombardementen op Luik en Antwerpen.

Ook in België is men actief op het gebied van ballonvaart. De eerste "Montgolfiers" worden gevuld met hete lucht. Reeds negen dagen na het opstijgen van de eerste luchtballon deed de Franse academicus Alexandre César Charles met succes een proef waarbij de hete lucht werd vervangen door waterstof.

De uit Maastricht afkomstige professor aan de Leuvense universiteit Jan Pieter Minckelers slaagt in 1783 erin om een met koolgas gevulde onbemande ballon de lucht in te sturen; wat tevens het signaal was om de koolgasindustrie op gang te brengen. Waar in de beginjaren de ontwikkeling van de ballonvaart eerder idyllische allures aanneemt wordt algauw ook de luchtballon voor militaire doeleinden gebruikt.

Tijdens de strijd tussen Frankrijk en Oostenrijk vindt in juni 1794 door de Franse "Compagnie d'Aérostiers" voor het eerst een militaire opstijging van een ballon aan een kabel plaats in Maubeuge[19]. Hierdoor is men in staat vanuit de lucht uitstekend de stellingen van de vijandelijke troepen te observeren. Meer dan een eeuw later zal van dit principe nog veelvuldig gebruik gemaakt worden langs beide zijden van

(18) Ferdinand A.H. graaf von Zeppelin (Konstanz 1838-Charlottenburg 1917) Duits generaal en uitvinder. Hij nam deel aan de oorlog van 1866 tegen Oostenrijk en aan die van 1870 tegen Frankrijk. In 1891 verliet hij het leger om zich geheel te wijden aan de luchtvaart. Zijn eerste successen behaalde hij met de bestuurbare luchtschepen die naar hem werden genoemd. Tijdens de Eerste Wereldoorlog werden er meerdere Zeppelins ingezet voor bombardementen tijdens de raids op Engeland.

(19) Hierin hebben de waarnemingen van generaal Van Damme (van Belgische oorsprong) een groot deel bijgedragen tot de Franse overwinning op de Belgo-Oostenrijkse troepen.

de frontlijn in Vlaanderen.

Tegen het einde van 1846 richt de Brusselse dokter Van Hecke de "Société Générale de Navigation Aérienne" op. Hij wil tevens een nieuw principe uitproberen voor het stijgen en dalen. Waar er tot nu toe gebruik werd gemaakt van verlies van ballast of aan gas, test hij nu het principe van horizontale schroeven uit welke door mankracht worden aangedreven. Maar bij gebrek aan kapitaal blijft het bij één succesvolle proefvaart.

Steeds meer en meer begint men nu vanuit militaire kringen het nut en belang van de luchtballon in te zien. De ontwikkeling van de luchtverkenning past immers in het geheel van militaire ontwikkelingen in België.

Enkele decennia na het uitroepen van de Belgische onafhankelijkheid is de hogere legerleiding begonnen met de uitbouw van de vesting Antwerpen. De oude wallen rond de havenstad welke nog herinneren aan de Spaanse overheersing worden afgebroken en vervangen door een nieuwe vestinggordel die twee tot drie kilometer buiten de Spaanse wallen ligt. Volgens de plannen van generaal Henri Alexis Brialmont moet de vesting Antwerpen een sleutelpositie innemen in het toenmalige militaire denkbeeld in België.

In 1887 besluit generaal Brialmont, inspecteur van het Belgisch Genie-wapen de nieuwe vesterkte plaats met kabelballons uit te rusten. Daar dit onder de bevoegdheid van de genie valt wordt een nieuwe dienst toegevoegd aan de "Compagnie d'Ouvriers du Génie". Later zal de oficiële benaming gewijzigd worden in de "Compagnie d'Ouvriers et d'Aérostatiers du Genie". Deze dient te worden gevestigd op het Wilrijkse plein, gelegen vlak buiten de vesting Antwerpen op het militaire oefenveld Kruishoek. Het bevel wordt er gevoerd door Kapitein Mahauden. Verschillende bevelhebbers volgen hem op[20]. De eerste instructeur is de burgerballonvaarder Auguste Toulet. Hij vindt echter op 17 september 1895 de dood wanneer zijn ballon de "CHERRY BLOSSOM" ontploft nabij Halle. Hij wordt in zijn functie van instructeur opgevolgd door E.Godart, ook een burgerballonvaarder.

Op 23 januari 1901 sticht Fernand Jacobs "L'Aéro Club Royal de Belgique" met het doel de ballonvaarders te verenigen. Deze club groepeert bijna uitsluitend Franstalige ballonvaarders. Aan het samengaan met de vliegeniers wordt er op dit ogenblik nog niet gedacht want het vliegen met machines zwaarder dan de lucht staat nog in de kinderschoenen.

Na de eeuwwisseling neemt de publieke interesse voor de ballonvaart wat af. Om de belangstelling opnieuw wat aan te wakkeren worden er talrijke ballonfeesten gehouden, zoals het "Fête Aérostatique" te Brussel ter gelegenheid van de 75° verjaardag van de Belgische onafhankelijkheid. Maar het blijft nog steeds een spectakel en er worden grote prijzen uitgeloofd voor de waaghalzen.

[20] De opeenvolgende bevelhebbers na Mahauden waren Van de Borre in 1890, Tournay in 1896 en Millard in 1899.

In Antwerpen wordt de eerste internationale vliegweek gehouden vanaf 23 oktober tot 2 november 1909 op het militair oefenplein op het Wilrijkse plein, de standplaats van de Compagnie d'Ouvriers et d'Aérostiers du Génie. Hieraan nemen zes Belgen deel: Pierre de Caters, Jan Olieslagers, Paul Wilford, Tips, Bulot en Druet. Deze luchtvaartmeeting kan bogen op koninklijke interesse.

Op 30 oktober maakt prins Albert (de latere koning van België) een vlucht met een bestuurbaar luchtschip van graaf De la Vaux, de Zodiac III. Dit tot grote ergernis van koning Leopold II die de jeugdige prins prompt kamerarrest oplegt. Dat Albert grote belangstelling heeft voor de ontluikende luchtvaart is reeds twee jaar eerder gebleken toen hij op 27 mei 1907 met de ballon La Belgique een vlucht meemaakt nabij Versailles.

Ook in het buitenland neemt de belangstelling toe en worden grote sommen geld uitgeloofd voor allerlei acrobatische toeren. Zo vinden we in de "Courier de Herve" van 12 april 1914 een artikel terug waarin een zekere Ivan Sopornovski in zijn testament maar liefst een som van een half miljoen uitlooft voor de vliegenier die zijn lijkkist door de lucht naar zijn begraafplaats zou overvliegen. Het was een jonge ballonvaarder Posoff die het probeerde maar verongelukte tijdens het dalen.

> **Un enterrement par les airs.** — On écrit de Londres : M. Iv. Sopornoski avait, par clause testamentaire, alloué un demi-million à l'aviateur qui transporterait son cercueil par la voie des airs jusqu'au cimetière. C'est un jeune aéronaute Posoff, qui entreprit cet original enterrement mais en atterrissant, il faillit se tuer. Les membres de la famille du défunt ont dû débourser la forte somme.

Artikel verschenen in COURRIER DE HERVE van zondag 12 april 1914.

Het Belgisch leger beschikt voor het uitbreken van het wereldconflict slechts over enkele luchtschepen. Bij gebrek aan financiële middelen wordt er geen energie gestoken in het ontwikkelen van bestuurbare ballons.

In 1909 neemt het Belgisch leger zijn eerste luchtschip in dienst. Het burgerluchtschip ZODIAC is 42,5 meter lang en heeft een doormeter van 7 meter. Zijn volume beslaat 1.700 kubieke meter. Hij heeft een vliegbereik van 7 uren en kan een maximun snelheid van 40 kilometer per uur halen. Tijdens de Antwerpse vliegweek overvliegt de ZODIAC zowel Mechelen als Brussel om na een vlucht van twee en een half uur opnieuw te Antwerpen te landen.

Overtuigd door de buitengewone prestaties besluit de legerleiding om het toestel aan te werven voor het opleiden van het personeel van de "Compagnie des Ouvriers et Aérostiers Militaires du Génie". In augustus 1913 wordt het luchtschip van een nieuwe ommanteling voorzien en het maakt in deze periode nog talrijke proefvluchten. Tot in 1914 wordt het bewaard in een loods op het oefenplein van Wilrijk.

Eind 1909 verwerft ons land onder het initiatief van Ernest

Solvay en Robert Goldschmidt de "Belgique", een in Parijs door Louis Godard gecontrueerde bestuurbare ballon. Na vele wijzigingen ondergaan te hebben wordt hij als "Belgique II" op 12 oktober 1910 overgemaakt aan de "Compagnie des Aérostiers" van het Belgisch leger. Na verdere aanpassingen overvliegt de "Belgique III" met reservecommandant Soucy en kapitein Seeger aan boord enkele dagen voor de val de versterkte vesting Antwerpen. De Belgique III heeft een volume van 4.200 kubieke meter; is 63 meter lang en heeft een doormeter van 11 meter. Zijn maximale snelheid bedraagt 45 kilometer per uur en hij kan een vlucht van maximum 10 uur uitvoeren.

De Belgique III zal evenmin aan de directe verdediging van het Belgisch grondgebied deelnemen. Hij wordt na een aanpassing ondergaan te hebben samen met zijn piloot Soucy overgemaakt aan de Franse regering en naar Rochefort uitgestuurd om onderzeeboten op te sporen en konvooien op zee te begeleiden.

Ondertussen is nog een derde luchtschip bijgekomen, ditmaal een burgertoestel. De "Ville de Bruxelles" is met zijn 73 meter lengte, zijn volume van 8.300 kubieke meter en 13,1 meter doormeter de grootste in de reeks. Aangedreven door twee motoren (type PIPE van elk 120 pk) bereikt hij een maximum snelheid van 50 kilometer per uur.

Geen enkele van de drie luchtschepen is uitgerust voor militaire doeleinden en met het overbrengen van de Belgique III naar Frankrijk eindigt ook de korte geschiedenis van de Belgische luchtschepen.

Het gebruik van kabelballons daarentegen zal door het Belgisch leger veelvuldig toegepast worden. In 1888 komt de afdeling ballonvaarders bij de "Compagnie d'Ouvriers du Génie" terecht. Deze

Het oplaten van een Belgische kabelballon tussen de hopen stalmest te Pollinkhove.

afdeling staat onder de leiding van Georges Le Clément de Saint-Marcq. In 1896 wordt hij bevelhebber van de compagnie tot wanneer hij in 1910 wordt opgevolgd door kapitein-commandant Mathieu. Zijn officierenkader bestaat uit kapitein Seeger en de luitenanten Nelis, Lebon, Moulin en Eckstein.

De offciele benaming van de dienst der ballonvaarders wordt "Compagnie d'Aérostiers", welke bestaat uit vier secties uitgerust met elk één ballon. Twee secties worden gestationneerd in Wilrijk (Antwerpen), één in Jambes (Namen) en één in Ans (Luik). De "Compagnie d'Aérostiers" is samengesteld uit 3 kapiteins, 5 luitenanten en onderluitenanten, 1 adjudant, 1 eerste-sergeant, 1 sergeant-majoor, 1 sergeant-foerier, 11 sergeanten, 12 korporaals, 3 klaroenblazers en 225 soldaten.

Manschappen bij een gemotoriseerde windas welke door middel van een stalen kabel de ballon kan naar beneden halen.

Het kader bestaat uit commandant van de compagnie Van Meenen; kapitein Seeger en luitenant Delforge zijn de chefs van de twee secties kabelballons. Luitenant Eckstein is de chef van de experimentele drakensectie.

In Ans kan de ballon meerdere malen opstijgen maar in Namen dient als gevolg van de beschietingen door de Duitse artillerie al het materieel voortijdig vernietigd te worden. Na de inname van de forten langs de Maas plooien de troepen zich terug op Antwerpen. In Duffel en Lint maken twee ballons van de sergeanten Scutenaire en Pintol een korte verschijning in de lucht om het geschut vanuit de forten te regelen. De ballon van Scutenaire wordt tweemaal neergehaald en hij kan zijn leven redden door middel van zijn valscherm.

Eenmaal het front gestabiliseerd zullen deze "verken-

Bovenaan: Borstzakkenteken van een Belgisch waarnemer uit een kabelballon. De letter O staat voor "Observateur".

Onderaan: Kwalificatiekenteken van een Belgische ballonpiloot, dat op de mouw werd gedragen.

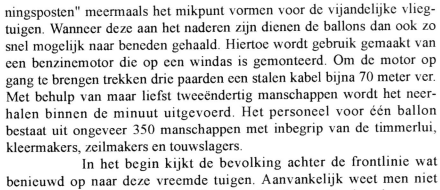

(21) In "De kleine mens in de grote oorlog" vermeldt Lut Ureel in het dagboek van Emiel Selschotter dat er ook op 20 maart 1915 een "ballon captif" wordt geplaatst te Pollinkhove. (zie pag 71).

ningsposten" meermaals het mikpunt vormen voor de vijandelijke vliegtuigen. Wanneer deze aan het naderen zijn dienen de ballons dan ook zo snel mogelijk naar beneden gehaald. Hiertoe wordt gebruik gemaakt van een benzinemotor die op een windas is gemonteerd. Om de motor op gang te brengen trekken drie paarden een stalen kabel bijna 70 meter ver. Met behulp van maar liefst tweeëndertig manschappen wordt het neerhalen binnen de minuut uitgevoerd. Het personeel voor één ballon bestaat uit ongeveer 350 manschappen met inbegrip van de timmerlui, kleermakers, zeilmakers en touwslagers.

In het begin kijkt de bevolking achter de frontlinie wat benieuwd op naar deze vreemde tuigen. Aanvankelijk weet men niet welk vreemd soort legermaterieel dit mag betekenen. De dorpsbewoners maken vreemde veronderstellingen in verband met deze sigaarvormige ballons welke met kettingen en een katrol op legervrachtwagens zijn vastgemaakt.

Wanneer een vijandelijk vliegtuig toch een verrassingsaanval uitvoert wordt het door drie luchtdoelbatterijen welke zich in de nabije omgeving bevinden onder vuur genomen. Daarbij biedt een kanon nog aanvullende verdedigingssteun. Men heeft er immers alle interesse bij om de ballons zo goed mogelijk te beschermen want de toemalige prijs bedraagt maar liefst 1 miljoen frank. De grondinstallatie, waarin inbegrepen een machine voor het maken van gas, kost daarenboven nog 200.000 frank meer dan de ballon.

Na de val van Antwerpen en de snelle terugtrekking van het Belgisch leger tot achter de IJzer is men genoodzaakt de eenheden opnieuw samen te stellen. De herinrichting gebeurt in 1914 te Calais. Op 15 januari 1915 vervoegt een eerste sectie opnieuw het front te Fortem (Alveringem) en op 15 mei volgt een tweede te Kruis-Abele[21]. In de lente van 1916 wordt een derde sectie opgericht te Eikhoek en op het einde van hetzelfde jaar is een vierde in wording te Westvleteren.

Door het dagorder van het leger uitgevaardigd op 17 augustus 1915 wordt de Compagnie d'Aérostiers volledig herschikt. De leiding berust bij een commandant die tevens verantwoordelijk is voor de technische dienst. De compagnie zal een aantal secties bevatten en een onderhoudspark voor het technisch nazicht. Een sectie is samengesteld uit 4 officieren, 162 soldaten, 46 paarden, 5 auto's en 7 vrachtwagens. De leiding van de onderhoudsdienst zal berusten bij een kapitein-commandant,

1 sergeant, 1 motocyclist, 1 geneesheer en een veearts.

Eind 1917 beslist de legerleiding de secties te herleiden tot drie compagnies met elk twee secties zodat langs het Belgisch front zes ballons kunnen ingezet worden. Voor het eindoffensief worden de ballons als volgt ingedeeld:

ballonnr	plaats	groepering
1	Elverdinge	Groepering Zuid
2	Kruis-Abele (Oeren)	defensief (2° en 5° legerdivisie)
3	Lion-Belge (Oostvleteren)	Groepering Centrum
4	Zuid-Elverdinge	Groepering Zuid
5	Fortem (Alveringem)	Zware Artillerie
6	Noordhoek (Woesten)	Groepering Centrum

Daarbij wordt versterking aangebracht door het Franse leger dat vier compagnies ballonvaarders ter beschikking stelt zodat in september van 1918 er achttien ballons aan de eindstrijd deelnemen.

Maar ondertussen heeft de oorlog ook zijn tol bij de ballonvaarders geëist. Op 12 oktober 1916 wordt de ballon bij Eikhoek door Duitse vliegeniers in brand geschoten. Terwijl de waarnemer Robert Deproost tracht te ontsnappen vat ook zijn parachute vuur, waardoor hij verongelukt bij het dalen.

Wanneer Hans Georg von der Marwitz op 13 mei 1917 in Westvleteren een ballon neerhaalt kunnen beide inzittenden met hun valscherm ongedeerd naar beneden komen[22]. In de namiddag van 27 mei barst bij groepering 4 te Fortem (Alveringem) een ballon open. De twee bemanningsleden springen eruit en kunnen ongehinderd met hun parachute de grond bereiken[23].

Op 15 mei 1918 slaagt de Duitse "Flieger-Feldwebel" Triebswetter erin twee Belgische ballons neer te halen te Lo en te Pollinkhove. De Duitse azen Friedrich Ritter von Röth en Karl Fritz Schattauer kennen het meeste succes in het vernietigen van Belgische kabelballons. Röth slaagt erin vijf ballons naar beneden te halen waarvan drie op één dag[24]. Maar het grootste verlies wordt de ballonvaarders toegebracht tijdens het eindoffensief wanneer op 5 oktober 1918 zowel de ballon van kaptein-commandant Eckstein als van onderluitenant Jean de Mot boven Passendale worden neergeschoten. Beiden sneuvelen op het ogenblik dat de bevrijding van hun land in zicht is.

Naast de ballonvaarders zijn er ook nog de "cervolistes" die observaties trachten uit te voeren door middel van draken. De draken zijn

(22) "De kleine mens in de grote oorlog" Lut Ureel p167 en "Above the lines" Franks-Bailey-Guest p162. Op dit ogenblik behoort von der Marwitz tot JASTA 30. In totaal boekt hij 15 overwinningen tijdens de Eerste Wereldoorlog.

(23) Deze ballons schijnen nog erg gevoelig aan de hoge temperaturen want op 16 juni 1917 schiet in Dikkebus een kabelballon in brand door de te grote hitte. Beide verkenners kunnen zich met hun valscherm redden en belanden op het dak van een schuur. Maar ook de brandende ballon belandt op de schuur waardoor deze aanstonds in lichtelaaie staat. Beide verkenners overleven de brand niet. ("Gebeurtenissen te Vlamertinge tijdens de oorlog 1914-1918". R. Duflou. p68)

(24) Röth behaalt bij de Duitsers de hoogste score (20) bij de "Balloon Strafers". Bij zijn overwinningen van Belgische ballons vinden we volgende successen : 29 mei 1918: twee ballons waarvan één van groepering 1 en één van groepering 2. 13 augustus 1918: drie ballons waarvan telkens een van de groepering 2, 3 en 6. Schattauer vernietigt op 17 mei 1918 een ballon van de 4° groepering en twee dagen later een van de 6° groepering. Beide piloten behoorden op dat ogenblik tot JASTA 16. (Zie ABOVE THE LINES van Norman Frank, Frank Bailey en Russell Guest p192 en p198)

immers de oudste gekende toestellen welke zich hoog in de lucht kunnen begeven. Door de tijd heen ondergaan ze talrijke wijzigingen om de aerodynamica te verbeteren. De toenmalige observatieballons (de ogen van het leger) kunnen slechts ingezet worden bij gunstige weercondities. Eenmaal de wind een tamelijke snelheid bereikt moeten de ballons aan de grond gehouden worden[25].

Hierdoor komt de veiligheid van de verdedigingslinies rond de forten in gevaar. Het afweergeschut is immers sterk afhankelijk van de inlichtingen der observatieposten. Het zichtbeeld van de vaste observatieposten is beperkt. De toenemende draagkracht van de projectielen en de steeds betere camouflage maken het de waarnemer maar steeds moeilijker.

Reeds op 12 november 1894 slaagt de Australiër Lawrence Hargrave erin zich met behulp van vier aaneenverbonden draken van de grond te laten ophijsen. Later ontwikkelt kolonel Cody in Engeland verder de draken met draagmand met het doel observaties te kunnen verrichten[26]. Ook de ervaring van de Franse kapitein Saconnay zullen beslissend zijn voor de Belgische militaire verwezenlijkingen op dit domein.

Vanaf 1909 legt Saconnay zich toe op het bestuderen van de toepassingen van draken voor militaire doeleinden. Daartoe reist hij zelfs naar Groot-Brittanië om de ontwerpen van Cody te analyseren. Onder toezicht van Saconnay voert de Franse marine talrijke proeven uit. Uit de opgedane ervaringen zoekt hij verder om het systeem toe te passen bij de verdediging van de Franse fortenlinies.

Vanaf 1910 maken vier Belgische onderofficieren, de 1° wachtmeester George en de wachtmeesters Antoine, Deglain en Henriet, talrijke proeven in het bouwen van sleepdraken voor militaire doeleinden. Nabij het fort van Embourg verdiepen de vier artilleristen zich in het benutten van draken als wachtposten. Zij steken niet alleen hun vrije tijd maar ook een groot deel van hun kapitaal in het uitvoeren van hun experimenten.

Weldra breidt de groep zich uit en verenigt zich in de ARTI-CLUB CERF-VOLISTE D'EMBOURG onder de leiding van 1° wachtmeester George. De proeven gaan door op de renbaan van Spa. Sterkere en lichtere kabels laten hen toe steeds grotere hoogten te bereiken.

Tijdens de "Grand Concours International de Cerf-Volants à la Hippodrome de la Sauvenière" tussen 18 en 25 augustus 1912 boeken zij er hun eerste grote successen. Zowel de eerste prijs voor de draak met de grootste trekkracht, de grootste bereikte hoogte met een gewicht van 85 kg als deze van de in serie geschakelde draken valt te beurt aan de ARTI-CLUB. Algauw worden de vier pioniers bevorderd tot sergeant bij de genie en komen onder het bevel van luitenant Eckstein. Als gevolg van deze herstructurering gaat de ARTI-CLUB ter ziele en wordt toenadering gezocht met de DELTA-CLUB DE BELGIQUE van voorzitter

---

[25] Bij windsnelheden van ongeveer 30 km/u worden de kabelballons onbestuurbaar en breken ook de kabels die ze met de grond verbinden door. Ook de Duitsers kennen hiermee problemen want op 1 maart 1916 zijn er twee Duitse ballons losgeraakt waarvan er één is gevallen in zee te De Panne en de andere te Coudekercke-Branche in Frankrijk. ("De kleine mens in de grote oorlog". Lut Ureel. p125). Remu Duflou in "Gebeurtenissen te Vlamertinge tijdens de oorlog 1914-1918" meldt op 28 februari 1915 het breken van een stalen kabel waarbij een Franse ballon boven de vijandelijke linies wegdrijft. Op 28 juli 1916 is het de beurt aan een Britse ballon om de verbinding met de grond te verbreken. (p 22, 57)

[26] Samuel Franklin Cody (1861-1913) is een Anglo-Amerikaans vliegtuigpionier. Zijn proeven zijn zo succesvol dat hij door het Britse War Office te Farnborough als instructeur wordt aangeworven bij de ballonvaarders van de Royal Engineers.

Dalmotte, waaraan zelfs zes van hun beste vliegers worden uitgeleend. Op het oefenterrein van Wilrijk bereikt George begin 1914 in een mand welke aan drie draken is bevestigd een hoogte van 110 meter. Enkele dagen later slaagt Eckstein er zelfs in met een zelfde combinatie een hoogte van 250 meter te bereiken.

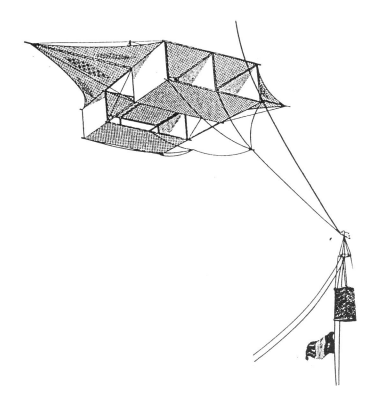

Tekening van een sleepdraak type George-III met onderaan de mand voor de waarnemer, welke door middel van een katrol naar boven wordt getrokken.

Het behalen van talrijke successen in verschillende wedstrijden en de zeer positieve patriottische reacties in de pers sporen de Minister van Oorlog ertoe aan de "cervolistes" in 1912 te plaatsen bij de Compagnie d'Ouvriers et d'Aérostiers van commandant Van Meenen welke later wordt opgevolgd door kapitein-commandant Emile Mathieu. Luitenant Eckstein wordt bevorderd tot hoofd van de Drakensectie[27].

Gestimuleerd door haar succes gaat de Drakensectie door met nieuwe proefnemingen nabij Luik. Naast het observeren van de vijand wordt een granaatwerper op punt gesteld die zijn projectielen vanuit de hoogte op de tegenstander kan afwerpen. Dit betekent een aanzienlijke steun voor de grondtroepen.

Maar eerste-sergeant George wil nog meer. Begin 1913 worden proeven gedaan met draken als antennemast. Hiervoor neemt hij contact met commandant Wibier, een specialist op het gebied van radiofonische verbindingen. Aan boord van het marineschip Anversville

[27] Eckstein wordt later tot kapitein bevorderd als Ballonvaarder van de Genie. Hij sneuvelt op 5 oktober 1918 te Passendale.

(28) Later zal dit idee door de Duitsers worden overgenomen om het toe te passen op hun onderzeeërs.

(29) In een bijvoegsel aan CIAM/281 van 12 juni 1972 vermeldt kapitein Verelst dat G. Labrique in de lente van 1917 nabij Pollinkhove foto's zou genomen hebben van de laatste pogingen met een sleepdraak.

(30) Op 17 april 1918 sneuvelt George te Reninge wanneer een eenheid van het 9° Genieregiment door Duitse artillerie wordt bestookt.

nemen zij proeven met draken welke met een antenne zijn uitgerust[28].

Bij het uitbreken van de Eerste Wereldoorlog kan de Belgische militaire luchtscheepvaart echter geen beroep doen op haar Drakensectie.

De Drakensectie zelf, welke nog steeds als een experimentele eenheid wordt beschouwd, wordt achter het front gehouden in de Franse badplaats Criel-sur-Mer (Seine Maritime). George die ondertussen tot onderluitenant wordt bevorderd gaat steeds verder met zijn proeven maar de Drakensectie wordt echter niet effectief ingezet. Toch zouden nog enkele experimenten langs het Belgische front hebben plaats gevonden[29]. In augustus 1917 wordt de Experimentele Sectie van onderluitenant George ontbonden[30].

De bemanning van de drakensectie van het fort van Embourg. Eerste-luitenant George experimenteert met een nieuw type draak te Criel-Sur-Mer in april 1915.

START MET HINDERNISSEN

Reeds op de eerste dag van de oorlog krijgt de 1° escadrille om kwart voor zes 's morgens het bevel de eerste oorlogsopdracht uit te voeren. Er dienen verkenningsvluchten uitgevoerd boven de Duitse en Nederlandse grens. Het is de bedoeling informaties in te winnen over de Duitse troepenbewegingen. Daartoe dient de 1° escadrille zich naar Luik te begeven. De vliegtuigen verlaten hun basis in Brasschaat. Legros en Noterman landen het eerst in Ans. Schmit en de Bueger krijgen echter benzinepech en maken een noodlanding in het Nederlandse Roermond. De ploeg Hagemans-Gallez landt ook veilig te Ans en nog dezelfde dag worden verkenningsvluchten uitgevoerd; samen met Crombez die met zijn Deperdussin de Duitse grens overvliegt.

Reeds tijdens de eerste vlucht wordt vastgesteld dat de Duitse troepen snel vorderen. Nog dezelfde dag bereiken ze de oevers van de Maas te Visé. De 2° escadrille kent reeds de eerste dag van de campagne zijn eerste verlies. Het toestel van Jaumotte-Bussy gaat over kop bij het landen te Laroche. Beide mannen worden bij het ongeval gekwetst.

De volgende dag verplaatst het Centraal Park, dat onder bevel staat van luitenant Nelis, zich met zijn materieel en zijn onderhoudsdiensten naar Wilrijk. Ook de hoofdzetel verplaatst zich van Brasschaat naar Wilrijk evenals de pilotenschool van Sint Job. Het hoofdkwartier van het leger verlaat Brussel en installeert zich in het Leuvense stadhuis.

Het toestel van Schmit en de Bueger dat te Roermond is geland wordt gedemonteerd en op de trein geladen. Op 6 augustus zal het in Brasschaat aankomen. Crombez, die te Luik heeft overnacht, voert nieuwe verkenningsvluchten uit maar wordt door de Duitsers onder vuur genomen. Als gevolg hiervan dient hij zijn vliegtuig te Ans achter te laten. De volgende dag keert hij naar Wilrijk terug.

De 1° escadrille kent opnieuw tegenslag. Legros en Noterman zijn verplicht te landen achter de Duitse linies en worden gevangen genomen. Massaux en Daumerie zoeken hun toevlucht in Belgrade bij Namen waar zich de 2° escadrille bevindt en zich ter beschikking stelt van de 4° legerdivisie van generaal Michel. Demanet komt op 7 augustus met een deel van zijn manschappen naar Wilrijk terug zodat er van de 1° escadrille te Ans niet veel meer overblijft. Door de voortdurende belegering van de Luikse forten door de Duitse zware artillerie was hij verplicht geweest zich in het fort van Loncin terug te trekken.

Ook de 2° escadrille heeft met tegenslag te kampen. Op 7 augustus worden Tapproge en Desmet zwaar gekwetst bij het uitvoeren van een slecht startmaneuver[31]. Dezelfde dag verplaatst het gedeelte

(31) Als gevolg van zijn accident wordt luitenant Tapproge opgenomen in het hospitaal te Namen. Nadat de Duitsers de stad hebben ingenomen wordt hij gevangen genomen en op 28 oktober overgebracht naar Döbeln in Saksen.

Belgische piloten rusten uit na één van de vele verkenningsvluchten waarbij de vijandelijke posities worden gelocaliseerd. Een Franse Farman HF20. Tweede van links Fernand Jacquet.

(32) Dit zijn de nummers Z4, Z5, Z6, Z7 ,Z8 en Z9 van het type Zeppelin en de SL2 voor de Schutte-Lans. Alle zijn van het vaste type, dit is met een metalen geraamte. Daarnaast zijn er nog de M4 en P4 van het half-vast en het slappe type en de 3 DELAG luchtschepen Z-Hansa, Z-Victoria-Luise en Z-Sachsen. Oorspronkelijk krijgen de luchtschepen welke door graaf von Zeppelin worden geconstrueerd de kentekens LZ met een volgnummer. Bij overname door het leger krijgen zij een nieuw kenteken Z met een volgnummer volgens de overname. Deze van de Parseval zijn gekenmerkt door de letter P. De luchtschepen welke gebouwd zijn door het Luftschiffer Battalion krijgen de letter M. DELAG is de verkorte benaming van Deutsche Luftschiffahrts Aktiengesellschaft.

van de 2° escadrille dat zich nog te Boninnes bevond naar Belgrade, terwijl de 3° escadrille van Dechamps en de 4° van Wahis zich naar Wilrijk begeven.

Gedurende een paar dagen blijft een bewolkte hemel de verkenningsvluchten verhinderen. Daarbij beperkt de opkomende mist sterk de zichtbaarheid. Ondertussen gaat de belegering van Luik verder en zijn de eerste Duitse troepen onder leiding van Ludendorff de stad binnengemarcheerd. De forten langs het zuiden en het westen houden nog steeds stand, waarop de bevelvoerder van de Duitse legers in België von Emmich dreigt de stad vanuit de Zeppelins te bombarderen.

De Duitse troepen beschikken immers over achttien Luftschiff Kommandos die kunnen beschikken over 12 luchtschepen[32]. Hiermee overvliegen zij de belegerde steden, buiten het bereik van de grondartillerie, en kunnen vanuit grote hoogte hun explosieven op de verdedigende stellingen van de tegenstanders richten.

Op 18 augustus komen acht Farmans MF14 vanuit Frankrijk aan in Sint Agatha Berchem nabij Brussel waar onmiddellijk een vliegschool wordt opgericht. De volgende dag komen er nog vier Bleriot eendekkers bij. In allerhaast wordt de 3° escadrille operationeel gemaakt. Onder het bevel van het Groot Hoofdkwartier wordt gepland om zo snel mogelijk verkenningsvluchten uit te voeren; maar tegen de avond zijn slechts twee toestellen luchtwaardig.

De sterke wind en het lage wolkendek belemmeren elke verkenning boven de Maasvallei. Slechts kapitein Wahis probeert alleen de streek ten zuiden van Hasselt te overvliegen maar keert algauw terug naar Leuven waar het hoofdkwartier zich nog steeds bevindt. De volgende dag is de zichtbaarheid iets verbeterd en het hoofdkwartier dringt erop aan de streek ten oosten van de Gete te verkennen. Maar door de verschillende ongevallen en andere onvoorziene omstandigheden zijn nog slechts enkele tweedekkers ter beschikking zodat er voor de eerste maal beroep wordt gedaan op de eendekkers die zich te Leuven bevinden.

In de morgen vertrekken zowel Tyck en d'Hespel evenals de ploeg Dhanis-Bronne van de 4° escadrille. Wanneer zij hun gegevens aan het hoofdkwartier hebben overgemaakt wordt beslist om de eendekkers samen te brengen onder de 5° escadrille. Deze beschikt op dit ogenblik over de vier eendekkers van Tyck, Hanciaux, Olieslagers en Crombez. Deze laatste vervult voorlopig de functie van escadrilleleider.

Na de val van de eerste Luikse forten vormt de Gete nu de nieuwe natuurlijke verdedigingslinie voor het Belgisch leger. Om mogelijke onverwachte aanvallen voor te zijn wordt gedurende de volgende dagen het aantal verkenningsvluchten opgedreven. Op 13 augustus vervoegt Crombez de 5° escadrille te Leuven. Het toestel van Tyck is echter voorlopig buiten gebruik en de volgende dag slaat het toestel van Hanciaux tijdens een landing tegen de grond waardoor de 5° escadrille nog over twee toestellen beschikt. Om de toestand nog erger te maken crasht ook het toestel van luitenant Petit tijdens het landen; na het uitvoeren van een proefvlucht. In augustus 1914 verongelukken er immers meer kandidaat-vliegers tijdens hun opleiding en piloten wegens motorpech dan er sneuvelen boven het front.

Om het halveren van de 5° escadrille op te vangen wordt opdracht gegeven voorlopig een centrum van de 3° escadrille op te richten te Erps-Kwerps. Nadat op 16 augustus de ploeg Boonaert-Hugon zijn verkenningsvlucht moet afbreken als gevolg van het dikke wolkendek starten zij opnieuw de volgende morgen. Maar nog maar pas in de lucht komen zij in moeilijkheden en hun toestel stort neer. Met een gebroken been wordt Boonaert naar de kliniek van Leuven overgebracht.

Kort voor de middag neemt kapitein Wahis alleen de start en gaat de streek rond Tongeren verkennen. Rond de stad worden zes loodsen van Tauben gelocaliseerd evenals twee regimenten optrekkende infanteristen.

Als gevolg van de grote slijtage van de vliegtuigmotoren (rotatieve motoren type Gnome) vragen deze een intensief onderhoud met als gevolg dat meerdere toestellen regelmatig aan de grond gehouden worden. Hierdoor is de 3° escadrille niet in staat zich snel te Erps-Kwerps te vestigen zoals werd gemeld in het legerorder van 11 augustus.

Op 17 augustus wordt aan kapitein Dechamps bevel gegeven zijn eenheid te laten overkomen naar het geimproviseerde centrum. Als gevolg van de inlichtingen welke door recente verkenningsvluchten werden ingewonnen lijkt het beter de escadrille over te plaatsen naar Herent.

Maar in de namiddag van 18 augustus krijgen zowel de 5° escadrille te Leuven als de 3° te Herent de opdracht zich zo snel mogelijk naar Wilrijk terug te trekken. In allerhaast worden de tenten op vrachtwagens geladen en naar Wilrijk overgebracht. Omdat de vliegtuigen vooralsnog niet 's nachts kunnen vliegen worden ze voor het verplaatsen 's avonds gedemonteerd en op platte spoorwegwagens of op vrachtwagens geladen om naar de volgende standplaatsen te worden overgebracht.

Langzaamaan nadert het Duitse leger nu de vesting Antwerpen. De opmars door Midden-België werd even opgehouden door de cyclisten tijdens de slag te Halen op 12 augustus en tijdens de gevechten te Sint Margriete Houtem op 18 augustus en daags nadien te Aarschot. De 3° legerdivisie heeft zich na de val van Luik op Leuven teruggetrokken waar het in reserve werd gehouden.

Een Friedrichshafen Type FF 33E, gebruikt door het Duitse Marinekorps in West-Vlaanderen.

Op 19 augustus verplaatst koning Albert zijn hoofdkwartier van Leuven naar Mechelen en beveelt de troepen zich terug te trekken naar de vestingen rond Antwerpen; waar men voortaan zal proberen de vijand zo lang mogelijk op te houden. Nog dezelfde dag treedt het gros van het Duitse leger triomferend Leuven binnen.

Om de posities van de snel oprukkende tegenstanders te kunnen volgen wordt het aantal verkenningsvluchten opgedreven. Luitenant Richard ziet een groep van bijna 2.000 man opstappen van Beringen naar Diest met daarachter een regiment artillerie en talrijke ruiters. Crombez die de streek boven Lier moet verkennen komt onverrichterzake terug wegens de laaghangende mist. De ploeg Wahis-Renard overvliegt de brandende huizen van Wezemaal, Werchter en Halen; getuigen van de Duitse barbaarsheid tegenover de burgerbevolking.

De toestellen van Olieslagers en Tyck welke reeds tekens van grote slijtage vertonen worden op 20 augustus vervangen door twee Bleriot eendekkers met twee zitplaatsen. Deze toestellen werden reeds eerder in Frankrijk besteld. Vanaf nu hebben alle eenheden hun basis in Wilrijk, uitgezonderd de 2° escadrille welke zich nog steeds te Belgrade bevindt daar de vesting Namen nog steeds in Belgische handen is.

In de morgen van 21 augustus overvliegen Dechamps-Dony Leuven en het brandende Aarschot. Een lange kolonne Duitse troepen stapt op in de richting van Leuven. Ook vanuit Diest is een massa manschappen op stap in zuidelijke richting. Wanneer in de vooravond Dechamps-Dony nogmaals op verkenning uittrekken bemerken zij dat de Duitsers reeds zeer dicht van Leuven genaderd zijn en verder doorstappen richting Brussel. Brussel is immers een open stad geworden want daags voordien arriveerden er de eerste cavaleristen nadat het Belgisch leger de hoofdstad zonder enige verdediging had achtergelaten.

Ondertussen is ook de vesting Namen onder zware druk komen te staan. Door een zwaaibeweging van de Duitse troepen is het 1° leger op weg naar Bergen waar het op 23 en 24 augustus hevige gevechten levert met het Britse 1° en 2° korps. Het 2° leger dat zich ten noorden van Charleroi bevindt kan na hevige strijd met het Franse 5° leger van generaal Lanrezac doorstoten tot ten zuiden van de Samber. Von Hausens Duitse 3° leger is door de Ardense hoogvlakte vooruitgekomen tot aan de oevers van de Maas tussen Yvoir en Givet. Hierdoor is Namen en zijn omringende fortengordel nu aan drie zijden omringd door de Duitse legers.

Om aan de belegering van Namen te ontsnappen verlaat de 2° escadrille op 23 augustus de versterkte stad en vliegt naar Petite Chapelle, de geboorteplaats van Fernand Jaquet. Door gebrek aan materieel dat reeds verloren is gegaan wordt het echter onmogelijk om van hieruit luchtoperaties uit te voeren. Daarom wordt er besloten naar Frankrijk te vliegen in de hoop dat de Fransen de escadrille opnieuw zouden kunnen uitrusten. Na een halte gemaakt te hebben te Amiens trekken zij verder naar het vliegveld van Buc nabij Parijs. Samen met de 2° escadrille vliegen ook Massaux-Daumerie naar Frankrijk. Maar op 25 augustus worden ze verplicht te landen in Englefontaine in vijandelijk gebied, waar ze gevangen worden genomen.

Tijdens een proefvlucht met een nieuwe Farman HF22 maakt de aanvoerder van de 2° escadrille luitenant Soumoy op 5 september een dodelijke val te Toussus-le-Noble. Hij wordt in zijn functie opgevolgd door luitenant Iserentant.

Aanvang september komt de 2° escadrille naar België terug. Op 10 september landen Jaumotte-Bussy te Wilrijk terwijl de rest gestationeerd wordt op de Wellingtonrenbaan te Oostende, die ook door de Britse vliegeniers als basis wordt gebruikt. In de nacht van 12 op 13 september woedt er een hevige storm waarbij er te Oostende twee toestellen vernield worden en één in Wilrijk. De volgende dag verplaatst de rest van de manschappen der 2° escadrille zich naar Wilrijk.

In de eerste fase van de bewegingsoorlog is de rol van het vliegwezen nog zeer beperkt geweest. Het zwaartepunt ligt nog steeds bij het verkennen van de posities van de tegenstander. Aan het uitvoeren van bombardementen of jachtvluchten wordt zeker nog niet gedacht. Naargelang de oorlog voorbij gaat daalt het rendement van het vliegwezen zelfs progressief. Doordat zowel de 1° als de 2° escadrille rechtstreeks onder het bevel komen van de 3° en 4° legerdivisie komen nog slechts twee escadrilles, die daarbij nog in volle ontplooiing zijn, in aanmerking om verkenningsvluchten buiten de gebieden van de versterkte posities Luik en Namen te maken.

Daarbij zijn reeds meerdere toestellen verloren gegaan en is de 1° escadrille na de val van Luik verspreid geraakt. De 2° escadrille is naar Frankrijk getrokken om ze weer operationeel te maken. Zes piloten zijn als gevolg van ongevallen of landingen in vijandelijk gebied van het strijdtoneel verdwenen.

Maar naarmate de troepen Antwerpen naderen verbetert ook langzaamaan de uitrusting van het vliegwezen. Zowel het Centraal Park

Prentkaart waarop een Belgisch toestel een Duitse Taube aanvalt boven het IJzerfront.

als de firma Bollekens te Antwerpen stellen alles in het werk om de beschadigde toestellen weer luchtwaardig te krijgen. Het strategische belang van het vliegtuig begint immers geleidelijk aan ook bij de hogere legerleiding door te dringen. De ingewonnen informatie die als gevolg van de tientallen verkenningsvluchten naar het hoofdkwartier werd doorgegeven stelde het in staat de posities van de afweer enigszins te regelen in functie van de vooruitgang der Duitse troepen. Naargelang de oorlog verder gaat zal echter de rol van het vliegtuig steeds maar toenemen.

Verdediging van Antwerpen

Intussen schuift het veldleger langzaam achteruit tot bij de veldschansen en forten rond Antwerpen en wacht de verdere gebeurtenissen af. Teneinde dit veldleger bij te staan tracht het vliegwezen nu zoveel mogelijk de posities van de tegenstander te bepalen. Nadat de Belgische troepen tweemaal zonder resultaat gepoogd hebben vanuit Antwerpen de Duitsers terug te dringen beginnen deze nu op hun beurt de fortengordel te beschieten. Hun zware artillerie is na de gevechten langs de Maas en de Samber ter beschikking gekomen om de havenstad te belegeren en wordt daarom nu rond Leuven overgebracht.

Onverwacht komt er voor de Belgische luchtverkenners versterking vanuit Frankrijk. Het Franse opperkommando wil informatie omtrent de strategische Duitse troepenbewegingen doorheen België welke eventueel invloed zouden kunnen hebben op de nakende slag aan de Marne. Tot nu toe werden de strategische verkenningen boven ons land enkel uitgevoerd door het Belgische vliegwezen. In de morgen van 22 september ontvangt het Belgisch hoofdkwartier bericht dat naast vier toestellen van het type Morane-Saulnier die vanuit het zuiden België zullen overvliegen ook een officier met een Farman 1914 de groep zal vergezellen[33].

Om meer met de Belgische topografie vertrouwd te geraken worden vanaf de volgende dagen verkenningsvluchten gemaakt over het zuiden van het land; waarbij de bemanningen telkens bestaan uit een Franse piloot welke wordt bijgestaan door een Belgische waarnemer. Vanaf het ogenblik dat de Franse escadrille is aangekomen wordt het verkenningsgebied uitgebreid. Tot nu toe strekt dit zich uit tot Landen en vooral rond Brussel. Maar vanaf nu vliegen ze tot boven de Ardense bossen, maar voornamelijk over de regio Bergen en Roubaix[34]. Teneinde de zware artillerie beter te kunnen richten worden de piloten Tyck en Olieslagers met hun Bleriot eendekkers en enkele artillerieoffcieren als waarnemer vanaf 22 september ter beschikking gesteld van de commandanten der geschutsbatterijen[35].

Op 23 september verkennen Dechamps-Schmit de omgeving van Brussel. Niettegenstaande het slechte weer kunnen ze toch de nieuwe posities van de Duitsers bepalen. De stellingen lopen nu vanaf Eversem over Hamme tot aan Sint Ulriks Kapelle. Van deze ingenomen posities worden schetsen gemaakt. Tevens worden voor het eerst vanuit een vliegtuig foto's genomen van de versterkte Duitse stellingen. Twee dagen later neemt dezelfde ploeg opnieuw foto's. Nabij het kasteel van Wemmel worden zes kanonnen van zwaar kaliber geidentificeerd. Zowel Eppegem, Beigem als Elewijt worden als versterkte steunpunten voor een nakende Duitse aanval uitgebouwd.

[33] Zij vormen een volledige Franse escadrille met als leider kapitein-vlieger Varaigne en daarbij vijf piloten: Rooze, Radison, Bielovucie, Jeannerod en Montmain voor de Morane-Saulniers en luitenant Happe voor de Farman 1914.

[34] Op 24 september verkennen Bielovucie (F) - Stellingwerff en Radison (F) - Masure de streek van Bergen. Daags nadien trekken Rooze (F) - Landrin naar de Ardennen boven Hoei en Namen. Op 26 september vliegen Montmain (F) - Dony richting Dinant waarbij ze vooral de bewegingen van de goederentreinen trachten te volgen. Drie dagen later vergezelt Dony Radison wanneer zij de streek van Blaton gaan verkennen.

[35] De artillerieofficieren welke als waarnemer op verkenning uittrekken zijn kapitein-commandant Hauteclerc, luitenant Montens en de onderluitenanten Dubary, Collignon en Van Rolleghem.

Met deze foto's als basis worden de Duitse posities op kaart gebracht en aan het hoofdkwartier overgemaakt, van waaruit ze aan de verschillende bevelvoerders worden doorgestuurd. Uit de resultaten van de verkenningen blijkt duidelijk dat de Duitsers vast besloten zijn om nu de vesting Antwerpen aan te vallen. Tijdens de verkenningsvluchten van Sarteel-Dony en Olieslagers-Collignon worden de vermoedens bevestigd. Steeds meer geschutsbatterijen worden nu in gereedheid gebracht nabij Westrode en Gravenbos en langs beide oevers van het Willebroekkanaal. Daarbij wordt de artillerie ook gebruikt als afweergeschut tegen de overvliegende vliegtuigen. Ten zuiden van Hombeek wordt het toestel van Poot-Modesse in de benzinetank geraakt waardoor zij een noodlanding dienen te maken nabij Bosbeek. Beide mannen komen ongedeerd uit het ongeval.

Op 27 september begint de Duitse 6° reservedivisie haar aanval op de Belgische 1° en 2° legerdivisie tussen de Dijle en de Nete. Terzelfdertijd worden de forten van Sint-Katelijne-Waver en Walem vernietigd door 420mm granaten. Door het slechte weer en het laaghangende wolkendek is het onmogelijk om de positie van deze zware batterijen te localiseren alhoewel het Groot Hoofdkwartier erop aandringt de zo nodige informatie ten spoedigste te bezorgen.

Op 28 september wordt een der eerste gewapende aanvallen met een vliegtuig door het Belgische Vliegwezen uitgevoerd. Jaumotte-Bussy vertrekken met hun toestel waarop in het midden een mitrailleur is bevestigd. Bij het overvliegen van het vliegveld van Sint Agatha Berchem worden een honderdtal kogels afgevuurd op het vliegcentrum dat er door de Duitsers werd opgericht.

Nadat het de vorige nacht voortdurend heeft geregend klaart de lucht wat op in de morgen van 29 september en kunnen Dhanis-Bronne en Jaumotte-Bussy opstijgen. Dhanis-Bronne slagen er niet in de Duitse artilleriestukken te localiseren. Ze moeten zelfs wijken voor het Duitse afweergeschut. Jaumotte-Bussy overvliegen Boortmeerbeek en zien hoe twee zware kalibers vuren ten zuiden van de kerk. Een der projectielen valt neer in de gracht voor het fort van Sint-Katelijne-Waver. Deze batterijen vallen echter buiten het schietbereik van de Belgische artillerie zodat het verdedigen van de forten een hopeloze zaak is geworden. In de namiddag vertrekken Tyck-Collignon maar moeten te Kontich een noodlanding maken waarbij hun toestel wordt beschadigd[36].

Wanneer Renard-Lamblotte in de morgen van 30 september op verkenning uittrekken boven het front tussen Lier en Kessel zien zij tussen het wolkendek door hoe twee batterijen te Peulis bij elk schot een grote rookwolk ontwikkelen. Petit-Hedo, welke kort na Renard-Lamblotte zijn opgestegen, kunnen de waarnemingen van deze laatste bevestigen en zien daarbij hoe de Duitsers hun aanval richten op het fort van Breendonk. Van waar de projectielen afgevuurd worden kunnen ze echter niet achterhalen.

(36)In het Staatsblad van 21 november 1914 staat vermeld dat bij koninklijk besluit " het Kruis van Ridder in de Leopoldsorde wordt toegekend aan Luitenant Radison, vliegenier van het Fransch Leger, zijn dapperheid en koelbloedigheid erkennend door
1)met tegen regen en rukwind in, de lucht in stijgen voor een gewichtige verkenning, den 29 september ll. te Antwerpen en dat spijts het mislukken van verscheidene andere pogingen tot vertrek
2)volkomen zijn zending vervuld te hebben in weerwil van al de hinderpalen."

Daar het zwaartepunt van de Duitse belegering zich nu over een breder front gaat uitspreiden wordt het aantal verkenningsvluchten in de namiddag opgevoerd. Dechamps-Debary slagen er na anderhalf uur rondvliegen niet in om de artillerie te localiseren. Olieslagers-Hauteclerc kennen meer succes en kunnen de batterijen van de 4° Ersatzdivisie indentificeren ter hoogte van Lippelo tegenover het fort van Lierzele. Demanet-Jacquet welke kort na Olieslagers zijn opgestegen verkennen de zone rond het fort van Bornem. Nabij Mariekerke zien zij hoe twee artilleriestukken, elk door acht paarden, worden vooruitgetrokken. Achter elk stuk volgt nog een wagen met twee paarden. Vanuit de fortengordel wordt het konvooi onder vuur genomen maar het afweergeschut draagt niet ver genoeg. Verder naar het zuiden worden drie lichtflitsen van vijandelijke artillerie waargenomen. Een weinig later volgen er nog twee nabij het Willebroekkanaal. Alles wijst er op dat een algemene aanval op de zuidwestelijke sector nu nakend is.

Na het optrekken van de mist wordt de activiteit in de morgen van 1 oktober hernomen. Te Heist op den Berg bemerken Vertongen-Dony vier verlaten borstweringen en tussen Aarschot en Lier staan dertig wagens aan de kant van de weg. Nabij de kerk van Beersel vuurt een batterij in de richting van de veldschans van Tallaert. Nabij Putte beschermt een groep infanteristen de achterliggende artillerieposten.

Kolonel Dechêne, commandant van een batterij 150 mm kanonnen, dringt erop aan om nog meer informatie in te winnen maar de opkomende mist wordt opnieuw spelbreker. Het ziet er immers naar uit dat de Duitsers weldra een aanval zullen uitvoeren op de brug van Willebroek.

Op 2 oktober belemmert het weer opnieuw de verkenningen waardoor de eersten slechts in de namiddag kunnen opstijgen. Jaumotte-Bussy overvliegen het volledige zuidelijke front. In de omgeving van Dendermonde worden meerdere batterijen opgemerkt. Maar tussen de wolken door is het onmogelijk om deze te zien vuren. Langs de weg Mechelen-Hofstade beschiet een batterij het fort van Walem maar de projektielen missen hun doel. Ten zuiden van het Mechelse stadscentrum hangt een Duitse vlieger hoog in de lucht. Het Duitse geschut is nu vooral gecentraliseerd rond Hofstade, Elewijt, Boortmeerbeek en Onze Lieve Vrouw Waver.

In de daaropvolgende nacht valt de eerste verdedigingslinie. Lier, Walem en Koningshooikt hebben het beleg niet overleefd en de veldschansen van Dorpveld en Bosbeek worden tot puin herleid. Als gevolg van de snelle vooruitgang der Duitsers besluit de Belgische regering op 3 oktober zich naar Oostende terug te trekken. Ook het centraal park en de 1°, 3° en 4° escadrille beginnen nu hun basis naar de badstad over te brengen. Als voorzorgsmaatregel werd reeds enkele dagen vooraf langs de linker Scheldeoever een trein in gereedheid gebracht waarin zich de nodige onderdelen voor het onderhoud van de vliegtuigen bevinden. In geval van nood is men hierdoor in staat de functie van het centraal park van Wilrijk onmiddellijk over te nemen. Nadat ook de tenten van de diverse escadrilles zijn opgeladen vertrekt de trein richting Oostende. De 2° en de 5° escadrille blijven voorlopig nog te Wilrijk achter om er de hoogstnodige verkenningen uit te voeren.

Nog dezelfde avond komt een detachement van 2.000 Britse mariniers de Belgen te hulp. De volgende dag wordt de streek rond de Rupel, de Nete en de Dender in het oog gehouden want de Duitsers zullen ongetwijfeld op de hoogte zijn van het vertrek van de regering naar Oostende. Wellicht zal het ook in hun bedoeling liggen het Belgische veldleger van de rest te willen afzonderen.

De ploeg Petit-Dony stelt immers een grote artillerieconcentratie vast in de omgeving van Buggenhout; terwijl een trein met een

Een Brits vliegtuig staat gereed op een speciaal hiervoor uitgeruste auto om vervoerd te worden tot dicht achter de frontlinie.

twintigtal wagons opstoomt naar Dendermonde. Ook tussen Londerzeel en Opwijk staan naast de spoorweg vier stukken van groot kaliber gereed om de vesting te bestoken. Jaumotte-Bussy kennen minder succes. Bij het verkennen van de streek tussen de Grote en de Kleine Nete hangt het wolkendek zo laag dat ze verplicht worden te dalen tot op een hoogte van 800 meter. Hierdoor komen ze echter binnen het bereik van de Duitse artillerie, waardoor ze op een salvo onthaald worden. Hierdoor zijn ze verplicht door het wolkendek te stijgen waardoor ze niet de tijd krijgen om na te gaan waar de Duitsers de Nete willen dwarsen.

Wanneer Demanet-Iserentant op 5 oktober om 6 u 's morgens de start nemen stellen zij vast dat de Belgische artillerie de Scheldeoevers nabij Mariekerke en Sint Amand onder vuur nemen. Drie kwartier later kiezen Dechamps-Schmit het luchtruim. Voor Mechelen schijnen alle posities in de Duitse vuurlinie ingenomen. Langs de spoorlijn Leuven-Mechelen staan talrijke vrachtwagens, met daarachter een grote groep manschappen, klaar om richting Antwerpen op te trekken. Vanuit Beersel en Putte wordt hun toestel beschoten maar niet geraakt. In de omgeving van Lier naderen langs diverse zijden zwaarbeladen vrachtwagens de stad.

Wanneer Orta-Dony in de late namiddag dezelfde streek overvliegen worden de vermoedens bevestigd. Drie Duitse regimenten steken nabij Lier de Nete over on de stellingen welke nu door Britse mariniers zijn ingenomen aan te vallen. De toestand wordt onhoudbaar wanneer op 6 oktober de verdediginslinie rond Antwerpen vanuit twee richtingen wordt aangevallen. Het zware geschut wordt nu zowel op de Scheldeoevers gericht als op de stellingen rond Lier, Duffel, Dendermonde en Schoonaarde.

Wanneer om 16 u zes vliegtuigen op verkenning uittrekken stellen zij met verbazing vast dat de Duitsers nabij Lier reeds zes loopbruggen over de Nete hebben aangelegd en dat lange rijen manschappen gereed staan om door te stoten richting Antwerpen. Tussen Hombeek en Leest belegert een batterij zwaar kaliber het fort van Breendonk. Het schrapnelvuur van rond het fort tracht de aanval te beantwoorden maar de schrapnels dragen niet ver genoeg.

Alhoewel vanuit Britse zijde nog steeds wordt aangedrongen om Antwerpen met hand en tand te verdedigen besluit de opperste krijgsraad in de avond van 6 oktober dat het veldleger zich de volgende nacht tot achter de Schelde zal terugtrekken. De volgende dag neemt de belegering een aanvang en op 10 oktober zal de overgave een feit worden.

Op 7 oktober verlaten de laatste toestellen van de 2° escadrille, die nog steeds rond Antwerpen was achtergebleven, hun basis te Wilrijk richting Sint Denijs bij Gent waar een geimproviseerd centrum is ingericht. Tijdens de terugtrekking maken de toestellen verkenningsvluchten langs de flanken van het terugtrekkende veldleger[37].

Maar eenmaal in Gent aangekomen wordt vernomen dat de Duitsers langs diverse kanten snel naderen. Tussen Gent en Temse zijn alle bruggen over de Schelde in Duitse handen gevallen. Daarbij wijzen de verkenningen in het zuiden van het land er op dat talrijke treinen met materieel en manschappen zijn aangekomen in de stations van Bergen, Doornik, Roubaix en Menen. Bielovucie-Landrin zien zelfs hoe een

(37) Radison (F) - Dony volgen de richting Bergen; Bielovucie (F) - Landrin richting Roubaix. Crombez-Dryfus trekken naar Wervik en Poperinge en de Petrowski-Benselin naar Roeselare en Menen.

Duitse soldaten dragen de vleugels van een Taube door de Franse stad St Qeuntin.

grote groep ruiters optrekt in de richting van Ieper[38]. Daarom wordt besloten om onmiddellijk alle toestellen samen te brengen op de Wellingtonrenbaan van Oostende. Tegen de avond zijn zowel de Belgische escadrilles als de Franse van Varaigne in de badstad verenigd. De volgende dagen worden diverse verkenningsvluchten uitgevoerd boven het zuidelijk deel van West-Vlaanderen.

Wanneer koning Albert na de val van Antwerpen beslist om zijn troepen terug te trekken tot achter de natuurlijke verdedigingslinie van de IJzer dient ook het vliegwezen opnieuw uit te wijken. Op 11 oktober in de namiddag verlaten de 2° en 3° escadrille de Wellingtonrenbaan en begeven zich naar Frankrijk te Saint Pol sur Mer nabij Duinkerke. Nog dezelfde avond beveelt het hoofdkwartier dat ook de andere escadrilles zich de volgende dag naar hier dienen te begeven.

Om de samenwerking met de Franse escadrille van Varaigne niet te laten verloren gaan wordt besloten Jacquet-Petit en Jaumotte-Bussy met het nodige personeel en materieel voorlopig te Oostende achter te laten. Zij dienen samen met de Fransen de nodige informatie voor het Franse leger te verzamelen.

Het centraal park wordt op treinwagons geladen en vanuit het station van Oostende vertrekt het in de richting van Tielt om daarna naar Frankrijk verder te rijden. Via Amiens bereikt het op 18 oktober Beaumarais nabij de Franse havenstad Calais. Daar wordt onder de leiding van luitenant Nelis een permanent park geïnstalleerd waarbij de toestellen in houten barakken kunnen worden ondergebracht. Daar er een gebrek aan piloten ontstaat wordt besloten er een pilotenschool op te richten[39]. Piloot Vertongen zal er de taak van lesgever op zich nemen. De beschikbare eendekkers met één zitplaats worden hier in reserve gehouden daar ze in dit stadium van de oorlog van minder nut zijn geworden.

(38) Het betreft hier de 3° Beierse cavaleriedivisie van luitenant-generaal von Hollen die op 7 oktober haar intrede maakt in Ieper. Ze zal er slechts één dag verblijven, waarna ze verder trekt naar de Catsberg in Noord-Frankrijk. Na schermutselingen met het 2° Britse legerkorps wordt ze in het defensief gedrongen. Het zal de enige dag in de Eerste Wereldoorlog worden waarop de Duitsers erin slagen de stad Ieper te bezetten.

(39) Twee piloten hebben intussen het vliegwezen verlaten. Adjudant d'Hespel stapt over naar de cavalerie en de Petrowski keert terug naar zijn geboorteland Rusland.

DE IJZERSLAG

Nadat de Belgische eenheden Antwerpen hebben verlaten en zich in allerijl naar de IJzerstreek terug trekken komt het Duitse leger nu snel vooruit. Daarom wordt nu zoveel mogelijk nagegaan waar dit leger zich nu bevindt om het eigen veldleger en de ermee samenwerkende Franse troepen veilig te stellen. Hiertoe worden de verkenningsvluchten nu geconcentreerd op de lijn Brugge-Tielt-Roeselare-Ieper-Tourcoing.

Op 15 oktober is er een grote troepenconcentratie in de omgeving van Roeselare waar te nemen. Jaumotte-Bussy zien hoe een kilometerlange file vanuit Rumbeke komt aangestapt. Op de weg Roeselare-Diksmuide wacht een kolonne vrachtwagens en een grote groep infanteristen trekt van Tielt naar Pittem. Daarbij zijn reeds meer dan 20.000 man naar Kortrijk overgebracht. Dezelfde dag bezetten de Duitse troepen Oostende; en stappen de Franse marinefusiliers op naar de IJzer terwijl de Britten zich voor Ieper terugtrekken. Samen met de nieuwe posities van de Belgen achter de IJzer vormt dit de nieuwe frontlijn en is de wedloop naar zee beëindigd.

De slag aan de IJzer is nu meer dan ooit dichtbij; de Duitse legers staan klaar om door te stoten naar het Kanaal. Maar het slechte weer belet de piloten om weer in actie te treden en de voorbereidingen van de tegenstander te volgen. Op vraag van het Groot Hoofdkwartier wordt beslist dat vanaf 17 oktober de 1° escadrille zich zal vestigen in de nabijheid van Veurne waar ook het hoofdkwartier is gevestigd. Van nu af aan zullen de verkenningen simultaan vertrekken vanuit de omgeving van Duinkerke en Veurne.

Op 19 oktober vertrekken zowel Lagrange-Hiernaux, Jaumotte-Bussy als Jacquet-Petit op verkenning vanuit hun nieuwe basis te Veurne naar de brug over de IJzer aan Tervate. Daar stellen zij tot hun verbazing vast dat dit gevaarlijk punt welke een uitsprong in de frontlijn vormt langs diverse kanten door Duitse infanteristen is benaderd. Zelfs pioniers bereiden zich voor om een brug over de IJzer te slaan.

Wanneer de volgende dag het wolkendek opengaat stellen Jacquet-Petit vast dat zowel de Belgische als de Franse voorposten zwaar onder vuur komen te liggen. Nabij Westende belegert een veldbatterij de noordelijke sector. 's Anderendaags is de hemel tegen de middag helemaal opgeklaard en worden meerdere verkenningsvluchten uitgevoerd.

Daar de artillerie diverse officieren heeft afgestaan om als verkenner mee te werken met het vliegwezen vraagt commandant Quintin als bevelhebber van een artilleriebatterij te Ramskapelle bijkomende verkenningssteun. Hiervoor worden Tyck-Landrin met hun Bleriot vanaf 18 oktober aan deze eenheid toegevoegd[40].

Vanaf nu wordt het richten en inschieten van de artillerie

(40) Op 19 oktober vertrekken de onderluitenanten Debary, Collignon en Van Rolleghem naar Duinkerke waar zij als waarnemer zullen meewerken met de Franse escadrille van Varaigne.

volledig toevertrouwd aan de waarnemers van het vliegwezen. Daarnaast zullen de bekomen informaties gebruikt worden om ook het geschut op de Britse monitors te richten. Deze bevinden zich tussen Nieuwpoort en Oostende en beschieten de Duitse troepen in de flank[41].

Belgisch artilleriestuk te Lampernisse. Het inschieten wordt geregeld door middel van verkenningsvliegtuigen.

[41] Richard-Lamblotte regelen op 27 oktober het inschieten van de Britse monitors die een Duitse batterij tussen Schoorbakke en Ramskapelle onder vuur nemen. Admiraal Hood was in de nacht van 17 op 18 oktober uit Dover vertrokken met drie monitors: de Severn, Humber en Mersey. Deze platbodems waren oorspronkelijk voorzien als binnenschepen op de Amazone in Brazilië. In allerhaast werden ze als oorlogsschip omgebouwd en uitgerust met elk twee 6-inch kanonnen en twee 4.7-inch houwitsers.

[42] Wanneer het toestel geraakt wordt heeft de piloot slechts de kans om zijn leven te redden door het uitvoeren van een noodlanding. Tot op het einde van de Eerste Wereldoorlog vliegen de geallieerde piloten zonder valscherm. Alleen de Duitsers zullen in 1918 algemeen gebruik maken van hun parachutes, wat vele Duitse piloten het leven zal redden.

Ver beneden onder hen zien de verkenners hoe het Duitse 22° en 23° reservekorps zich nu voor de Belgische linies ontplooien. Bielovucie-Iserentant volgen een artilleriegroep welke zich naar het bos van Houthulst begeeft om van hieruit het IJzerfront te kunnen belegeren. Bij het overvliegen van de streek rond Roeselare bemerken Dechamps-Schmit rond de middag er een grote troepenconcentratie. Ten zuiden van Roeselare staan vierentwintig stukken veldgeschut gereed, terwijl talrijke wagons wachten op verder transport op de spoorlijn naar Torhout. Ook langs de weg Tielt-Roeselare trekt een kolonne van alle soorten wapens richting Diksmuide. Talrijke vrachtwagens vullen de markt van Tielt. Bij het terugkeren zien zij hoe een kolonne van tien kilometer lang vanuit Brugge is opgestapt en bijna Torhout heeft bereikt.

Op 20 oktober is alle verkenning als gevolg van het slechte weer uitgesloten. Hiervan maken de Duitsers dankbaar gebruik om aan te vallen. Reeds bij de eerste klaarte worden de voorposten onder druk gezet en kort na de middag valt Lombardsijde in Duitse handen. Op hetzelfde ogenblik wordt ook Diksmuide belegerd door de Duitse 43° en 44° reservedivisie. Alhoewel het bruggehoofd zwaar te lijden heeft onder de beschieting vanuit Beerst kan de brigade Meiser nog stand houden.

De volgende dag is het weer iets beter geworden en kunnen twee ploegen van de 1° escadrille opstijgen. Het toestel van Lagrange-Hiernaux komt binnen het bereik van de Duitse artillerie en wordt geraakt waardoor zij verplicht worden een noodlanding te maken in Ramskapelle[42]. Tijdens de vlucht zien zij hoe rond de hoeven welke in

Leke en Sint-Pieters-Kapelle over het vlakke landschap verspreid liggen diverse eenheden van alle wapens zich uitrusten of voorbereiden voor een nieuwe belegering. Demanet-Jacquet kunnen nabij Zevekote een Duitse geschutsbatterij localiseren.

Op 21 oktober gaat de strijd om Diksmuide in alle hevigheid verder. Maar met de steun van de Franse marinefusiliers van admiraal Ronarc'h kan het bruggehoofd in handen gehouden worden. Maar 's anderendaags slagen de Duitsers erin de IJzer nabij Tervate te dwarsen alwaar zij op een hevig afweergeschut worden onthaald. Verschillende Belgische tegenaanvallen falen. De nieuwe posities van de tegenstander kunnen moeilijk bepaald worden want nevel en regen zijn opnieuw spelbreker. Enkele pogingen van de 1° escadrille om de nieuwe linies te verkennen moeten afgebroken worden.

Slechts de volgende dag kan de IJzervlakte opnieuw overvlogen worden. Vier toestellen trekken op verkenning uit rond Tervate waar de Duitsers de vorige dag de IJzer gedwarst hebben[43]. Waar de stroom een scherpe bocht maakt verbinden vijf loopbruggen beide oevers. Over een frontlijn van meerdere kilometers staan her en der geschutsbatterijen klaar welke hun loop richten naar de IJzer. Meer

Een Duits watervliegtuig wordt door mannen van het Marinekorps aan boord van het schip gehesen.

naar achter zijn de dorpen gevuld met infanteristen en kolonnes vrachtwagens. Vanuit Diksmuide zijn de berichten even onrustwekkend. Vooral in en rond het bos van Houthulst is de aanwezigheid van zware artillerie opvallend. Het bos biedt immers een afdoende bescherming teggen het spiedend oog van de tegenstander.

In de namiddag keren Rooze-Van Rolleghem terug van een verkenningsvlucht over Rijsel. Boven Diksmuide gekomen zien zij hoe de Duitse zware artillerie, welke zich op twee kilometer van de IJzer bevindt, in stelling wordt gebracht. Ten oosten van Diksmuide zijn reeds

(43) Renard-Modesse verkennen als eersten de Tervatebrug en situeren de posities van de loopbruggen. Hun informatie wordt daarna bevestigd door zowel Jaumotte-Bussy, Hanciau-Hugon als door Iserentant-Hiernaux.

talrijke loopgraven uitgediept om de infanteristen te beschermen. Zulke enorme troepen- en artillerieconcentraties op een zo kleine frontlinie wijzen er duidelijk op dat de Duitsers er alles zullen op zetten om in een zo kort mogelijke tijd voorgoed komaf te maken met het Belgische leger achter de IJzer.

Op 24 oktober wordt deze indruk bevestigd door Demanet-Iserentant die zich boven Tervate bewegen. Naast de reeds aangelegde loopbruggen is er een nieuwe bijgelegd over de naast elkaar aangemeerde boten. Daarenboven zijn de pioniers druk in de weer om een solide brug over de IJzer aan te leggen. Jacquet-Demanet bevestigen niet alleen de waarnemingen van Demanet-Iserentant maar ontdekken nog meerdere nieuwe loopbruggen nabij Schoorbakke. Ook Dechamps-Schmit, die vanuit Duinkerke zijn opgestegen, gaan op verkenning boven de IJzer en tellen zes nieuwe loopbruggen tussen Stuivekenskerke en Beerst. Steeds meer Duitsers dwarsen nu de IJzer en nestelen zich stevig vast tussen de linkeroever en de spoorwegberm van de lijn Diksmuide-Nieuwpoort.

In de nacht van 23 op 24 oktober is de 6° reservedivisie naar de andere oever overgebracht. Diksmuide staat opnieuw centraal wanneer de veldbatterijen van 420 mm de stadsruïnes bestoken. Maar het bruggehoofd blijft nog steeds stevig in Belgische handen. Toch is de toestand zeer kritiek geworden. Krampachtig verdedigen de troepen zich achter de spoorwegberm en rond het bruggehoofd. Daar de terugtrekking van de troepen in deze situatie niet denkbeeldig is wordt als voorzorgsmaatregel door het Groot Hoofdkwartier bevel gegeven om in de avond van 24 oktober de tenten van de 1° escadrille nabij Veurne af te breken[44].

Maar de verwachte doorbraak komt er voorlopig niet en daar de weersgesteldheid de volgende dagen gunstig is worden er vanuit Duinkerke verschillende vluchten uitgevoerd. Alle observaties wijzen erop dat de Duitsers steeds meer loopbruggen over de IJzer aan het uitbouwen zijn. De Uniebrug te Sint-Joris, welke door de Belgische genietroepen werd opgeblazen, is vervangen door twee noodbruggen en een waarnemingsballon boven Klerken regelt er het artilleriegeschut.

Gelukkig kan met de hulp van de natuur de Duitse opmars gestuit worden. Reeds enkele dagen is men in het hoofdkwartier bezig met het onderzoek naar een mogelijke onderwaterzetting van de IJzervlakte tot aan de spoorwegberm. Met de hulp van de toeziener bij de Noordwatering te Veurne, Karel Cogghe, wordt een systeem uitgewerkt om via het openen der sluizen bij hoogwaterstand het zeewater landinwaarts te laten stromen. Nadat de verschillende spoorwegbruggen en de Koolhofdijk ten zuidwesten van Nieuwpoort zijn afgedamd met zandzakjes slaagt men er op 27 oktober in, door medewerking van schipper Geeraert, voor de eerste maal de sluizen van het Oud-Veurnesas te openen. Maar nadat men ook de volgende dagen telkens de deuren bij hoog-

[44] De 1° escadrille heeft haar basis op het gehucht Kerkepanne, waar het vliegveld van Sint Idesbald zich bevindt, in de onmiddellijke nabijheid van Veurne. Het materieel is intussen sterk gereduceerd want bij het landen is het toestel van Jaumotte-Bussy volledig vernield. De bemanning komt gelukkig ongedeerd uit het avontuur.

water heeft geopend is het water slechts langzaam gestegen.

De Duitsers beginnen zich zorgen te maken over het stijgende water en beseffen dat een ultieme aanval zich nu meer dan ooit opdringt. Dat het bij de Duitsers menens wordt bevestigen de verkenningen van Richard-Lamblotte en Olieslagers-Stellingwerff die vanuit Duinkerke naar de IJzervlakte zijn overgevlogen. Steeds meer en meer Duitsers dwarsen nu de IJzer. Ten zuidwesten van Ramskapelle, nabij Schoorbakke, bevinden de veldbatterijen zich slechts op één kilometer van de spoorwegberm. De brug van Schoorbakke is hersteld en daarnaast zijn er nog talrijke nieuwe loopbruggen aangelegd. Tussen de artilleriestukken en de spoorwegberm zijn reeds talrijke borstweringen aangelegd. Daarenboven zijn diverse zware artilleriestukken schietensklaar gemaakt ten zuiden van Nieuwpoort, te Slijpe en nabij Mannekensvere.

Loopbrug over de Ieperlee nabij Drie Grachten in 1914. De posities van de loopbruggen worden bijna dagelijks door de verkenningsvliegtuigen geobserveerd.

Intussen kan het vliegwezen een gedeelte van zijn materieel recupereren. Als gevolg van de talrijke verkenningsvluchten geraken verschillende toestellen buiten dienst of zijn aan een intensief onderhoud toe. Hierdoor geraakt het centraal park te Beaumarais oververzadigd. Toch kan Lagrange er op 27 oktober zijn hersteld toestel ophalen. Daarbij kan Vertongen in Duinkerke over een nieuw en krachtiger Henri-Farman toestel beschikken.

Wanneer Dechamps-Schmit de volgende dag de IJzervlakte verkennen wijst alles erop dat de aanval nu weldra gaat losbarsten. Over de ganse frontlijn tussen de spoorwegberm en de IJzer staan er artilleriestukken opgesteld. Achter het Vicognekasteel staat een groep van twaalf stukken in stelling. Eenzelfde groep wordt gelocaliseerd langs de Kleine Beverdijk en rond Schore. Wat verderaf staan langs de kant van de aanvoerwegen vrachtwagens gereed om bij een eventuele doorbraak het nodige materieel naar voor te brengen.

De toestand wordt nu zeer kritiek. De opperste legerleiding is zich van de precaire toetand bewust. Om de coördinatie met de artillerie en de infanterie optimaal te laten verlopen deelt het hoofdkwartier mee dat de 1° escadrille vanaf nu voor elk der drie legerdivisies die in de strijd betrokken zijn een toestel ter beschikking dient te houden.

Op 30 oktober ontketenen de Duitsers een algemene aanval over de ganse frontlijn in Vlaanderen. Ramskapelle wordt bezet en in Pervijze gaat huis na huis verloren. Maar achter de spoorwegberm kunnen zowel de Belgen als de Franse eenheden stand houden. Intussen stijgt het water langzaam doorheen de Duitse rangen. Wanneer zowel Desmet als Hanciaux de vlakte op lage hoogte overvliegen zien zij hoe het water langzaamaan het laagland overspoelt.

Op 31 oktober slagen de Belgen erin Ramskapelle opnieuw in handen te krijgen. Langs Duitse zijde schijnt nu alle aanvalskracht uit te deinen. Dit is ook de indruk die Olieslagers-Stellingwerff opdoen wanneer zij op Allerheiligendag de IJzerboorden verkennen. Grote delen van de Duitse loopgraven zijn onder water gelopen of schijnen verlaten. Andere zijn ongeschonden en nog door enkele infanteristen bezet, zoals tegenover de Noordvaart ten zuiden van Sint Joris en parallel met de Beverdijk langs de noordwestkant van Oud-Stuivekenskerke.

Jacquet-Petit en Lagrange-Hiernaux stellen de volgende dag vast dat de overspoelde oppervlakte zich steeds verder uitstrekt tussen Stuivekenskerke en Oud-Stuivekenskerke. De loopbruggen over de IJzer steken nog boven het water uit maar de troepenconcentraties welke daags voordien nog te Sint-Pieters-Kapelle werden waargenomen zijn nu verdwenen. Ook de artillerie zwijgt en schijnt zich naar het zuiden te hebben verplaatst. Slechts in de richting van Diksmuide wordt nog veldgeschut waargenomen.

Langs de IJzerboorden zelf en tussen de stroom en de spoorwegberm is alle geweld geluwd. Het binnenstromende zeewater drijft stilaan de tegenstander terug. De IJzerslag is voorbij. De doorbraak naar de Franse havensteden Duinkerke en Calais en het Kanaal is er niet gekomen. Het front is voor de rest van de oorlog vastgelopen in de Vlaamse Polders.

Maar niet alleen de grondtroepen hebben zware verliezen geleden. Vooral de 1° escadrille, die als gevolg van haar dichte ligging bij het hoofdkwartier voortdurend boven het front heeft geopereerd, houdt nog slechts een paar bruikbare toestellen over. De andere zijn hoogstnodig aan herstelling toe. Om het verlies aan te vullen worden de twee toestellen van Orta en Petit overgeplaatst naar de omgeving van Veurne om er de 1° escadrille bij te staan in dienst van het Groot Hoofdkwartier.

WACHT AAN DE IJZER

Langs de IJzerboorden kondigt zich nu een periode van relatieve rust aan. Het zwaartepunt van de strijd heeft zich nu verplaatst naar de streek rond Ieper waar Britse en Franse eenheden in zware gevechten verwikkeld geraken. Maar waakzaamheid is geboden en daarom tracht het hoofdkwartier op de hoogte te blijven van wat zich tegenover de Belgische linies afspeelt. Tevens worden de Duitse troepenbewegingen zoveel mogelijk gevolgd waardoor men in staat is zowel de Britse als de Franse troepen te informeren over een mogelijke Duitse aanval.

Een eerste hevige confrontatie ten zuidwesten van Ieper vangt aan op 19 oktober met de gevechten om Langemark en Zonnebeke. Tien dagen later woedt een zware strijd om Geluveld dat meerdere malen van bezetter verandert. Op 30 oktober worden zowel Zandvoorde als Hollebeke door de Duitsers veroverd en de volgende dag worden Mesen en Wijtschate het volgende doelwit.

Dat de Duitsers nu alles op alles zetten blijkt uit de sterke troepenconcentraties in het zuidelijk deel van West-Vlaanderen. Tijdens een verkenningsvlucht op 3 november valt het Hagemans-Gallez op dat talrijke treinkonvooien vanuit Torhout opstomen naar Roeselare. Het overgrote deel van de wagons zijn van het gesloten type wat erop wijst dat vooral manschappen van de ene frontlijn naar de andere worden overgebracht. Langs de weg Leke-Torhout stappen lange kolonnes infanteristen op richting Torhout. Tussen de kolonnes door zien zij hoe de artilleriestukken van achter de ondergelopen IJzervlakte worden weggebracht om met dezelfde transporten naar de frontlijn rond Ieper te worden overgebracht.

Meer naar het noorden toe blijft alles kalm. Slechts één enkele trein is op weg van Brugge naar Torhout. Twee concentraties van materieel trekken echter de aandacht. Op de Wellingtonrenbaan te Oostende staat een uitgebreid wagenpark en in de omgeving van Brugge is er een aanzienlijk vliegtuigenpark waar te nemen. Het is immers opgevallen dat de Duitse vliegtuigen nu ook meer en meer de Belgische achterste linies gaan verkennen. Veurne wordt bijna dagelijks vanuit de lucht bespied; waarschijnlijk om de resultaten van de artilleriebeschietingen na te gaan. Zij blijven echter buiten het bereik van de Belgische afweerkanonnen.

De volgende dag beletten een dichte mist en regen alle verkenningsactiviteiten. 's Anderendaags worden slechts sporadisch enkele vluchten boven Kortemark uitgevoerd, maar alle troepenbewegingen lijken uitgestorven(45).

De daaropvolgende weken zijn er nog weinig toestellen in de lucht waar te nemen. Op 12 november steekt een storm op en brengt

(45) Op 5 november vliegen Renard-Hozay tot boven Torhout. Ten zuiden van Zarren bemerken zij een ballon welke aan de grond gehouden wordt en enkele hangars voor vliegtuigen.

Een Belgische luchtballon aan de Linde in 1915.

(46) In het Staatsblad van 15 januari 1915 wordt gemeld dat bij KB van 27-11-1914 Ridder in de Leopoldsorde worden benoemd de militaire vliegeniers: Lt-en Hagemans J, Dhanis R, Jaumotte J en Jacquet F; de o/Lt Petit J en de 1° Sgt-en Olieslagers J en Tyck J. Ook de waarnemers Lt-en Schmit A, Hedo R, Petit F Bussy L en o/Lt Gallez W voor hun lofwaardige koelbloedigheid, het initiatief en moed bij hun lastige en gevaarvolle verkenningen boven vijandelijke linies. Een ander KB met dezelfde datum geeft het Militair ereteken 2° klas aan 1° Sgt, vrijwilliger voor den duur van den oorlog, Benselin Maurits, militair vliegenier voor zijn verkenningstochten boven vijandelijk gebied.

ernstige schade toe aan het materieel welke zich te Duinkerke bevindt. Drie tenten worden weggeslingerd en de toestellen die er zich in bevinden lopen zware averij op. Wanneer er op 28 december opnieuw een storm opsteekt is de aangerichte schade nog groter. In enkele minuten tijd worden alle toestellen van de 3° escadrille welke zich te Saint Pol sur Mer bevinden tot schroot herleid. Deze van de 2° escadrille kunnen gered worden maar zijn toch aanzienlijk beschadigd.

Regen en wind maken het opstijgen onmogelijk en wanneer de lucht wat opklaart worden slechts korte verkenningsvluchten boven de frontlijn uitgevoerd om de artillerie bij te staan. Maar het slechte weer beperkt geenszins de activiteiten op de grond. De Franse mariniers van admiraal Ronarc'h, bijgestaan door enkele Belgische eenheden, komen onder zware druk te staan van de Duitse 4° Ersatzdivisie en de 43° reservedivisie. Diksmuide wordt met hand en tand verdedigd maar valt uiteindelijk op 10 november in Duitse handen. Maar de westeroever van de IJzer blijft stevig in Frans-Belgisch bezit want in allerijl hebben de Fransen de brug over de stroom doen springen. Daar een verder doorstoten hier onmogelijk blijkt wordt het zwaartepunt nu verschoven naar de Ieperse sector waar een hevige strijd woedt op de heuvelkam vanaf Zonnebeke tot Mesen. Maar Ieper blijft buiten het bereik van de Duitsers want op 22 november vallen de gevechten rond de stad stil[46].

De troepenconcentraties langs de IJzer zijn langs Duitse zijde sterk afgenomen. Talrijke infanterieregimenten worden overgeplaatst naar de meer zuidelijke sectoren. Enkel langs de kuststreek is er nog een aanzienlijke troepenbeweging waar te nemen, tegenover de sector van de Franse generaal Grosseti nabij Nieuwpoort. En Middelkerke schijnt volledig door Duitse troepen ingenomen. Op 22 november zien Dechamps-Schmit vanuit hun toestel hoe twee kolonnes vrachtwagens geparkeerd staan in het centrum van Middelkerke. Aan de rand van de gemeente zijn de loopgraven ook druk bezet.

Voor de vliegeniers breekt nu een rustiger periode aan. De nadruk wordt nu vooral gelegd op het uitvoeren van taktische verkenningsvluchten waarbij nauwkeurig alle bewegingen van de vijandelijke troepen in de gaten worden gehouden; evenals de posities van zijn geschutsbatterijen. Daarbij wordt ook het effect van de onderwaterzetting van de IJzervlakte gevolgd; en de mogelijke plaatsen waar de IJzer kan gedwarst worden met argusogen bespied[47].

De toestellen worden in deze kalmere periode aan een grondig nazicht onderworpen. De bezorgde monteurs koesteren de stalen vogels als hun eigen kinderen. Zij kruipen op de vleugels met trechters, oliekruiken en poetskatoen. De bougies worden uit de stervormige motoren genomen en nagezien. De olie wordt ververst en de trekkabels welke de vleugels verbinden worden op hun trekkracht gecontroleerd.

Wanneer de monteurs hun opdracht hebben beeindigd verschijnen de piloten en wandelen goedkeurend rond hun machine. Met een steuntje van de technici wippen ze in de cockpit en nemen hun plaats achter de stuurknuppel in. Van hieruit kunnen ze zien hoe een monteur een stevige draai aan de schroef geeft om de motor op gang te brengen en daarna haastig wegloopt. In vele gevallen dient dit maneuver meerdere malen herhaald te worden vooraleer de motor met een sputterend geluid wil aanslaan. Daarna wordt de snelheid langzaam opgedreven tot het toestel staat te sidderen op de grond. De vleugels trillen en onder een lawaai dat niet meer te houden valt zet het toestel zich zeer langzaam in beweging, de volgende opdracht aanvattend.

Eind november kunnen Jacquet-Iserentant alle overgangspunten over de IJzer vastleggen. Zestien loopbruggen zijn nog onbeschadigd maar de bruggen van Sint Joris en Tervate zijn onbruikbaar geworden. In de bocht van Tervate hebben pioniers een brug over aangemeerde boten gelegd. De meeste loopbruggen bevinden zich tegenover Stuivekenskerke waar de Duitsers nog een gedeelte van de linkeroever bezet houden.

Wanneer Jaumotte-Bussy en Iserentant-Desmet op 4 december nogmaals de plaatsen der loopbruggen overvliegen stellen zij echter vast dat het aantal nog steeds toeneemt. Reeds 21 overgangen zijn geplaatst tegenover de Belgische linies; waarvan 13 tussen Sint Joris en Tervate en 8 nabij Stuivekenskerke.

Voor zover de weersomstandigheden het toelaten worden dagelijks enkele vluchten langs de IJzerboorden en boven de kuststreek uitgevoerd. Maar de korte herfst- en winterdagen zijn vooral gekenmerkt door een laaghangend wolkendek en strakke westenwinden waardoor de toestellen snel in de richting van de vijand worden gedreven. Hierdoor wordt het moeilijker om te ontsnappen aan het Duitse afweergeschut dat ze over de ganse frontlijn hebben opgesteld. Daarenboven valt men als gevolg van het lage wolkendek tijdens het uitvoeren van verkenningsvluchten nog meer binnen het bereik van de grondartillerie.

Maar stilaan beginnen de weersomstandigheden te verbeteren; de nachtvorst blijft weg en de eerste sneeuw is verdwenen zodat nu de grenzen van het overstromingsgebied kunnen bepaald worden. De vliegers nemen het goede weer te baat om laag boven de linies te zweven. Reeds vroeg in de morgen vertrekken de eersten vanuit de omgeving van Veurne. Voor de inwoners is dit een geruststelling dat ze

(47) Wanneer Orta-Noirsin op 20 november proberen de grenzen van de onderwaterzetting vast te leggen belet een lichte sneeuwlaag hen het onderscheid te maken tussen het bevroren wateroppervlak en de besneeuwde bodem.

zo laag vliegen. Hierdoor weten ze dat het Belgische toestellen zijn die patrouilleren en de vijand op eerbiedige afstand houden.

Van hieruit trekken ze verder richting Nieuwpoort en Diksmuide. Het gebied ten noorden van Sint Joris is helemaal overspoeld terwijl ten noorden van Mannekensvere een strook van één kilometer onder water staat. In de grachten welke het gebied doorkruisen nabij Slijpe worden drie platbodems of vlotten gesignaleerd[48].

Op 6 december stellen zowel Jaumotte-Bussy als Iserentant-Desmet vast dat het waterpeil van de overstroming daalt tussen de IJzer en de spoorwegberm Diksmuide-Nieuwpoort. Nabij Tervate en Stuivekenskerke worden kleine eilandjes zichtbaar. Langs de rechteroever van de IJzer echter schijnt het overstromingsgebied zich eerder uit te breiden. De ganse streek tussen Beerst en Diksmuide staat nu onder water, en zelfs ten zuiden Diksmuide zijn brede stroken overspoeld. Ook langs het Ieperleekanaal is de rechteroever nabij de Knokkebrug in een moeraslandschap herschapen.

Vandaag valt opnieuw een verlies van een toestel te noteren. Na een verkenningsvlucht uitgevoerd te hebben willen Lagrange-Hiernaux landen op het vliegveld te Koksijde. Tijdens het maneuver raakt het toestel echter een boom en slaat met een smak tegen de grond. Hierbij wordt het zwaar beschadigd en beide bemanningsleden zijn voor enkele dagen buiten strijd.

Ook aan het bombarderen van de tegenstander wordt steeds meer aandacht besteed. Het vliegtuig blijkt stilaan niet alleen interessant te zijn om de plaats van de tegenstander te bepalen maar ook om hem vanuit de lucht te bestoken[49]. Aanvankelijk blijft het beperkt tot enkele schuchtere pogingen. Maar stilaan begint de legerleiding in te zien dat de vliegerij een steeds nuttiger rol gaat spelen in het strijdgebeuren en tracht hiervan gebruik te maken om ook de Duitse observatieposten te belegeren. Vooral de observatieballons en het daarbijhorende afweergeschut welke steeds meer en meer achter de frontlijn verschijnen vormen een bedreiging voor de eigen artillerie. Dank zij de bommen welke door het Britse Royal Flying Corps, dat zijn basis samen met een deel der Belgische toestellen op het vliegveld van Saint Pol heeft, ter beschikking gesteld worden kunnen regelmatig vijandelijke doelen bestookt worden.

Het Groot Hoofdkwartier geeft op 8 december het bevel de Duitse kabelballon welke vanaf het station van Pervijze zichtbaar is in de nabijheid van Lissewege te vernietigen. Dechamps-Noirsin moeten echter hun poging opgeven wegens gebrek aan speciale kogels welke de ballon moeten doen vuur vatten.

Op 21 december vertrekken Dechamps-Noirsin met een lading bommen richting Gistel. Langs het kanaal Oostende-Plassendale bemerken zij een ballon welke nog aan de grond wordt gehouden. De afgeworpen bom belandt echter langs de andere kant van het kanaal en het toestel wordt door een luchtdoelbatterij nabij Slijpe geraakt. Nadat te

(48) Op 9 december geeft het Groot Hoofdkwartier bevel inlichtingen in te winnen omtrent het gebruik van deze vlotten. Als gevolg van de overvloedige regens en de stormwinden welke aanhouden tot 16 december kunnen Petit-Hedo op 17 december geen enkel vlot terugvinden; alhoewel zij de IJzer en de kuststrook tot aan Oostende overvliegen.

(49) Op 28 oktober laten Petrowski-Benselin een bom vallen op een batterij nabij Schore. Tijdens een verkenningsvlucht in de nabijheid van Nieuwpoort bestoken Petit-Benselin een waarnemingsballon en enkele vrachtwagens met elk een bom.

Veurne een tussenlanding werd gemaakt om de opgelopen schade na te gaan wordt opnieuw gestart richting Duinkerke. Maar boven het Franse Gyvelde krijgt het toestel motorpech waar een noodlanding wordt gemaakt. De opgeroepen techniekers uit Duinkerke komen het toestel

herstellen. In dit toestel bevinden zich echter nog twee niet gebruikte bommen. Deze worden door kapitein Dechamps vanuit het toestel aan de mekanieker doorgegeven. Terwijl deze een bom aanneemt glijdt hij uit en de bom explodeert. Hierbij worden zowel kapitein Dechamps, de mekanieker Sandermans, drie soldaten als enkele eerder toegesnelde burgers op slag gedood. Onder de gekwetsten vinden we onderluitenant Noirsin, een mekanieker en nog enkele nieuwsgierigen. Nog dezelfde dag gaat nog een ander toestel verloren wanneer Petit een bruuske landing maakt in De Panne.

De Duitsers laten zich ook niet onbetuigd want in de voormiddag van 26 december laten twee Tauben enkele bommen vallen nabij de bruggen rond Veurne, wat bij de inwoners de algemene schrik erin brengt[50]. Enkele dagen later, op 30 december, komen nog meer Duitse vliegtuigen boven de stad om telkens enkele bommen naar beneden te gooien. Terwijl het afweergeschut ratelt slaan talrijke inwoners zich schuilend achter de muren de strijd tussen een Belgisch vliegtuig van de 1° escadrille, dat versterking krijgt van een Frans toestel, en de

Franse en Belgische piloten in de kantine. Vermoedelijk zijn het manschappen van de Frans-Belgische escadrille C74.

[50] Als gevolg hiervan worden op 28 december op de toren van de Sint Niklaaskerk enkele mitrailleurs geplaatst als afweergeschut tegen de vijandelijke vliegtuigen.

belagers gade. Na enkele zwenkingen boven de stad te hebben uitgevoerd trekken de aanvallers zich terug. Bijna dagelijks trekken Duitse toestellen nu over de Belgische linies heen richting Duinkerke met de bedoeling de haveninstallaties aan te vallen. De belegering van de tegenstander vanuit de lucht zal stilaan het verkenningswerk overheersen.

Sinds de strijd in de lucht een aanzienlijke omvang heeft genomen krijgen de bemanningen steeds meer het gevoel dat zij actieve steun kunnen leveren aan de strijd op de grond. Reeds in september 1914 werden de eerste handgranten losgelaten boven gronddoelen zoals munitieopslagplaatsen en troepentransporten. De eerste grote reactie komt er echter nadat Duitse Zeppelins bomaanvallen hebben uitgevoerd boven Antwerpen, waarbij burgers het slachtoffer worden. Als vergelding besluiten piloten van de Royal Naval Air Service de Zeppelinloodsen bij Keulen en Dusseldorf te bombarderen. Op 22 september wordt vanuit Antwerpen een eerste poging ondernomen maar als gevolg van de dichte mist mislukt de aktie. Slechts op 8 oktober laat het weer toe een tweede poging te ondernemen. Twee Britse piloten gaan op zoek naar de loodsen. Deze van Dusseldorf wordt met succes gebombardeerd en een van de nieuwste Zeppelins, de ZIX, gaat verloren[51].

Een gemotoriseerde windas van het type Delahaye 1916.

(51) Het zijn de vliegers R.L.G. Marix en S. Grey beide met een Sopwith Tabloid. Aan de onderkant van de vleugels van elk toestel zijn twee bommen van 10 kg bevestigd. Als gevolg van de dichte mist kan Grey de loodsen te Keulen niet vinden maar hij lost zijn bommen boven het station van de stad. Marix kent echter wel succes te Dusseldorf.

Waar tijdens de eerste oorlogsmaanden nog weinig aandacht wordt besteed aan het bombarderen van de tegenstander komt er in het najaar geleidelijk aan verandering in het bestoken van de opponent. Aanvankelijk zijn de toestellen uitgerust voor andere doeleinden. Maar het vastlopen van het conflict in een stellingenoorlog doet ook de taktiek wijzigen. Vooral de Franse vliegtuigindustrie speelt snel in op de nieuwe noodzaak. Een snellere tweedekker uitgerust met een 200 pk motor laat hen toe raids uit te voeren boven de vijandelijke aanvoerroutes. De eerste experimentele bommen die ze meevoeren veroorzaken in het begin slechts weinig schade. Maar met hun nieuwe toestellen kunnen ook zwaardere bommen meegenomen worden waardoor ze in staat zijn spoorwegbruggen en treinen vanuit de lucht te bestoken. Maar tegen het einde van de winter hebben de Duitsers reeds een afdoend antwoord en bestoken nu op hun beurt de geallieerde aanvoerlijnen.

Op het einde van het eerste oorlogsjaar neemt het aantal vluchten van de Duitsers boven het nog vrije Belgische grondgebied toe en men begint eraan te denken om jacht te maken op de vijandelijke toestellen. De perioden van luchtgevechten geleverd met pistool of karabijn, welke dan nog meestal ontsproten uit de onversaagdheid van bepaalde piloten, is reeds lang voorbij.

Waar de generaals in hun gevechtsstrategie aanvankelijk geen rekening houden met de rol die het vliegtuig in de oorlog kan spelen is stilaan gebleken dat de luchtverkenningen een beslissende factor zijn geweest bij het tot staan brengen van de Duitse opmars. Maar van gevechtstaktiek is er voorlopig geen spraak. Pas in 1916 zal de luchtoorlog een sensationele wending nemen: in plaats van lukraak de tegenstander aan te vallen zal nu volgens een bepaalde strategie worden tewerk gegaan.

De rol van het jachtvliegtuig zal in de Eerste Wereldoorlog nochtans hoofdzakelijk defensief zijn. Er wordt zoveel mogelijk ernaar gestreefd om de vijandelijke verkenningstoestellen weg te houden van zijn eigen frontlijn om te beletten dat de inlichtingen over de posities van de stellingen het hoofdkwartier van de tegenstander bereiken. Tevens worden de eigen verkenningsvliegtuigen zo goed mogelijk beschermd tegen aanvallen van vijandelijke jagers[52]. Het vliegen in oorlogstijd heeft in een half jaar tijd immers een echte metamorfose ondergaan.

Wanneer eind 1914 de winter zijn intrede doet valt de beweging in de lucht grotendeels stil. Hardnekkige mist of de vele najaarsbuien verplichten de vliegers de meeste tijd aan de grond te blijven. Dit geeft hen de nodige tijd om de balans over de aanvangsperiode op te maken. De eerste oorlogsmaanden zijn hoofdzakelijk een leerperiode geweest.

De gebruikte toestellen vertonen nog veel gebreken en tekortkomingen. Regelmatig worden de vliegeniers verplicht een noodlanding te maken als gevolg van mechanische defecten. Zo kan de Britse piloot Rainy op 24 september tussen Poperinge en Roesbrugge in volle vlucht zijn motor niet meer op gang krijgen en ziet hij zich verplicht zijn toestel aan de grond te zetten achter een hofstede. Te voet begeeft hij zich naar Roesbrugge om een mekanieker in Duinkerke te telefoneren. Zes uur later kan het toestel, onder gejuich van de toegesnelde nieuwsgierigen, weer opstijgen.

Het inwinnen van informatie heeft niet alleen veel toestellen gekost maar is eveneens de aanleiding geweest van talrijke gevechten in de lucht. De vliegeniers zijn dan ook van oordeel dat ze dringend snellere en beter bewapende toestellen nodig hebben. Daarom wordt ook

(52) Om het naderen van de vijandelijke vliegtuigen zo snel mogelijk door te seinen beveelt het Groot Hoofdkwartier dat zodra een legerafdeling weet heeft van het opdagen van een Duits vliegtuig het onmiddellijk dient te telefoneren naar het centrum van het vliegwezen te Veurne. Dit zal dan het nodige doen om de jacht op dit toestel te organiseren.

alle aandacht besteed aan de ontwikkeling van een snel eenzitsjachttoestel dat kan uitgerust worden met een lichte mitrailleur. Het oorlogsjaar 1915 zal voor de luchtvaartafdelingen van de strijdende partijen dan ook gekenmerkt zijn door het feit dat hun toestellen zullen omgevormd zijn tot echte gevechtsmachines. Door het te voorzien van een afdoende bewapening wordt het vliegtuig dan ook een zeer bruikbaar strijdmiddel. 1915 zal dan ook het jaar van de specialisatie worden.

Het transport van een Duits vliegtuig langs het Frans-Belgisch front.

Tot nu toe bestond het overgroot deel van het werk van het vliegwezen in het uitvoeren van verkenningsvluchten. Daarbij speelt de taktische observatie en het fotograferen van de vijandelijke posities een steeds grotere rol. Daar de artillerie over steeds zwaardere stukken kan beschikken wordt ook meer en meer beroep gedaan op de vliegeniers voor het richten van de vuurmonden en het inschieten.

Wanneer de gelegenheid zich voordoet worden in de grotere toestellen reeds kleinere ladingen bommen genomen om de spoorwegverbindingen waarlangs de tegenstander zijn troepen aanvoert te bestoken, maar dit blijft slechts een uitzondering op de algemene regel. Het bombarderen van de vijandelijke posities gebeurt nog eerder toevallig en nog helemaal niet georganiseerd. In het volgend jaar zullen de luchtbombardementen tijdens deze fase van de oorlog hun beslissende stoot tot een snelle ontwikkeling kennen.

Maar stilaan gaat het tij keren. Uit diverse confrontaties in de lucht is gebleken dat de Duitsers de geallieerde suprematie aan het doorbreken zijn. In de eerste oorlogsmaanden beschikken de Duitsers over oudere types Tauben-eendekkers, Aviatik-tweedekkers, Albatros en L.V.G. toestellen. Dit zijn eerder voorbijgestreefde toestellen die uitgerust zijn met een 4-cilinder motor van 70 pk. Maar in oktober verschijnen de eerste snellere toestellen boven het westelijk front. Sommige van deze toestellen werden reeds voor de oorlog gebouwd maar waren nog niet operationeel; andere werden vervolledigd kort na het uitbreken van het conflict. Uit dit alles blijkt dat de uitrusting van het Belgisch Vliegwezen stilaan voorbijgestreefd is en dat aanpassingen zich opdringen. De tijd van "specialisatie is aangebroken...

Diverse types camera's werden op de Belgische vliegtuigen aangebouwd. Met deze verkenningstoestellen werden bijna dagelijks vluchten over de vijandelijke linies uitgevoerd. Door middel van de genomen foto's werden op de stafkaarten de posities van de vijandelijke troepen en hun artillerie vastgelegd.

LUCHTFOTOGRAFIE EN TELEGRAFIE

Het toepassen van luchtfotografie staat zeer nauw in verband met de geschiedenis van de fotografie zelf. Wanneer de Parijzenaar Luis Mandès Daguerre in 1839 het procédé van Nicéphore Niepce, de uitvinder van de fotografie, verbeterde in de Daguerrotypie werd het vastleggen van beelden op een gevoelige plaat snel toegankelijk voor iedereen. Het hoeft dan ook niemand te verbazen dat de ballonvaarders algauw van deze mogelijkheden gebruik maakten om aan hun spectaculaire ondernemingen nog meer élan te geven, en het grote publiek hiervan te overtuigen.

De Parijse fotograaf Félix Tournachon kan onder de voorlopers van de luchtfotografie gerekend worden[53]. In 1864 komt Tournachon met op dat ogenblik grootste ballon ter wereld naar België. Met de Géant vliegt hij van Brussel naar Ieper. In deze ballon was plaats voor maar liefst dertien personen, een unicum in deze tijd! Ook de Belg Arthur Batut konstrueerde in 1887 een vlieger en maakte reeds foto's vanop een hoogte van 100 meter.

De Belgische drakensectie is ook zeer actief in de luchtfotografie. Eerste-sergeant George maakt vanuit de mand van zijn sleepdraak de allereerste luchtzichten van de stad Luik en van de Vesdervallei.

Vooral in de periode van de luchtschepen zoals de Parsevals en nog meer de Zeppelins kent de luchtfotografie een grote doorbraak. Vooral in de beginmaanden van de Eerste Wereldoorlog maken deze luchtschepen verkenningsvluchten waarbij talrijke foto's worden genomen. Maar de evolutie van de ballonvaart wordt door deze van het vliegtuig voorbijgestoken en vanaf 1916 wordt de luchtfotografie bijna volledig uitgevoerd door vliegtuigen. Met de opkomst van de luchtvaart en nog meer door de preciese luchtfotografie kan men ook veel sneller gaan werken in de kartografische diensten. Verschillende foto's worden over en naast elkaar geprojecteerd zodat men zeer snel op kaart de posities van de tegenstander kan vastleggen. Hierdoor is men tevens in staat om zijn eigen artillerie de nodige informatie door te spelen om zijn geschut te richten, en de nodige correcties aan de instellingen aan te brengen.

De luchtverkenning is een specialiteit die voorbehouden blijft aan de officieren. Het klinkt wellicht paradoxaal maar het is niet de piloot die het bevel voert over het vliegtuig maar wel de verkenner. Deze laatsten zijn meestal vrijwilligers die uit grondtroepen worden geselecteerd en de rang van officier bekleden. De piloten zijn voor het overgrote deel onderofficieren en worden eerder beschouwd als chauffeur in dienst van de verkenner. De vliegeniers worden door de landstrijdkrachten nog steeds eerder als bevoorrechte sportlui aanzien en niet als echte militairen.

[53] Félix Tournachon (1820-1910) is beter bekend onder zijn bijnaam "Nadar" welke meestal gebruikt wordt om een soort afsluiting aan te duiden. Dit soort afsluiting werd immers voor het eerst gebruikt om het talrijke publiek op afstand te houden wanneer hij in 1856 opsteeg met zijn warme-luchtballon.

Op 23 september 1914 voert de bemanning Dechamps-Schmit de eerste fotografische verkenning uit. Op negatieven worden de posities weergegeven die de Duitsers innemen om de vesting Antwerpen te bestoken.

Begin 1915 krijgen de Belgische piloten van het Franse leger speciale fototoestellen met een brandpuntsafstand van 26 centimeter. Op het einde van hetzelfde jaar worden fototoestellen met 52 centimeter brandpuntsafstand gebruikt voor glasplaten van 18x24 centimeter.

Vanaf 1915 beginnen de vliegeniers de eerste luchtfoto's te nemen. Meestal worden die genomen vanaf een hoogte van 1.000 tot 1.500 meter maar het overgrote deel van de waarnemingen gebeurt nog

Luchtopname van het dorpscentrum van Reninge genomen door 1° sergeant de Roest en luitenant d'Hendecourt op 2 april 1916 vanop een hoogte van 2.100 meter.

met het blote oog van de waarnemer. Eenmaal het front is vastgelopen begint de luchtfotografie een aanzienlijke rol te spelen. Door dagelijks foto's te nemen kan men de bewegingen en de werkzaamheden van de tegenstander nauwkeurig in de gaten houden.

Vanaf het vliegveld worden de foto's die de vliegeniers hebben binnengebracht door verbindingsmannen overgebracht naar het bureau van de topografie. De gemaakte negatieven worden er ontwikkeld. Aan de hand van deze opnamen worden de frontkaarten aangepast. Door na te gaan of de vijand zijn stellingen heeft gewijzigd of zijn batterijen heeft verplaatst kan men hierdoor de nieuwe richtlijnen aan de artillerie doorgeven[54].

Het fotograferen vanuit vliegtuigen verplicht daarbij de opponent om zich te camoufleren. Hoe verder men echter in de vijandelijke linies doordringt hoe hoger men gaat om opnames te maken. Zelfs vanaf 6.000 meter slaagt men erin voldoende details van het vijandig gebied op de gevoelige plaat vast te leggen.

Signalisatiepost aan de Joconde. Nadat de verkenners vanuit hun vliegtuigen de nodige informatie hebben doorgegeven wordt deze doorgeseind naar de artillerie via optische signalen.

Vooral bij het voorbereiden van een groot offensief is het van groot belang zo nauwkeurig mogelijk de posities van zijn tegenstander te kennen. Daarom wordt er dan ook zeer veel beroep gedaan op de vliegeniers om na te gaan of de opponent niet zelf van plan is een aanval op touw te zetten. In een nota van 15 augustus 1917 dringt divisiegeneraal Anthoine van het 1° veldleger er bij luitenant-generaal Ruquoy op aan om de genomen foto's tegenover het 2° en 6° veldleger in drie exemplaren te bezorgen aan het hoofdkwartier van de 1° legerdivisie. Hij vindt het van het allergrootste belang dat de voortdurende verplaatsingen van de vijandelijke posties zo snel mogelijk aan de artillerie moeten bekend gemaakt worden.

Het overgrote deel van de foto's wordt genomen boven de Duitse geschutsbatterijen vanaf een hoogte tussen 500 en 2.500 meter. Men tracht zoveel mogelijk te fotograferen terwijl de vijandelijke vliegtuigen uit de lucht zijn. De boordschutter houdt echter bij zijn machinegeweer de omgeving goed in de gaten want in talrijke gevallen eindigt dit in een confrontatie met Duitse jachtvliegtuigen.

Een der bekendste Belgische verkenningspiloten is Charles Coomans welke samen met d'Hendecourt talrijke waarnemingsvluchten boven vijandelijk gebied heeft uitgevoerd. Hij sneuvelt echter in zijn SPAD XI A2 op 28 september 1918 samen met zijn waarnemer Jean de Roest d'Alkemade.

Eenmaal de tegenstander gelocaliseerd dan dient vanuit de lucht zijn positie doorgegeven aan de artillerie. Een groot probleem vormt echter de verbinding tussen het vliegtuig en de grond. In het begin wordt gebruik gemaakt van het afschieten van lichtkogels. Ook worden er vanuit de laagvliegende toestellen kokers met berichten naar beneden

[54] De negatieven welke door de vliegtuigen die te Houtem landen zijn aangebracht worden overgebracht naar Wulvergem.

geworpen. Zelfs worden er postduiven meegenomen die na verkenning met een briefje aan de poot vanop het vliegende toestel worden losgelaten. Vanop de grond worden berichten omhooggestuurd door gebruik te maken van stukken lakens die men op de grond legt.

Een van de belangrijkste vernieuwingen van de radiotelegrafie (TSF) in de vooroorlogse periode is de toepassing ervan op vliegtuigen en luchtschepen. Deze nieuwe toepassing is niet enkel belangrijk voor het doorgeven van informatie naar de legerdiensten maar zal na het beeindigen van de oorlog een grote evolutie teweegbrengen in het luchtverkeer.

Met een camera welke aan de zijkant van het vliegtuig is bevestigd kan de waarnemer opnames maken van de vijandelijke posities.

Maar voor de militaire toepassingen is het van het allergrootste belang dat de waarnemer in zijn toestel zijn observaties zo snel mogelijk naar de commandopost kan doorgeven, en dan nog het best wanneer de tegenstander zijn bewegingen aan het uitvoeren is. Anderzijds is het ook nuttig dat de observator vanaf de grond zijn opdrachten in de kortst mogelijke tijd kan uitvoeren.

Zelfs spelende kinderen geraken stilaan vertrouwd met de T.S.F. Zonder te weten hoe het toestel werkt kennen ze weldra de meeste tekens en gebruiken zelfs het codeschrift als geheimtaal bij hun spelen[55].

Vanaf 12 december 1916 wordt het brevet van operator voor T.S.F. ingevoerd voor de waarnemers in de vliegtuigen. Dit brevet wordt voortaan een verplichting voor alle nieuwe waarnemers welke definitief worden aangeworven.

Daarom dienen de toestellen uitgerust te worden met een zender en een ontvanger. Om dit te realiseren dient er ook een antenne aangebouwd te worden. Tijdens de zomermaneuvers van het Belgisch leger in de Ardennen in augustus 1913 wordt het toestel van Verschaeve uitgerust met een draadloos zendtoestel. Hiermee wil men de eerste ervaringen opdoen om een verbinding te verwezenlijken met de grondtroepen. Hiervoor wordt gebruik gemaakt van een draad waarvan de lengte gekozen wordt naargelang de golflengte waarmee men signalen wil ontvangen of uitzenden. Deze antenne dient echter verbonden te worden met een metalen massa die een grote elektrische capaciteit heeft. Als massa wordt dan ook de motor van het vliegtuig gekozen, welke op zijn beurt verbonden wordt met alle metalen delen van het geraamte.

In november 1914 hebben talrijke proeven plaats langs het Franse front nabij Toul[56]. De toepassing van de telegrafie in het vliegwezen kent tijdens de Eerste Wereldoorlog een ongekende uitbreiding.

(55) Zie de nota's van meester Emiel Selschotter in "De Kleine Mens in de Grote Oorlog". Lut Ureel. (p111)

(56) De draadloze telegrafie werd reeds gebruikt tijdens de oorlog in Zuid-Afrika (1899-1902) en in de Russisch-Japanse oorlog. Vooral in de Balkanoorlog worden veel legerberichten draadloos doorgestuurd.

In 1918 bijvoorbeeld zijn in het Britse luchtleger reeds bijna 600 toestellen uitgerust met zendapparatuur, welke verbinding hebben met een honderdtal grondstations. Het gebruik van zendapparaten op vliegtuigen zal een van de grootste ontwikkelingen zijn welke de militaire luchtvaart een snelle vlucht doen nemen.

Luchtopname vanuit een Duitse kabelballon van Heuvel 60 te Zillebeke, genomen op 10 december 1914. Links ziet men de spoorwegbedding en rond de spoorwegbrug zijn de loopgraven.

BEWAPENING

In het begin van de militaire luchtvaart wordt er nog helemaal niet gedacht aan bewapening. De Generale Staf beschouwt de luchtmacht nog zelfs eerder als nutteloos. De meeste hoge officieren zien het vliegtuig niet als een beslissende factor in de oorlogvoering. Ze beseffen niet dat de superioriteit in de lucht ook de superioriteit op de grond kan betekenen. Maar de manschappen zijn gewonnen voor de geest van de nieuwe legereenheid, en het avontuur van het vliegen lokt hen ook aan. Tevens geeft het vliegen hen een groter gevoel van veiligheid dan het blootstaan aan de vijandelijke kogelregen in de loopgraven.

De verkenningen welke in 1911 door enkele vliegtuigen boven de troepen, welke maneuvers rond Lier uitvoeren, worden gemaakt sterkt echter commandant Mathieu in zijn opvattingen over de rol van de piloten in een mogelijke toekomstige oorlog.

In het algemeen zien de militaire leiders de hoofdrol van de luchtmacht eerder weggelegd als een verkenner voor de infanterie maar ook als doelwaarnemer voor de artillerie. In de eerste weken van de oorlog vervullen de vliegtuigen een deel van de taken die aan de cavalerie zijn toebedeeld: opsporing en verkenning van vijandelijke opstellingen en troepenconcentraties. Maar de handigheid en kennis van de piloten en hun waarnemers zullen hierin weldra een kentering in brengen.

Aanvankelijk zijn de vliegtuigen echter zeer beperkt in het toegelaten gewicht dat ze in de lucht kunnen meenemen. Het geringe motorvermogen van de toenmalige vliegtuigen is er de oorzaak van dat er meestal slechts één passagier en bijna geen bewapening of lading kan worden meegenomen. Vooral de tweezitters hebben hierin een gevoelige handicap. De meeste toestellen kunnen slechts enkele honderden meter hoog vliegen en bereiken zelfs met moeite een uursnelheid van honderd kilometer. Bij sterke tegenwind kunnen zelfs de auto's op de weg gemakkelijk het toestel boven hen volgen, waardoor ze dan ook zeer kwetsbaar zijn voor grondvuur.

Het vliegen in deze nog altijd primitieve toestellen is voor de vliegeniers zeker geen lachertje. Alleen een dunne linnen wand biedt enige bescherming tegen de vijandelijke kogels. Dik ingepakt en zonder enige bepantsering zitten zij in hun open cockpit. Tijdens de koude wintermaanden wordt het gezicht soms ingesmeerd met vet om zich tegen de vrieskoude te beschermen. Daarbij zijn de brandstoftanks zeer kwetsbaar en door de houten structuur van de toestellen zijn zij daarenboven zeer brandbaar. Menig toestel stort dan ook als een laaiende fakkel omlaag. Vooral de bemanningen van de verkenningstoestellen die meestal zonder de bescherming van jachttoestellen erop uit trekken zijn vrijwel kansloos wanneer ze door vijandelijke jagers worden aangevallen.

Bericht van het Britse Royal Flying Corps aan het Belgisch Hoofdkwartier. De Duitsers hebben een bericht gedropt over de dood van twee bemanningsleden. Het betreft Pauli en De Bersacques welke op 1 mei 1917 boven Vladslo werden neergehaald

Aanvankelijk begroeten de vijandelijke vliegtuigen elkaar soms heel vriendelijk, en zwaaien de piloten naar elkaar met de hand. Tijdens de rest van de oorlog blijft de houding van de piloten tegenover elkaar steeds ridderlijke allures aanhouden. De piloten worden met grote militaire eer en zelfs met blijken van deelneming der tegenstander begraven. Wanneer een piloot achter de vijandelijke linies de dood vindt wordt meestal een bericht hierover aan de tegenstander overgebracht of wordt er naar meer informatie gevraagd[57].

```
C.R.F.C.2018.G.


         R.N.A.S.
         British Mission with Belgian H.Q.
         _____


              A message has been dropped by a German aeroplane

         to the effect that on May 1st a Farman was brought down

         near the lines S. of DIXMUDE, pilot and observer are both

         dead.

              This machines does not belong to the R.F.C.



                                              R J Warton
  H.Q.R.F.C.                                  Captain,
  5th May, 1917.                              General Staff.
```

[57] Op 29 juli 1915 wordt in de Belgische linies ter attentie van het Britse Royal Flying Corps volgend bericht gedropt: "For the English Royal Flying Corps. The officer you asked for (13th) was dead when coming down. The bombs are the answer for last night, in which we had much pleasure. Were the German officers dead who came down the 25th near Hooge?" (Royal Flying Corps communiques 1915-1916. Christopher Cole.)

Maar algauw beseffen ze dat ze de vijand ook kunnen dwarszitten. Allerhande middelen zijn goed, zelfs katapulten en haken om de vleugels van de tegenstander open te rijten. Maar naargelang de confrontaties evolueren en vastlopen in een stellingenoorlog begint de strijd in de lucht pas goed. Waar de tegenstander in het begin op een eerder schuchtere manier wordt belaagd zal hij stilaan worden bestookt met een moordmachine. De revolver zal plaats maken voor een met de propellor gesynchroniseerde mitrailleur en steeds zwaardere bommen worden met de toestellen tot hoog in de lucht, buiten het bereik van de grondartillerie, meegenomen.

Wanneer vijandelijke troepenbewegingen worden waargenomen werpen de observateurs bij gebrek aan betere bestrijdingsmiddelen brandgranaten op de infanteristen. Daar deze weinig doeltreffend blijken worden ze algauw vervangen door lichte bommen welke aan de wanden van de cockpit in beugels zijn opgehangen. Tijdens de vlucht worden ze met de hand overboord gegooid. Deze bommen zijn meestal gevuld met een mengsel van petroleum of parafine en vloeibare teer wat ze zeer effectief maakt als brandbommen voor het bestoken van treinkonvooien.

Aanvang 1914 hebben de Russen al een viermotorige bommenwerper gebouwd en op 14 augustus slagen Franse Voisin-bommenwerpers erin om de Zeppelin-hangar bij Metz te bombarderen. De Britten sturen in augustus een aantal vliegtuigen naar Frankrijk om er de terugtocht van de Britse troepen uit Bergen te volgen[58]. Het aanschouwen van de oprukkende Duitse troepen brengt de Britse piloten op het idee aan de strijd deel te nemen door handgranaten, benzinebommen en stalen pijlen op de marcherende Duitsers af te werpen.

Duitse troepen hebben hun afweergeschut op het dak van een huis geïnstalleerd.

De "fléchette" is een eenvoudig luchtwapen welke voor het eerst wordt gebruikt door de Franse vliegeniers in oktober 1914, maar heeft een vreselijke uitwerking. De punt is zo scherp als van een potlood terwijl het uiteinde is bewerkt zodat het de vorm heeft van de veren van een pijl. Zij worden verpakt in dozen van vijftig stuks en wegen elk 20 gram. De piloot kan de bodem van de doos tijdens de vlucht openen door middel van een koord. Door de snelheid van het vliegtuig worden de pijlen verstrooid en als gevolg van de grote hoogte bereiken ze bij het raken van de grond zelfs een grotere snelheid dan de projectielen die door de artillerie afgevuurd worden. Zij vormen dan ook een geducht wapen tegen de optrekkende grondtroepen of tegen de manschappen die zich verzameld hebben in de loopgraven. De pijlen hebben een grotere uitwerking op de soldaten, wanneer deze zich platliggend op de grond trachten te beschermen, dan de openspattende obussen.

In het begin bestoken de vliegtuigen de tegenstander in de lucht met de revolver in de hand, of de grondtroepen met het geweer tussen de benen. Door hun geringe hoogte worden de vliegeniers ook veelvuldig beschoten met geweren, kanonnen of machinegeweren. Het

[58] Vier squadrons van het Britse Royal Flying Corps hebben vanaf 18 augustus hun basis in Maubeuge. Op 22 augustus melden zij na een verkenningsvlucht dat Duitse troepen in massa opmarcheren naar Ninove en daarna afzwenken in de richting van Bergen. Tijdens een der verkenningsvluchten wordt sergeant-majoor Jillings gedood. Wanneer hij samen met zijn waarnemer luitenant Noel tot 60 meter boven de opstappende Ulanen vliegt wordt hij door een kogel dodelijk getroffen. Hij is de eerste van de 16.623 gesneuvelde vliegeniers en grondpersoneel van het Royal Flying Corps en de later opgerichte Royal Air Force.

komt er dus op aan zichzelf voldoende te bewapenen om de tegenstander op afstand te houden. Hierin zullen twee Belgische piloten een belangrijke rol spelen.

Eind mei 1912 meldt een vertegenwoordiger van de Amerikaanse kolonel Lewis zich bij de commandant van de vliegschool om er een nieuw soort machinegeweer te presenteren. Deze belast luitenant Nelis met de ontvangst van de afgevaardigde. Er wordt een gestel voor het machinegeweer gemonteerd en de proeven gestart.

Op 9 juli worden vier nieuwe Farmans door de firma Bollekens aan de Vliegschool afgeleverd. Op een van deze toestellen wordt op de romp een Lewis machinegeweer gemonteerd. De proeven om vanuit een vliegtuig een gronddoel aan te vallen zijn gepland op 12 september. In het midden van het vliegveld wordt een wit laken gelegd welke door stenen ter plaatse wordt gehouden. Luitenant Nelis is de piloot en luitenant Stellingwerff zal het machinegeweer bedienen. Stellingwerff, die een ervaren schutter is zendt bij het eerste overvliegen meerdere kogels door het laken. Op het einde van de proeven is het laken haast helemaal aan flarden geschoten tot grote ergernis van de kwartiermeester die de piloten wil doen betalen voor het beschadigen van staatseigendom!

Deze prestatie vindt ook weerklank in het buitenland. In november vliegen Mathieu en Stellingwerff naar Engeland waar ze demonstraties geven op de vliegvelden van Aldershot en Hendon. Hierop besluit de Britse legerleiding de mitrailleur te gebruiken in hun eenheden. In 1913 had het Britse R.F.C. geweigerd Amerikaanse machinegeweren op hun vliegtuigen te bevestigen. Dit heeft voor gevolg dat de eerste Britse vliegtuigen zonder enige bewapening boven het front verschijnen.

Deze Lewis-mitrailleur zal weldra een van de belangrijkste vliegtuigwapens worden van de Eerste Wereldoorlog. Het is immers een wapen dat luchtgekoeld is en daardoor aanzienlijk lichter dan de klassieke watergekoelde mitrailleurs. Het wordt gevoed door een trommelmagazijn waarin plaats is voor 47 patronen welke boven op de mitrailleur geplaatst wordt. Isaac Newton Lewis vindt met zijn uitvinding geen belangstelling in de Verenigde Staten, alhoewel zijn nieuw soort machinegeweer betere mogelijkheden biedt dan zijn voorgangers. Bij gebrek aan interesse trekt hij naar Europa waar hij in januari 1913 te Luik de firma Armes Automatiques Lewis opricht. In Europa vindt het nieuw soort wapen spoedig aftrek.

Dank zij de steun van Mr. Waterkeyn die bevriend is met kolonel Lewis ontvangt het Vliegwezen op 8 augustus vier nieuwe machinegeweren welke hij persoonlijk in Londen is gaan afhalen. Op 26 september voert de bemanning Jaumotte-Debussy een mitrailleuraanval uit op het vliegveld van Sint Agatha Berchem dat intussen door de Duitsers is ingenomen.

Naast de Lewis wordt ook veel gebruik gemaakt van de Vickers-mitrailleur dat geleidelijk aan eerstgenoemde zal verdringen. Waar normaal een met water gevulde koelmantel voor de nodige afkoeling tijdens het vuren moet zorgen kan het water weggelaten worden op vliegtuigen. De snelheid van de toestellen is immers voldoende om het machinegeweer niet te laten verhitten. De patroonband kan echter 270 patronen bevatten, wat meer dan het vijfvoudige is van de lader van de Lewis-mitrailleur.

Lebon en Stellingwerff zijn gereed voor het uitvoeren van een proefvlucht waarbij een mitrailleur op een vliegtuig zal worden uitgetest.

Terwijl het Britse leger na de demonstratie van Mathieu en Stellingwerff verder experimenteert met de Lewis-mitrailleur houden de Fransen het bij het Hotchkiss-machinegeweer. Dit laatste is aanzienlijk zwaarder dan het Amerikaanse model en kan daarenboven slechts vijfentwintig schoten na elkaar afvuren.

De eerste maanden van de oorlog heeft het vliegtuig reeds een aanzienlijke evolutie doorgemaakt. Waar de piloten aanvankelijk beschouwd worden als de vliegende tegenhanger van de cavalerist, zijn zij stilaan uitgegroeid als medewerkers van de artillerist.

Maar intussen bekampen de vliegtuigbemanningen elkaar steeds meer in talrijke luchtgevechten. De ervaring heeft geleerd dat snellere en beter bewapende toestellen nodig zijn. De mistige en natte wintermaanden bieden de kans om te experimenteren en de technieken te verfijnen.

Op 28 oktober noteren we een der eerste belegeringen van de tegenstander vanuit een vliegtuig. Op het vliegveld van Saint Pol sur Mer zijn er naast de Belgische toestellen ook nog Britse welke er hun basis hebben. Bij het Royal Flying Corps worden reeds kleinere bommen meegenomen om deze dan met de handen vanuit de cockpit naar beneden te gooien. Enkele van deze bommen worden aan de Belgische escadrilles

(59) Wanneer een vliegtuig verplicht wordt achter de vijandelijke linies een noodlanding te maken heeft de piloot steeds de plicht zijn toestel in brand te steken. Hierdoor worden alle identificaties weggewist of mogelijke technische vernuften onkenbaar gemaakt. Dit princiepe wordt zowel langs geallieerde als langs Duitse zijde aangehouden.

(60) Anthony Herman Gerard Fokker werd in 1890 geboren in Kediri in het toenmalige Nederlands-Indië. Hij overleed te New York op 23 december 1939. In 1910 is zijn eerste vliegtuig gereed. Gedurende de oorlog zullen in de Fokker fabrieken meer dan 7.600 vliegtuigen gebouwd worden. Na de oorlog trekt hij naar Nederland waar hij direkteur wordt van de intussen opgerichte N.V. Nederlandse Vliegtuigfabriek Fokker, waarvan hij ook de hoofdaandeelhouder is.

overhandigd. Bij een verkenningsvlucht boven het front worden deze bommen uitgegooid op een Duitse veldbezetting ten zuiden van Schore, welke de Tervatebrug aan het beschieten is.

De eerste bewapeningen worden aangebracht op toestellen waarvan de motor achteraan is geplaatst en die voorzien zijn van een duwschroef zoals bij de Farman- en de Voisin-toestellen. Hierbij heeft de waarnemer een vrij schootsveld, zowel vooraan als aan de zijkanten want de piloot neemt een positie in tussen de waarnemer en de motor.

In tegenstelling tot de meeste geallieerde vliegtuigen zijn de Duitse toestellen van het trekschroeftype waarbij de waarnemer tussen de piloot en de schroef is gezeten. Hierdoor heeft hij echter enkel de mogelijkheid om zijwaarts te vuren. Het voordeel van de Duitse toestellen met trekschroef die een grotere snelheid kunnen ontwikkelen wordt in grote mate teniet gedaan door de betere bewapening van de geallieerde toestellen.

Bij de eenzitters is de situatie moeilijker. Indien de vliegenier zijn vliegtuig alleen maar op het doel hoeft te richten om te vuren heeft men een vaste mitrailleur nodig welke parallel aan de lengteas van het toestel is vastgemaakt. In 1915 zijn bijna alle toestellen uitgerust met een trekschroef. Daar de toestellen met trekschroef een grotere snelheid kunnen ontwikkelen zoekt men daarom een oplossing om niet meer op de schroef te vuren.

In maart 1915 past de Franse vliegenier Roland Garros voor het eerst deflectoren toe op de schroef van zijn Morane-Saulnier. De kogels van het machinegeweer die de propellor raken ketsen hierdoor af op de plaatjes en worden door de wigvorm ervan weggeslingerd. Gedurende enkele weken slaagt hij erin meerdere Duitse toestellen naar beneden te halen, zonder dat de Duitsers een tegenzet vinden. Maar op 19 april wordt Garros tengevolge van een motorstoring, nadat hij door een Duitse Flak boven Ingelmunster is getroffen, verplicht achter de Duitse linies te landen. Hij steekt zijn toestel in brand maar de toegelopen Duitsers blussen het wrak. Garros zelf wordt gevangen genomen[59]. Het veroveren van dit toestel brengt de Duitsers de verklaring mee van hun recente verliezen. Specialisten ontdekken de stalen plaatjes op de propellorbladen. Deze belangrijke onderdelen worden gedemonteerd en naar een laboratorium voor wapenonderzoeking in Berlijn overgebracht. Onmiddellijk krijgt Anthony Fokker, de Nederlandse vliegtuigbouwer die werkt in dienst van de Duitsers, opdracht het systeem te kopiëren[60]. Maar in plaats hiervan ontwerpt hij een synchronisatiemechanisme. Twee nokken op de krukas, in lijn met de propellorbladen, bedienen een stang die een koppeling aandrijft. Deze koppeling verhindert het mechanisme dat het machinegeweer doet vuren telkens een propellorblad voor de loop komt.

De eerste proeven blijken zo succesvol dat het nieuwe systeem versneld in produktie wordt genomen. Wanneer de Fokker E1 met dit mechanisme in de lucht verschijnt zaait hij nu op zijn beurt dood en vernieling en beginnen de geallieerden ernstige verliezen te lijden. Opdat de uitvinding niet in de handen van de vijand zou kunnen vallen wordt de Fokkerpiloten het verbod opgelegd boven de geallieerde linies te vliegen. Tijdens de winter 1915-1916 boeken de Duitse azen hun grootste successen, dank zij de alleenheerschappij van hun Fokkers. Het is de glorieperiode voor mannen als Boelcke en Immelman.

Een mitrailleuse werd op een draaibare steun gemonteerd om te gebruiken als afweergeschut tegen vijandelijke vliegtuigen in de eerste linies te Sint Jakobskapelle.

Koortsachtig zoeken de geallieerden naar een tegenzet. De Fransen produceren de Nieuport II Bébé met een Lewis-mitrailleur die boven de bovenste vleugel buiten het bereik van de trekschroef vuurt. Maar door het overvloedige trillen van de vleugels tijdens het vuren dient van dit princiepe weldra afgezien te worden. Weldra geraakt het systeem van de synchronisatie ook bij de geallieerden bekend en wordt het stilaan ook toegepast. Om het principe uit te proberen worden op sommige vliegvelden schietstanden gemaakt waarop de synchronisatie tussen schroef en mitrailleur worden uitgeprobeerd[61].

In het legerorder Nr 330 van 18 februari 1917 worden de richtlijnen aangegeven waaraan de proeven dienen te beantwoorden:
"Constatant que les prescriptions concernant l'essai des mitrailleuses aux buttes du tir ne sont pas strictement observées, je les rappelle à l'attention des chefs d'escadrille qui à l'avenir veilleront à leur application rigoureuse.

Les mitrailleuses ne peuvent être essayées que sur chevalet placé à courte distance de la butte. Elles doivent être pointées sur le centre du pied de la butte et légèrement de haut en bas. Il est donc formellement interdit d'essayer une mitrailleuse placée sur un avion.

Un officier doit être présent à l'essai et veiller à toutes les précautions en vue d'éviter un accident."

Sedert de Fokkers het luchtruim beheersen ijveren de geallieerden om verandering in de situatie te brengen. Binnen de geallieerde luchtmachten komen offensieve denkbeelden de kop opsteken, wat aanleiding heeft tot het ontwikkelen van jachtvliegtuigen. Het antwoord op de schijnbaar onoverwinnelijke Fokker komt er na maanden experimenteren met een Franse Nieuport 17, welke een aanzienlijk grotere snelheid haalt dan zijn opponent. Aanvankelijk uitgerust met een Lewis-

[61] Een voorbeeld hiervan is terug te vinden op het 't Hooghe Airfield langs de Provenseweg te Poperinge. Om hun mitrailleur in te schieten en te synchroniseren werd er een "but" opgeworpen. Dit is een soort aarden wal welke dient om de afgevuurde kogels op te vangen.

(62) In het begin van de oorlog zijn de meeste toestellen uitgerust met een Gnome 50pk krachtbron. Wanneer de SPAD XI in 1916 in het luchtruim verschijnt is die voorzien van een 220pk Hispano-Suiza 8BE motor. Intussen is ook de snelheid toegenomen van 80 km per uur tot 225 km per uur.

mitrailleur op de bovenste vleugel wordt dit verplaatst op de neus van het toestel waardoor het nog meer wendbaar wordt.

Onder druk van de oorlogsomstandigheden maakt de luchtvaart nu een ontwikkeling door welke in normale omstandigheden veel langzamer zou verlopen. De snelheid van het toestel zal in vier jaar tijd meer dan verdubbelen. De constructie van de machines blijft nagenoeg dezelfde maar door het opvoeren van het toerental worden de motoren alsmaar krachtiger door hun toenemend vermogen[62]. Het komt erop aan de vijand zo snel mogelijk te overtreffen en daarom dient men ook hoger, sneller en verder te komen. De bomrichtapparatuur krijgt meer correctiemogelijkheden waardoor ze ook met meer precisie hun doelen kunnen bestoken.

De Britten introduceren de DH2 (De Havilland), een tweedekker met duwschroef. Voor de piloot wordt een Lewis-mitrailleur gemonteerd waardoor hij samen met de grote wendbaarheid opnieuw kan wedijveren met de Fokkers. Weldra volgt de FE 2B een tweezitter met duwschroef die zelfs met twee mitrailleurs wordt uitgerust.

De suprematie in de lucht boven de frontgebieden wisselt sterk. Nieuwe taktische en strategische concepties, samen met het ontwikkelen van nieuwe vliegtuigtypes, doen de balans beurtelings naar de ene of andere kant doorslaan.

Vliegtuigbommen van diverse afmetingen liggen klaar voor hangar nummer 2 op het vliegveld van Houtem. (juli 1916)

REORGANISATIE

Meer en meer geraakt de legerleiding ervan overtuigd dat het hoogdringend tijd wordt om krachtiger toestellen in te zetten. De tegenstander dringt steeds dieper in het geallieerde luchtruim door[63]. Daarom geeft het Groot Hoofdkwartier op 3 januari een instructie door waarin het voorschrijft dat twee toestellen dienen uitgerust te worden met een Lewis mitrailleur om jacht te kunnen maken op vijandelijke toestellen.

Maar hiervoor dient beroep gedaan te worden op de welwillendheid van de Britse vliegeniers. De Belgische piloten beschikken immers over geen mitrailleurs meer. Bij het beleg van Antwerpen werden deze door het Groot Hoofdkwartier in beslag genomen om het oefenplein van Wilrijk te verdedigen. Sommige werden zelfs gebruikt om auto's ermee te bewapenen.

De laatste dagen is de vijand erg actief geworden. Reeds om 9 u verschijnen op 6 januari de eerste Duitse vliegtuigen boven Veurne. Enkele vliegen door naar Duinkerke maar een deel blijft boven de stad hangen en laten enkele bommen naar beneden vallen. Korte tijd later zweven er ook Belgische, Franse en Britse vliegeniers boven het centrum. Dit schouwspel herhaalt zich in de namiddag zodat de schrik er bij de bevolking in zit. Niemand durft er zich nog naar buiten wagen zonder eerst naar de hemel te kijken en er zich van te vergewissen dat er geen gevaar meer uit de lucht komt. De stedelingen voelen zich opgelucht wanneer de lucht betrekt en donkere wolken gaan samenpakken want dan verdwijnen de ongewenste bezoekers uit de lucht.

De nood aan vliegtuigen laat zich steeds meer gevoelen want men kan slechts met moeite de tegenstander op enige afstand houden. In groter aantal beginnen de Duitse vliegtuigen de nog niet bezette steden verkennen en bestoken. Maar over voldoende afweermiddelen en snelle toestellen beschikt men voorlopig niet. Daarbij is het materieel dringend aan herstelling toe. Talrijke toestellen zijn door onzachte landingen of door snelle slijtage onbruikbaar geworden[64]. Het reparatiepark te Beaumarais is niet meer in staat om in het veelvuldig onderhoud van de motoren te voorzien. Op 17 februari 1915 zijn er nog slechts zes toestellen vliegklaar waarvan vier in De Panne en twee in Saint Pol[65]. Gelukkig kan op de steun van de Franse regering gerekend worden. Op 5 januari 1915 gaat commandant Mathieu naar Parijs. Kolonel Bouttiaux belooft hem de onmiddellijke levering van zes Maurice Farman 80 hp toestellen. Begin maart zullen dan nog eens zeven Voisin type 3LA 130 hp toestellen uitgerust met een Hotchkiss mitrailleur volgen. Het ter beschikking stellen van deze toestellen moet het Belgisch Vliegwezen weer strijdwaardig maken.

(63) Op 30 december zijn twee Duitse Aviatik toestellen erin geslaagd over de Belgische linies heen naar Duinkerke te vliegen en er enkele bommen op de stad neer te gooien. De snelheid van deze machines is zo groot dat ze onbereikbaar zijn voor de Belgische vliegeniers.

(64) Het toestel van Jan Olieslagers wordt zwaar beschadigd bij een verkeerde landing. Hijzelf wordt zwaar gekwetst aan zijn linkerarm en linkerbeen.

(65) Op 10 januari komen Mesdagh-Osay van de 2° escadrille in een sneeuwstorm terecht. Zij worden verplicht een noodlanding te maken in bezet gebied en worden gevangen genomen. (Zie Histoire 2° escadrille in CHD)

Een motorrijder brengt onder gesloten opdracht de te volgen vliegroute en de bevelen over naar de piloot.

(66) Hij zal daar verblijven tot 20 februari en daarna nog één maand rust voorgeschreven worden.

Naast het ter beschikking stellen van vliegtuigen komt er ook versterking op gebied van luchtfotografie. Op 21 februari worden op bevel van het Groot Hoofdkwartier drie verkenningsvluchten uitgevoerd door Jaumotte-Iserentant, Crombez-Schmitt en Hagemans-Moulin. Maar er is laaghangende mist en de genomen foto's zijn alle mislukt. Er wordt een nieuwe verkenningsvlucht gestart door Demanet welke als passagier de Franse luitenant Sabattier meeneemt. Deze geeft hierbij een demonstratie over het gebruik van de Franse fototoestellen welke door het vliegwezen zijn besteld. De beelden genomen op lage hoogte ten westen van Nieuwpoort geven een duidelijk beeld van de vijandelijke verschansingen.

Maar op 11 januari dient Mathieu opgenomen te worden in het ziekenhuis met roodvonk[66]. Zijn functie wordt daarom tijdelijk overgenomen door kapitein Wahis die wordt bijgestaan door luitenant Lebon. Intussen denkt de legerleiding eraan het vliegwezen te reorganiseren. Begin februari 1915 stuurt kapitein Nelis, direkteur van het park te Beaumarais, een brief aan het Groot Hoofdkwartier waarin hij meldt dat majoor Christophe, chef van de 2° sectie van het Groot Hoofdkwartier waarvan sedert het begin van de oorlog het vliegwezen afhangt, deze functie niet verder meer zal uitoefenen. Terzelfdertijd zal het vliegwezen nu onder de bevoegdheid komen van de 1° sectie onder majoor Manglinse en commandant Lemoine.

In dezelfde brief wordt aangegeven welke de plannen zijn voor de nieuwe indeling. Er zouden twee groepen van elk drie escadrilles gevormd worden:

-een groep te Koksijde onder commandant Wahis:
  1 escadrille Henri Farman (Rhone motor) onder Moulin, met zes toestellen.
  1 escadrille Maurice Farman 80 pk onder Iserentant ook met zes toestellen
  1 escadrille Voisin onder Dhanis voor bombardementen

-een groep te Houtem onder commandant Mathieu
  1 escadrille Henri Farman onder Moulin met zes toestellen[67]
  1 escadrille Maurice Farman 80 pk onder Stellingwerff met zes toestellen.
  1 escadrille Maurice Farman 100 pk onder Lebon met zes toestellen.

Ondertussen houdt de escadrille van Demanet een vliegtuig ter beschikking van de 3° legerafdeling en deze van Stellingwerff een voor de 5° legerafdeling. Daarbij blijven 1 of 2 toestellen vrij voor speciale opdrachten van het Groot Hoofdkwartier.

Op 15 maart verwijst kapitein Wahis ook naar de geruchten over de nakende reorganisatie van het vliegwezen.

"Tout me porte à croire que tout est arrêté en principe. L'aviation comporterait, comme tous les services qui emploient un matériel spécial, une Direction Technique et un Commandement concernant les opérations, complètement distincts".

Vier dagen later, 19 maart, wordt de leiding van het vliegwezen ontvangen door de minister van oorlog de Broqueville. Deze bevestigt dat voortaan de "Compagnie des Aviateurs" ophoudt te bestaan en de nieuwe benaming "Aviation Militaire" (Militaire Luchtvaart) zal gebruikt worden. Deze wordt als volgt georganiseerd: de generale staf met als bevelhebber commandant Wahis zal voortaan in De Panne zetelen. Hij volgt er in die functie commandant Mathieu op. Het operationeel bevel rust ook bij commandant Wahis. Drie escadrilles bevinden zich te Koksijde (bij de hoeve Groot Boogaerde te Sint Idesbald) en twee te Houtem nabij het Groot Hoofdkwartier. Alle Belgische escadrilles welke tot nu toe op het vliegveld van Saint Pol gestationneerd waren verlaten nu voorgoed deze basis. In het Franse Hondschoote ligt er nog een Frans-Belgische escadrille, het C74[68]. Het reparatiepark blijft te Beaumarais bij Calais onder leiding van majoor Tournay, terwijl de militaire vliegschool te Etampes wordt gevestigd. De vroegere commandant Mathieu wordt vanaf 19 maart "Directeur temporaire d'un Inspection de Fabrication et Fourniture pour l'Armée Belge" in Londen.

(67) Hier is echter een tegenstrijdigheid merkbaar. Moulin zou volgens Mathieu in "Les débuts de l'aviation militaire Belge" de leiding hebben over een escadrille in Koksijde en een in Houtem. Waarschijnlijk dient dit voor Koksijde Desmet te zijn zoals later zal blijken na de definitieve reorganistie.

(68) Voor de samenstelling van de Militaire Luchtvaart na de reorganisatie van maart 1915 zie bijlage VI.

Vanaf nu kunnen we spreken van een officiële organisatie waarvan de verschillende opdrachten duidelijk gespecificeerd zijn. Aldus worden de 1° en 5° escadrille voorbehouden voor jachtopdrachten terwijl de andere zich vooral zullen toeleggen op verkenning, observatie en het richten van de artillerie. Van echte specialisatie kunnen we echter nog niet spreken want de jagers zullen nog meerdere weken dienen te wachten op hun nieuwe toestellen[69]. Tot zolang wordt gevlogen op verouderde toestellen welke voor hun specifieke opdrachten zo goed mogelijk in elkaar zijn geknutseld.

Vanaf 21 maart wordt naast de gewone dagelijkse activiteiten vooral de nadruk gelegd op het bestoken van het Duitse vliegveld te Gistel. Daartoe krijgt Dhanis het bevel een bombardement op het vliegveld voor te bereiden. In de voormiddag zijn Petit-Benselin vanuit Saint Pol vertrokken om een lange verkenningsvlucht te maken over Diksmuide, Oostende, Torhout, Roeselare en Poelkapelle. Boven Gistel bemerken zij vanuit een hoogte van 2.300 meter 21 hangars voor het bergen van vliegtuigen. Er zijn echter geen toestellen op de startbaan zichtbaar. Toch wordt er een bom van 120 mm op het vliegveld neergeworpen. Bij het terugkeren wordt een gelijkaardige bom uitgegooid op een bevoorradingskonvooi welke in het station van Langemark vertrekkensgereed staat naast een rij vrachtwagens waarop de voorraden werden uitgeladen.

Crombez-Schmitt overvliegen de sector vanaf Houtem over Merkem, Diksmuide, Ieper en Roeselare waar vooral foto's genomen worden van de Duitse eerste linie. Maar de opdracht verloopt eerder moeizaam want over het ganse parcours worden ze voortdurend belaagd door afweergeschut of grondartillerie. Het Groot Hoofdkwartier vraagt dringend van alle luchtopnames het negatief en een foto van elk met achteraan de positieaanduiding aangebracht door de waarnemer. Het Groot Hoofdkwartier zal dan zelf instaan voor de verdere verdeling naar de belanghebbende diensten. Uit de informatie welke de laatste tijd werd verzameld wijst volgens de legerleiding alles erop dat de Duitsers alles in het werk stellen om een nieuwe doorbraakpoging te ondernemen...

[69] Het eerste echte jachtvliegtuig wordt aan zijn escadrille geleverd in mei 1915. Het betreft een Nieuport 10 toestel. Een tweede toestel volgt op 14 juni.

STRIJD OM DE SUPREMATIE

De laatste dagen zijn gekenmerkt door de dagelijkse verkenningen en het belegeren van het vliegveld van Gistel. Dit vliegveld is sedert enkele weken ook het doelwit van het Britse Royal Flying Corps waar het in januari van 1915 zijn eerste luchtbombardement uitvoert.

Op 26 maart voeren Schmitt-Crombez een van de eerste nachtelijke vluchten uit langs de kuststreek. Vanaf Houtem trekken ze rond middernacht over De Panne naar Westende. Boven Westende-Bad gooien ze drie bommen uit. De lichten van de Oostendse vuurtoren zijn uitgedoofd en alle dorpen en steden langs Duitse zijde zijn in volledige duisternis gehuld om de nachtelijke bombardementen te bemoeilijken. Langs de geallieerde zijde blijft de straatverlichting branden zodat de verkenners nog enige referentiepunten hebben[70]. De Bueger-Boschmans trekken langs de IJzerboorden waar een dichte mistlaag boven de stroom hangt. Rond 4 u 's morgens bemerken ze boven Woumen een Duitse Albatros waarmee ze een gevecht aangaan. Na wat zwenkingen gemaakt te hebben wordt op de tegenstander gevuurd. Plots schiet zijn toestel naar beneden. De piloot schijnt geraakt te zijn want hij houdt een hand aan het hoofd alsof hij een wonde wil dichthouden.

Eind maart 1915 beschikt de 5° escadrille nog slechts over twee Nieuport-tweezitters en enkele Bleriot XI toestellen. De escadrille werd daarom reeds in december voorlopig ontbonden. Het personeel en de toestellen werden voor korte tijd verdeeld onder de andere eenheden.

Voortaan wordt elke dag de frontlijn overvlogen om de wacht te houden want de Belgische toestellen zijn in de minderheid tegenover de tegenstander. De oudere Farman-toestellen kunnen niet meer wedijveren met de modernere Duitse machines. Daarom worden in april de oude toestellen van Jan Olieslagers en Jules Tyck vervangen door een Farman 80pk. De enige manier om nog een kans op succes te hebben is nu zelf de Duitse linies overvliegen en wachten tot de tegenstander opduikt om aan te vallen. En dan maar hopen dat men het toch snellere toestel bij verrassing naar beneden kan halen. Daarbij zijn ook de geallieerden van begin 1915 hun luchtaanvallen op de Duitse stellingen gaan versterken.

Op 17 april 1915 kent het systeem succes. Fernand Jacquet en luitenant Vindevogel, die deel uitmaken van de 1° escadrille welke geinstalleerd is achter de hoeve Groot Bogaerde te Sint Idesbald, overvliegen met hun oude Farman 20 de Duitse linies boven Beerst. Plots horen ze het geronk van een Aviatik en bemerken het toestel onder hen terwijl de waarnemer bezig is zijn mitrailleur naar hen te richten. Maar vooraleer deze een schot kan lossen duikt Jacquet naar beneden en kan luitenant Vindevogel met zijn Lewis-mitrailleur de Aviatik naar beneden halen. De eerste Belgische overwinning is een feit.

(70) Oorspronkelijk wordt de verduistering toegepast om zich te beschermen tegen de belegering door Duitse Zeppelins. Eenmaal de steden door de Duitsers zijn bezet wordt hiervan afgezien. Dit blijkt inderdaad niet meer nodig daar we nog niet kunnen spreken van een geallieerde luchtmacht welke die naam waardig is. Langs de kuststreek wordt echter gewaakt over de verduistering vanwege het gevaar van de beschietingen vanuit zee. In Zeebrugge gebeurt dit reeds vanaf 27 oktober 1914.(Zie het Brugse dagblad Burgerwelzijn.)

Van achter een betonnen schuilplaats worden de luchtgevechten nauwkeurig gevolgd. Vanuit de commandoposten worden de ontvangen signalen voor het sturen van de artillerie doorgestuurd naar de bevelvoerders van de veldbatterijen. Post van de 2° Grenadiers bij de hoeve Csablanca te Boezinge

Er dient een onderscheid gemaakt te worden tussen het toekennen van een luchtoverwinning bij het Britse vliegwezen tegenover dit bij de andere geallieerden. De Britten bepaalden reeds in het begin van de oorlog dat ze twee soorten overwinningen zouden aannemen; deze welke door andere piloten of betrouwbare personen zouden bevestigd worden en de andere waarbij de piloot een toestel heeft zien naar beneden gaan en waarbij het volgens hem bijna zeker "gecrashed" zou zijn. In dit laatste geval wordt aan de piloot voorwaardelijk een overwinning "out of control" toegekend. Bij het Franse en Belgische vliegwezen wordt de overwinning slechts toegekend wanneer deze gezien en bevestigd wordt door onafhankelijke waarnemers zoals een ander piloot, een infanterist of een artillerist. Daarbij moet het toestel brandend zijn neergestort of in de grond geboord. Wanneer een vijandelijk toestel verplicht wordt te landen achter de geallieerde linies en het daabij kan buitgemaakt worden aanziet men dit ook als een overwinning[71].

(71) Voor de lijst van de Belgische overwinningen zie bijlage VII.

Fernand Jacquet is reeds lang vertrouwd met het vliegen. Reeds in juni 1910 behaalde hij de graad van infanterieofficier aan de Brusselse Militaire Academie waarna hij ingelijfd werd bij het 4° linie-regiment te Brugge. Maar zijn interesse gaat vooral naar het vliegen en in mei 1913 trekt hij naar de militaire vliegschool[72]. Na het behalen van zijn militair vliegbrevet vervoegt hij de 2° escadrille welke op dat ogenblik onder de leiding staat van luitenant Soumoy. Tijdens de IJzerslag voert hij vooral verkenningsvluchten uit. Maar wanneer begin 1915 de 1° escadrille beschikt over Lewis-geweren om op de vliegtuigen te plaatsen stelt Jacquet alles in het werk om tot deze gevechtseenheid te kunnen behoren.

Wanneer in maart 1915 de Belgische escadrilles het vliegveld van St.Pol verlaten om deze van Koksijde en Houtem te bezetten wordt Jacquet overgeplaatst naar de 1° escadrille. Vanaf de overplaatsing tracht hij met zijn eigen favoriete manier van aanvallen zijn tegenstanders te verschalken. Het liefst trekt hij er alleen op uit langs de kuststrook tot diep achter de vijandelijke linies, om op een onverwacht ogenblik op een geisoleerde tegenstander toe te slaan.

18 april wordt gekenmerkt door een ongeval dat een buitengewone weerslag zal hebben op de toekomst van de luchtvaart. Een kogel afgevuurd door de Duitse soldaat Schlenstedt tijdens de verdediging van het station van Kortrijk doorboort toevallig de brandstofleiding van een Morane Saulnier-toestel bestuurd door de Franse piloot Roland Garros. Garros wordt hierdoor verplicht nabij Hulste een noodlanding te maken. Maar vooraleer hij zijn toestel in brand kan steken wordt hij gevangen genomen. Maar als gevolg van deze toevallige treffer komen de Duitsers in het bezit van het geheim van de deflectoren waardoor enkel de Fransen tot nu toe de mogelijkheid hadden door het schroefveld van de propellor te vuren zonder deze tijdens het schieten te beschadigen.

De strijd in de lucht neemt stilaan een andere wending. Er worden steeds meer gevechtsvliegtuigen geconstrueerd die als doel hebben de verkenningsvliegtuigen aan te vallen. Ongeveer gelijktijdig worden naast de tweezittoestellen die voor verkenningen worden gebruikt nu ook speciale eenzitters ontwikkeld die sneller en wendbaarder zijn. Hun taak bestaat erin de verkenners van de vijand uit de lucht neer te halen. De strijd tegen vijandelijke verkenners, welke weldra door hun eigen jagers begeleid worden, zal aanleiding geven tot felle gevechten tussen de jagers onderling. Aan beide zijden zullen succesvolle jachtvliegers uitgroeien tot legendarische helden. Aan Britse zijde zijn dit mannen als Ball, Mc Cudden en Mannock; aan Franse zijde Fonck en Guynemer en bij de Duitsers Boelcke, Immelmann en von Richthofen. Zij vliegen bijna uitsluitend met zeer wendbare tweedekkers die licht en stevig gebouwd zijn. Om een nog wendbaarder toestel te verkrijgen brengen verschillende constructeurs een driedekker uit.

[72] Fernand Jacquet, geboren te Petite Chapelle in 1888 uit een welstellende familie behaalt op 25 februari 1913 het brevet nr 68 van burgerlijk piloot. Reeds in augustus is hij in het bezit van het militair brevet nr 18.

Slechts enkele van deze driedekkers zijn een succes zoals de beroemde Fokker DrI en de Soptwith Triplane.

Het idee om vliegtuigen een offensieve rol te laten spelen wordt toegeschreven aan de Britse generaal-majoor Trenchard die van mening is dat het vliegtuig een veel grotere rol kan spelen als aanvalswapen; eerder dan bij het uitvoeren van verkenningsvluchten. Daartoe deelt hij de vliegtuigen van zijn Royal Flying Corps in in onafhankelijke squadrons die in groepsformatie de Duitse linies gaan verkennen.

Vanaf 1915 hebben vooral de Franse piloten succes dank zij het monteren van deflectoren op de propellor waardoor de kogels die eventueel het blad raken worden omgebogen. Met hun Morane Saulnier vormen ze gedurende enkele weken de schrik van de Duitse Albatrossen. Maar wanneer de Nederlandse constructeur Fokker in mei van hetzelfde jaar het systeem van de gesynchroniseerde schroef toepast brengt de Fokker E grote verliezen toe aan de geallieerde luchtvloot[72].

Wanneer de Duitsers hun jagers in homogene groepen gaan groeperen nemen de successen nog toe. Tegen het eind van de zomer van 1915 zijn reeds drie "Kampfeinsitzerkommandos" gevormd. De formatie van de jagerafdelingen brengt ook roem voor de eerste "azen" van de Eerste Wereldoorlog. Max Immelman, door de pers de "Adelaar van Lille" genaamd en met vijftien overwinningen in tien maand, beheerst het luchtruim in Noord-Frankrijk. Tevens ontwikkelt hij een speciale manier om een geallieerd vliegtuig aan te vallen zonder dat dit zich bijna kan verdedigen. Die bestaat uit een duikaanval langs de achterkant van de tegenstander. Daarop volgt een halve looping met daarna een halve rolbeweging om de as om terug in een horizontale positie te komen. Hierdoor wordt geen hoogte verloren en kan de piloot terug aanvallen ofwel snel naar zijn basis terugkeren.

Oswald Boelcke neemt de zuidelijke sector en boekt in 15 maanden liefst 40 overwinningen[74]. Boelcke zal echter veel belangrijker blijken voor de latere evolutie en de reorganisatie van de luchtgevechten. In tegenstelling tot Immelmann analyseert hij zowel de successen als de tegenslagen en geeft hij zijn bevindingen door aan de collega's.

Door het behalen van persoonlijke successen vindt Boelcke gehoor bij de oversten en weet hij hen ervan te overtuigen dat gespecialiseerde eenheden van jachtvliegtuigen moeten gevormd worden. Dit is volgens hem de enige manier om de mogelijkheden van de jachtvliegtuigen tenvolle te benutten. Dit zal leiden tot het vormen van de Jachtstaffeln gewoonlijk afgekort tot Jasta. Dit zal vooral succes kennen in het najaar van 1916 wanneer de Duitsers opnieuw de Britse hegemonie zullen doorbreken. De Duitse suppremacie zal slechts een jaar later kunnen doorbroken worden wanneer de geallieerden hun strategie wijzigen. Speciale escadrilles zullen van dan af hun tegenstanders achter de vijandelijke linies gaan aanvallen.

(73) De pers spreekt algauw van de "Fokker-gesel". De Britse vliegtuigbouwer en parlementslid Noel Pemberton-Bolling noemt de geallieerde slachtoffers van de nieuwe jager "Fokker-voer".

(74) Voor de lijst van de bekendste "azen" zie bijlage VIII.

KALMTE AAN HET WESTELIJK FRONT

De aprilmaand is gekenmerkt door de bloedige tweede slag om Ieper. Hierbij laten de Duitsers omstreeks 5 u in de namiddag van 22 april 1915 ten noorden van Ieper voor het eerst een grote hoeveelheid gas ontsnappen uit hogedrukflessen. Waar de Franse en Britse sector aan elkaar aansluiten tussen Steenstrate en Langemark, over een front van ongeveer vier kilometer, sticht deze aanval grote verwarring bij de geallieerden. Slechts na het inzetten van talrijke reservetroepen kan de verbinding tussen de Fransen en de Canadezen hersteld worden. Ook de volgende dagen laten de Duitsers opnieuw gas ontsnappen maar dan op kleinere schaal. Het resultaat is echter maar beperkt. De Duitse troepen zijn hierdoor vooruitgekomen langs het Ieperleekanaal tot aan Het Sas te Boezinge en Lizerne.

Een Voisin 5 toestel met duwschroef is voorzien van een mitrailleur op de neus van het toestel. De waarnemer bevindt zich vooraan.

Nadat de tweede slag om Ieper is uitgedeind volgt nu een lange periode van relatieve rust. De strijd blijft beperkt tot enkele kleinere sporadische gevechten en beschietingen. Uit vrees dat de tweede slag om Ieper de geallieerden in een nog meer penibele situatie zou kunnen brengen beslissen de Britten op 26 april het spoorwegknooppunt van Kortrijk te bombarderen. Maar van de vier gestarte toestellen bereikt er slechts één het station. Luitenant Rhodes-Moorhouse kan met succes zijn lading bommen vanop korte afstand op de concentratie spoorwegwagons droppen. Nadat hij nog eenmaal boven het getroffen gebied heeft gecirkeld wordt hij nabij het belfort van Kortrijk onder vuur genomen. Door drie kogels getroffen slaagt hij erin na een vlucht van 48 km zijn

Tijdens wat rustiger perioden maken de techniekers en de timmerlieden van de gelegenheid gebruik om de toestellen aan een grondig nazicht te onderwerpen.

doorzeefd toestel in de Britse linies aan de grond te zetten. Nadat hij zijn rapport aan de toegelopen infanterie-officier heeft gedicteerd verliest hij het bewustzijn[75].

De vorige winter indachtig is men nu druk bezig om het comfort in de frontlinie wat te verbeteren. Na de veldslagen in de zompige Vlaamse grond zijn de Duitsers een nieuwe strategie gaan toepassen; namelijk het gebruik van bunkers als afscherming. Deze vormen niet alleen een doelmatige beschutting tegen beschietingen maar ook tegen aanvallen uit de lucht.

Om zich tegen de verrassingsaanvallen uit de lucht te beschermen worden sommige bunkers gecamoufleerd ofwel beschilderd zodat ze eruit zien als landelijke woningen. De dreiging voor de grondtroepen welke van het luchtwapen uitgaat neemt immers steeds toe. Met de geweren en de gewone mitrailleurs valt weinig uit te richten zolang de vliegeniers zich niet laag over de grond wagen. Bij het uitbreken van de oorlog wordt gebruik gemaakt van luchtdoelkanonnen. Duitsland beschikt over een twintigtal stukken; België over liefst één stuk! Het vuren op doelen in de lucht stelt immers ook speciale eisen. Bij het inschieten van de kanonnen is er een draaibaar affuit nodig. Daarom blijft de meest doeltreffende oplossing dan ook nog het zoveel mogelijk gelijktijdig afvuren van meerdere kanonnen.

Deze rustiger periode is dan ook de geschikte gelegenheid

(75) Rhodes-Moorhouse sterft de volgende dag. Enkele weken later wordt hem postuum het Victoria Cross toegekend. Het is het eerste Victoria Cross dat aan een piloot wordt uitgereikt.

om het materieel weer op punt te stellen. De toestellen, die haast elke dag hun vluchten boven vijandelijk gebied hebben uitgevoerd, worden nu grondig nagezien. Wanneer het nu enigszins mogelijk is tracht men de versleten machines door nieuwe te vervangen. De 2° escadrille krijgt in mei nieuwe toestellen ter beschikking. De voorbijgestreefde Bleriot en Nieuport toestellen worden vervangen door zes nieuwe Maurice Farman machines welke met een 80pk motor zijn uitgerust. Terzelfdertijd worden enkele T.S.F. toestellen in gebruik genomen[76].

Nieuwe vindingen zorgen in 1915 voor een snelle ontwikkeling van de luchtmachten. Vooral de ontwikkeling van het afvuurmechanisme dat het mogelijk gemaakt heeft door het schroefveld heen te vuren heeft aan de vliegtuigen steeds sterker het karakter van gevechtsmachines. Inmiddels verschijnt er ook een nieuw aanvalswapen waarvan vooral de Duitsers hoge verwachtingen koesteren: de luchtschepen.

Door hun draagvermogen dat veel groter is dan dat van de vliegtuigen zijn zij in staat honderden kilo's explosieven mee te voeren. Alhoewel de vliegmachine bij het uitbreken van de oorlog al het luchtschip heeft overvleugeld bij de verkenningsvluchten overdag, toch blijven deze mastodonten een gevaarlijk wapen bij nachtelijke bombardementen.

In 1914 beschikken zowel de Duitse marine als het landleger over enkele luchtschepen. Op 26 augustus worden er vanuit een luchtschip bommen gegooid op Antwerpen. Maar reeds op 28 augustus zijn de drie luchtschepen welke langs het westfront gebruikt worden door grondvuur neergehaald. Deze verliezen kosten deze afdeling van het Duitse leger maanden om deze rampen te boven te komen. Noodgedwongen gaan zij nu nachtelijke aanvallen uitvoeren op havens en spoorwegknooppunten. Zo worden op 12 april 1915 om 11 u 's avonds een vijftiental bommen uitgegooid boven Vlamertinge met de bedoeling het Britse legerkamp dat zich aldaar heeft geinstalleerd te treffen. Maar de bommen missen hun doel en slaan enkele grote putten in de grond nabij een hofstede.

Op 10 januari 1915 krijgt het Duitse leger toestemming om met zijn luchtschepen de oorlog in de lucht te beginnen. Negen dagen later voeren twee Zeppelins van de Duitse marine de eerste aanval op Engeland uit. Op 31 mei 1915 voert het luchtschip LZ.38, dat in Evere bij Brussel gestationneerd is, de eerste aanval op de Britse hoofdstad uit[77]. Zes nachten later gaan de LZ.38 en de kleinere LZ.37, welke in een loods te Etterbeek haar thuisbasis heeft, samen op weg naar Londen. De LZ.38 krijgt motorpech en moet terugkeren. De LZ.37 wordt in de lucht beschoten en stort brandend neer bij Gent. Hierbij komen op één na alle bemanningsleden om. Bij het ochtendgloren wordt te Evere de loods waarin zich de LZ.38 bevindt door twee vliegtuigen van de Britse Royal Navy gebombardeerd. Hierbij gaat het luchtschip in de vlammen op. Hierop besluit de Duitse luchtvaartleiding de ankerplaatsen in België niet

(76) T.S.F.toestellen zijn draadloze telegrafietoestellen. Deze welke worden gebruikt zijn van het type GUERITO.

(77) Dit luchtschip onder bevel van kapitein Erich LINNARTZ is van een nieuw type, de 'p'-klasse. Dit gestroomlijnd tuig heeft een nuttig draagvermogen van 16.200 kg en heeft 1.357 kg bommen aan boord die het op de Londense woonwijken uitwerpt. Hierbij worden zeven mensen gedood.

verder meer te gebruiken om nog verdere aanvallen op Engeland uit te voeren.

Tengevolge van het geringe succes zullen deze bombardementen vanuit luchtschepen weldra gestaakt worden. Het bombarderen van de Britse hoofdstad zal slechts hervat worden vanaf 25 mei 1917 wanneer de Duitse Gotha's in de lucht zullen verschijnen vanaf hun basissen dicht bij de Belgische kust.

Maar het geschut blijft aktief. Vooral op 22 juni komen de zware Duitse kanonnen welke langs de weg Esen-Zarren zijn geinstalleerd in aktie. Zowel Duinkerke als Veurne, Hondschote en Kassel worden het mikpunt van de artillerie; dit onder het waakzaam oog van de Duitse vliegtuigen. Om deze beschietingen op de vermelde steden te vermijden moeten alle beschikbare toestellen elke dag een barrage vormen. Daartoe wordt met een beurtstelsel gewerkt: van 3 tot 6 u de 1°escadrille gevolgd door de 3° tot 's middags. Vanaf 12 u tot 18 u is het de beurt aan de 4° escadrille waarna de 5° het front bewaakt tot 21 u[78]. Daarnaast wordt voor elke divisie één toestel ter beschikking gehouden: Behaeghe (1°esc) voor de 5° legerdivisie, Hanciau (1°esc) voor de 3° divisie, Iserentant (2°esc) voor de 4°, Hugon (3°esc) voor de 2° en Peeters (5°esc) voor de 6°. Vooral Jacquet, Olieslagers, Castiau, Richard en Dony worden vanaf half juli bijna dagelijks met jachtopdrachten belast. Tevens wordt de toestand van de onderwaterzetting der IJzervlakte in de gaten gehouden. Door het op niveau houden van het waterpeil kan men immers de tegenstander op een veilige afstand houden.

De koning, die steeds een grote belangstelling heeft betoond voor het vliegwezen, bezoekt op 1 juli de geallieerde luchtvaartbasis van Saint Pol waar voor de reorganisatie van maart 1915 alle escadrilles hun thuisbasis hebben gehad. Hier maakt koning Albert voor het eerst kennis met een brandbom, welke zeer effectief blijkt te zijn voor het vernietigen van waarnemingsballons. Dezelfde dag, bij het opstijgen van het eerste jachtvliegtuig dat voor het Belgisch Vliegwezen is bestemd, verliest Robert Lagrange het leven te Villacoublay in Frankrijk.

Behalve aan verkenningsopdrachten wagen de Belgische vliegeniers zich ook af en toe aan bombardementen. Daartoe ontwikkelt het reparatiepark te Baumarais een systeem waarbij de bommen onderaan de vleugels kunnen opgehangen worden. De laatste tijd wordt het accent wat verlegd en denkt de legerleiding stilaan aan het bestoken van de tegenstander met explosieven vanuit de lucht. Dit in navolging van de Britten welke reeds vanaf februari 1915 met massale aanvallen de Duitse militaire verzamelplaatsen in België bestoken. Op 12 februari hebben 34 Britse toestellen alle vijandelijke stellingen tussen Brugge en Oostende vanuit de lucht belegerd. Op 17 februari zijn door Frans-Britse samenwerking 48 Voisins en Farmans erop uitgetrokken om de kustbatterijen van Oostende en Middelkerke evenals de vliegvelden van Gistel en Zeebrugge te bombarderen. De zeebasis van Hoboken wordt op 26 maart

(78) Voor de samenstelling van het personeel en het materieel op 1 juli 1915 zie bijlage IX.

door 5 Britse toestellen belaagd en op 16 april volgt een aanval van 15 toestellen op de militaire gebouwen te Oostende. Door deze Brits-Franse successen denkt de militaire leiding dat het ogenblik is aangekomen om ook eens te proberen met aanvallen vanuit de lucht.

Sedert 22 juli vermeldt het dagelijks legerorder voor de piloten Desclee, Desmet en Kervyn: *"Suivant les possibilités il bombardera les centres d'aviation de l'ennemi: Ghistelles, Gits, Handzaeme, Plaine St.Denis et Gontrode".*

Dezelfde dag wordt aan de chefs van elke escadrille het bevel gegeven om de volgende morgen tussen 3 en 4 u het bos van Houthulst te bombarderen. Volgende piloten moeten hieraan deelnemen:

Belgische soldaten onderzoeken een op de Duitsers veroverd vliegtuig. Vooral het ophangingssysteem voor het transport en het loslaten van de bommen krijgt veel aandacht

-1° escadrille: Jaumotte, Jacquet en Hanciau.
-2° escadrille: Iserentant, Castiau, Deroy en Delattre
-3° escadrille: Orta
-4° escadrille: Renard, Richard, Kervyn, de Meeus, Vertongen

De piloten welke over een Maurice Farman toestel beschikken zullen het zonder een waarnemer moeten stellen want ze dienen elk 120 kg bommen mee te nemen. De toestellen met zes bommenhouders zullen geladen worden met 2 bommen van 30 kg (155 mm) en 4 van 15 kg (120 mm). Deze met 8 houders dienen 8 bommen van elk 15 kg mee te nemen. De Voisin toestellen worden geladen met 8 bommen van 15 kg. Als bescherming zullen Demanet en Olieslagers met hun jachtvliegtuig de bombardementsescadrille vergezellen.

De vorige dagen hebben de waarnemers in hun observatieballons de doelen gelocaliseerd. In een open plek in het bos bevindt zich een "drachen" met 1.200 m^3 inhoud. Dit type ballon is zeer goed geschikt om vanaf grote hoogte de zware artillerie welke zich aan de rand van het bos bevindt te regelen. Nabij de kastelen welke zich aan de

Bombardementsschema van de aanval op het Houthulstbos

Ploeg	tijd start-aank.	bommen brandb 120mm	bommen explos 120mm	bommen brandb 155mm	mitr.	karab
Orta José	2.10-3.25			6		
Orta Tony	2.15-3.30			6		
Delattre	2.30-3.45			3		
Goethals	2.40-3.55	4		2		
Renard	2.42-3.54	6	2			
Desclee	2.45-4.00	6				
de Meeus	2.50-3.50	2	2	2		
Olieslagers	2.55-4.05	2	2			
Kervyn	2.55-3.15	(2)	(2)	(2)		
Vertongen	3.05-4.05	3	1	2		
Richard	3.10-4.20	2	2			
Delattre (2°x)	4.00-4.45			3		
Petit		(2)	(2)	(2)		
Behaeghe-Hiernaux	3.30-4.40				1	1
Petit-Robin	3.38-4.50				1	
Desmet-Declerck	3.45-4.40				1	

noordkant bevinden zijn stoominstallaties opgericht en telkens het uur van de bevoorrading is aangebroken zien de waarnemers de rook van de veldkeukens opstijgen. De vele barakken in het bos en langs de weg Houthulst-Poelkapelle dienen ook geviseerd te worden.

Maar als gevolg van het stormweer dat gedurende de nacht opsteekt moet de aanval voor enkele dagen uitgesteld worden. Op 24 en 25 juli worden vooral verkenningsvluchten uitgevoerd boven de streek Esen-Merkem-Bikschote. Wanneer zij beweging ontwaren in het bos rond het kasteel van Merkem laten de Meeus-Coomans 1.000 fléchettes vallen welke zich tussen de takken door een weg naar beneden banen.

Tussen Torhout, Oostende en Brugge is er tegen de avond een opvallende beweging op de spoorlijnen. Twee treinen hebben Oostende verlaten richting Brugge. Twee andere lange konvooien staan nog gereed in het station van Oostende. Een andere trein is op weg vanuit het station van Eernegem naar Torhout[79].

De volgende dagen trachten de verkenners dan ook zo goed mogelijk de bewegingen langs de spoorlijnen en de hoofdwegen te volgen. Tevens wordt nagegaan of de Duitsers van plan zijn om nieuwe legerkwartieren op te richten of zware artilleriestukken aan het installeren zijn.

Eindelijk kan op 1 augustus de geplande luchtaanval op het bos van Houthulst uitgevoerd worden. Zestien vliegtuigen zullen hieraan deelnemen; 13 zijn geladen met bommen terwijl er 3 als bescherming worden meegestuurd. Er worden vooral fosforbrandbommen meegenomen om de kwartieren en de artilleriestukken te bestoken. Om 2.10 u stijgt het eerste toestel van José Orta op waarna de andere met een tussenpauze van enkele minuten volgen. Twee toestellen bereiken echter hun doel niet. Als gevolg van motorpech dient Kervyn zijn bommen boven zee uit te werpen maar kan toch veilig landen op het vliegveld van Sint Idesbald. Fernand Petit kan zelfs niet vertrekken want het ophangsysteem voor de bommen is beschadigd. De vergezellende toestellen van Desmet-Declerck en Petit-Robin zijn bewapend met elk een mitrailleur. Dit van Behaeghe-Hiernaux beschikt daarenboven nog over een karabijn.

Vanop een hoogte van 1.800 tot 2.000 meter worden de bommen een voor een losgelaten. Daar het bos in de vroege morgen en de nog heersende duisternis bestookt wordt zijn de Duitsers aanvankelijk verrast over de aanval. Slechts de laatste toestellen welke in het ochtendgloren boven het bos verschijnen worden door afweergeschut bestookt.

Volgens de piloten en de waarnemers van de luchtballons wijst alles erop dat de beoogde doelen geraakt zijn, vooral de installaties aan de rand van het bos. Vooraleer de zon reeds aan de horizon verschijnt keren de laatste toestellen naar hun basis terug.

Het bombardement op het Houthulstbos is positief uitgevallen, maar toch zijn enkele gebreken naar boven gekomen. Om het bombardement te kunnen uitvoeren heeft men wegens gebrek aan voldoende bommenwerpers moeten gebruik maken van verkenningsvliegtuigen. Ook de meevliegende jachttoestellen hebben slechts een beperkte bewapening. In zijn rapport dringt commandant Wahis aan, in samen-

(79) Deze concentratie is het gevolg van de Duitse troepenbeweging. Na de voorjaarsslagen is het aan het westelijk front betrekkelijk rustig gebleven. Daar de Duitsers er geen belang bij hebben deze rust te verstoren kan von Falkenhayn zich zonder veel risico nu concentreren op het oostelijk front. Daartoe laat hij in de zomermaanden enige legereenheden transporteren naar Oost-Europa.

spraak met zijn techinsche staf, om dringende toelevering van nieuwe bommenwerpers welke een grotere bommenlast kunnen meevoeren[80]. Op 18 augustus volgt ook een nota aan de Minister van Oorlog waarin dringend om bijkomende toestellen wordt gevraagd.

Waarnemers houden de wacht bij een kabelballon. Bij het naderen van een vijandelijk vliegtuig kan het afweergeschut in werking treden of wordt de ballon naar beneden gehaald. Bij een eventuele beschadiging of vernietiging van de ballon kan de waarnemer vanuit zijn mand zich redden met een parachute. Alveringem, juni 1917.

(80) Zie "Note sur le bombardement en masse de la fôret d'Houthulst exécuté le 1er aout 1915". Verslag nr 306.

(81) Deze beide hoeven zijn gelegen ten noordoosten van Pervijze tussen de Koolhofvaart en de weg Pervijze-Ramskapelle.

(82) In de nota CALVA EM 4° D.A. wordt gemeld: "impossible de recueillir débris de bombes".

In een nota van 23 augustus tussen de Staf en het hoofdkwartier van de 4° legerdivisie wordt beweerd dat Belgische vliegtuigen de vorige dag vier bommen hebben laten vallen op Belgische stellingen tussen het Groot en Klein Noordhof[81]. Hierop antwoordt Wahis overtuigend: "drie vliegtuigen waren gisteren in de lucht maar gooiden al hun bommen op hun doelen, namelijk het Duitse vliegveld van Gistel, het Praatbos en het Houthulstbos". Om zeker te zijn weerlegt Wahis zou men moeten stukken bommen verzamelen want onze vliegeniers *"connaissent admirablement tout le front dans tout ses details[82]."*

Nadat het Belgisch bombardement op 1 augustus op het Houthulstbos succesvol is gebleken belegeren de Franse escadrilles MF36 en MF52 met 10 toestellen welke door 3 jachttoestellen worden geëscorteerd nu op 25 augustus nu op hun beurt de Duitse kwartieren.

Hierin worden ze bijgestaan door toestellen van de Britse marine en het landleger en daarnaast ook enkele Belgische. In totaal zijn er een zestigtal toestellen in de actie betrokken, waarvan 15 Belgische, de jachttoestellen inbegrepen. Onder de Belgische piloten vinden we de namen: Olieslagers, Detoy, Hedo, Poot, Dhanis, met de gebroeders Orta evenals Kervyn, Renard en de Meeus. De jagers welke de toestellen bescherming bieden zijn de Cartier, Robin, Crombez, Verhagen en Demanet.

De volgende dagen vergaan in het uitvoeren van de dagelijkse verkenningsvluchten. Vooral de kuststreek wordt bijna iedere dag overvlogen om de Duitse geschutsbatterijen, welke de stranden moeten vrijwaren van een Britse invasie, in het oog te houden. Vooral de zware batterijen te Middelkerke en deze ten oosten van Blankenberge vormen het doelwit voor aanvallen vanuit de lucht.

Het valt dan ook niet te verwonderen dat de verkenners regelmatig geconfronteerd worden met vijandelijke toestellen. Zo worden op 7 september Deroy-Dreyfus, terwijl ze op weg zijn om de batterij te Middelkerke te bombarderen, belaagd door een Duits Aviatik-toestel. Aanvankelijk wordt het door het Franse luchtdoelgeschut beschoten maar wanneer deze het Belgisch toestel ziet naderen wordt het geschut gestaakt. Nu dient het duel tussen de bemanningen zelf onderling uitgevochten te worden. De lader van de mitrailleur wordt leeggeschoten en de Aviatik maakt een zwenking naar beneden. Opgelucht kunnen Deroy en Dreyfus zonder zware averij terugkeren. Slechts twee kogelgaten in de romp van hun toestel getuigen van de Duitse weerstand. Op 12 september slaagt Jan Olieslagers erin zijn eerste overwinning te boeken. Boven Oudstuivekenskerke kan hij een Aviatik naar beneden halen.

Om de bewegingen van de Duitse grondtroepen voldoende te kunnen volgen worden alle spoorwegen en banen intensief geobserveerd ten noorden van de lijn Roeselare-Tielt. Daar de Belgen over onvoldoende toestellen beschikken om deze taak naar behoren te kunnen uitvoeren wordt een afspraak gemaakt met de Franse escadrilles. Vanaf het ochtendgloren tot 's middags zullen de Fransen zoveel mogelijk de bewegingen langs de hoofdwegen en vooral in de talrijke spoorwegstations volgen terwijl de Belgische escadrilles dan de taak overnemen tot valavond.

In de nacht van 26 op 27 september bombarderen Castiau-Robin vijf maal het Praatbos en de omgevingen van Klerken en Esen. Tijdens de eerste twee vluchten wordt het Praatbos met drie brandbommen bestookt en Esen met vier gewone bommen. Tussen 1 en 2 u komt Klerken aan de beurt met twee explosieven en twee brandbommen. Grote rookkolommen welke tot 200 meter hoog opstijgen wijzen in de ochtend erop dat men het beoogde doel heeft getroffen. Een uur later wordt het Praatbos nogmaals overvlogen en met vier brandbommen bedacht. Vanaf 4 u volgt een laatste vlucht boven Keiem waar de zeven afgeworpen bommen een hevige brand veroorzaken.

In deze kalmere periode durven de vliegeniers zich gewagen aan een bravourstukje. Het avontuurlijke van voor de oorlog blijft nog steeds het leven van de manschappen beheersen. Gedreven door de veroveringsdrang en een vleugje patriottisme wil men ook de landgenoten langs de andere kant van de frontlijn laten zien tot wat men in staat is. Een sprekend voorbeeld hiervan is de vlucht van Castiau-Robin, van de 2° escadrille, op 10 october. Om 14.38 u verlaat het toestel zijn basis om over Nieuwpoort, Oostende en Brugge naar Antwerpen te vliegen. Boven de stad wordt een grote Belgische vlag uitgeworpen en 125 dagbladen. Tijdens de terugvlucht boven Gent worden ook hier 25 dagbladen en een grote wimpel met als opschrift "Zij zullen hem niet temmen" naar beneden gegooid.

Over de Duitse linies worden door de geallieerden ballons neergelaten met propagandabladeren zoals hier "Das freie Deutsche Wort"

Op 13 oktober geraakt Jacquet verwikkeld in een veertig minuten durend luchtgevecht. Slechts met grote moeite kan hij uit de voortdurende beschieting door het vijandelijk vliegtuig ontsnappen en zijn toestel achter de eigen linies aan de grond zetten. Zijn Farman is doorzeefd door maar liefst 122 kogels zonder dat hijzelf hierbij verwond wordt!

Het bombarderen van de vele Duitse kampplaatsen wordt in stand gehouden. Klerken wordt op 7 november bestookt door de 1°, 2°, 3° en 4° escadrille. Wanneer Dony-Van Crombrugghe in de morgen van 11 november in een duel verwikkeld geraken worden zij gedwongen te landen langs de spoorweg Veurne-Diksmuide. Luitenant Van Crombrugghe is door een kogel geraakt en hierbij loopt hij een armbreuk op.

In de nacht van 15 op 16 november wordt Esen voor de zoveelste maal bestookt. Eerst voert kapitein Hedo een vlucht uit met luitenant Declercq en nadat hij een tweede lading bommen heeft opgehaald vertrekt hij opnieuw maar nu met Rombeau als waarnemer. Ook deze maal blijkt de opdracht succesvol want opnieuw verraden grote rookkolommen dat aanzienlijke schade is aangebracht.

Niettegenstaande slechts met grote moeite een aantal toestellen luchtwaardig kan gehouden worden, tracht men toch dagelijks de Duitse linies te gaan verkennen[83]. Jaumotte en Kervijn worden aangeduid om zoveel mogelijk de posities op foto's vast te leggen langs de sectoren tussen Diksmuide en Boezinge.

In de laatste maanden van 1915 vallen opnieuw enkele tegenslagen te noteren. Op 27 november krijgen de Meeus-Coomans motorpech wanneer zij de sector tussen Nieuwpoort en Diksmuide willen fotograferen. Bij een noodlanding langs de spoorwegberm die de twee steden verbindt wordt hun toestel vernield. De volgende dag is het de beurt aan Hedo-Rombaux. Als gevolg van motorpech komen zij onzacht neer op het strand van Oostduinkerke. Beiden komen met kneuzingen uit het avontuur. De Duitsers zijn immers de laatste dagen zeer actief geworden. Terwijl de gestrande piloten uit Oostduinkerke wegtrekken zien zij hoe deze de westkust belegeren. De Panne en Adinkerke worden met een bommenregen bedacht. Hierbij vallen twaalf doden en een zestigtal gewonden.

De 5° escadrille welke in enkele maanden geleden voorlopig werd ontbonden wordt nu gereactiveerd te Houtem en uitgerust met Nieuport X en Maurice Farman MF11bis toestellen. Enkele maanden later neemt kapitein Dony er de leiding van in handen.

(83) Op 1 november beschikt het Vliegwezen over 16 bruikbare toestellen waarvan 4 op het vliegveld van Houtem en 12 in De Panne.

HET JAAR VAN DE OMMEKEER

Het jaar 1916 wordt gekenmerkt door gevoelige veranderingen op velerlei gebied. In het voorjaar beheersen de Fokker-machines het luchtruim boven het westelijk front. De overheersing is begonnen in de winter van 1915 nadat Anthony Fokker in de zomer zijn eendekker, voorzien van een Parabellum-mitrailleur bovenop de motorkap, aan de Duitse legerleiding heeft afgeleverd. Daarnaast heeft het initiatief van enkelingen zoals Oswald Boelcke en Max Immelamn ertoe bijgedragen dat de verliezen in het geallieerde kamp nog aangroeiden. Zij opereerden meestal in groepsverband(Kampfeinsitzerkommandos)waardoor de toestellen nog minder werden blootgesteld aan onverwachte vijandelijke aanvallen. Ondanks de zware verliezen zetten de geallieerde vliegeniers hun verkenningswerk voort. Bij de legerleidingen steken nieuwe offensieve denkbeelden de kop op. Daarbij kunnen ze ook nog rekenen op de ontwikkeling van nieuwe geallieerde jachttoestellen.

Nadat de Fokkerplaag wat is uitgedeind zoeken de geallieerden koortsachtig naar een tegenhanger. Die komt er met de geboorte van de Nieuport 11 Bébé[84]. Dit zeer wendbaar type vliegtuig is voorzien van een trekschroef en de voorwaarts vurende mitrailleur wordt boven op de vleugel gemonteerd. Hierdoor is het mogelijk op de tegenstander te vuren zonder het propellorblad te raken. Maar de volledige ommekeer komt er in maart 1916 wanneer de uitstekende Nieuport 17 in dienst wordt genomen[85]. Dit toestel is bewapend met een Lewis-mitrailleur en is in elk opzicht beter dan de Fokker-Eindecker. Dit te Issy-les-Moulineaux nabij Parijs gebouwde toestel heeft een ondervleugel op halve breedte. Deze "anderhalvedekker" is een zeer beweeglijk toestel en heeft een grote stijgsnelheid[86]. Hierdoor worden de geallieerden in staat gesteld om de luchtoorlog nu boven het door de Duitsers bezet grondgebied te verschuiven.

In februari 1916 passen de Duitsers een nieuwe methode toe. Opdat de Duitsers de snel opmarcherende grondtroepen zouden kunnen volgen krijgen zij treinen ter beschikking. De met vliegtuigen geladen spoorwegwagons doen aan een reizend circus denken, waardoor de Britten naar aanleiding hiervan het de bijnaam "flying circus" geven. Deze bijnaam wordt gevolgd door de naam van de bevelhebber zodat ze spreken van "travelling circus Boelcke" en "travelling circus Immelman". Later wordt het adjectief "travelling" weggelaten. De "circus" zijn in feite volledige smaldelen of escadrilles welke van de ene plaats naar de andere reizen. Waar de Britten reeds eerder hun vliegwezen in squadrons ingedeeld hebben wordt dit principe slechts op het einde van 1916 toegepast door de Fransen.

In januari en februari 1916 proberen de Duitse jachtvliegtuigen, met hun superieure Fokker E toestellen welke ondersteund worden

(84) Terwijl de maximum snelheid van de Fokker E3 rond de 140 km per uur bedraagt kan de Nieuport een snelheid van 175km per uur ontwikkelen.

(85) Later zal de Nieuport vervangen worden door de SPAD VII en daarna de SPAD XIII welke is uitgerust met twee gesynchroniseerde mitrailleurs. De verkenners kunnen weldra beschikken over de Voisin V LAS en de Sopwith Strutter en later over de RE8 en de SPAD XI.

(86) Onder de bekendste azen welke met dit toestel roem oogsten vinden we de Franse piloot Nungesser en de Britten Ball en Bishop. Ook de Belgische vliegers Thieffry, de Meulemeester en Olieslagers boeken successen met de Nieuport 17.

Ook de Belgische Luchtvaart beschikt over gemotoriseerd transport. De firma Bollekens heeft zelfs patenten genomen voor het vervaardigen van speciale transportwagens voor vliegtuigen. Op de foto een door Bollekens geconstrueerde oplegger voor het vervoer van gedeeltelijk gedemonteerde toestellen naar de frontlinie.

door hun FLAK afweergeschut, het luchtruim van geallieerde toestellen te zuiveren. Maar de gevreesde Fokker E met zijn gesynchroniseerde mitrailleur, die vanaf begin 1916 als standaardjager wordt beschouwd, mag niet boven de geallieerde linies verschijnen zodat de tegenstander niet op de hoogte zou komen van het nieuwe soort wapen. Hierdoor worden de Duitse jagers herhaaldelijk verplicht hun prooi te laten ontsnappen. Hiervan maken de geallieerden gebruik om verder door te dringen zodat weldra van deze maatregel wordt afgezien. Eerst worden een bepaald aantal Fokker-toestellen gegroepeerd; maar weldra mogen de piloten het front overschrijden en de vijandelijke vliegtuigen achtervolgen tot op hun basis.

Maar op 8 april 1916 geraakt een Duits piloot met zijn Fokker verdwaald in de mist en is verplicht een noodlanding uit te voeren achter de Britse linies. Hierdoor blijft het geheim van het Duitse overwicht in de lucht niet langer voor de geallieerden verborgen. Algauw wordt dan ook het synchronisatiesysteem op de geallieerde toestellen, welke met een mitrailleur zijn uitgerust, toegepast. Als reactie op de superieure Fokker bouwen de Britten de De Havilland DH2 en de Royal Aircraft FE2b[87].

(87) De DH2 is ontworpen door Geoffry de Havilland en wordt gebouwd in de Aircraft Manufacturing Company te Hendon. Deze eenzitter-dubbeldekker is uitgerust met een Gnome-duwmotor en haalt een snelheid van 150 km per uur. De bewapening bestaat uit een vast of een flexibel Lewis 7.7 mm machinegeweer dat vooraan in de cockpit is gemonteerd. De Britten zullen pas laat in 1916 het synchroon systeem beginnen toepassen. De FE2b is een tweezitter-dubbeldekker welke met een Beardmore-motor een snelheid haalt van 151 km per uur.

(88) Volgens de ingewonnen informatie is het toestel uitgerust met vier motoren MAYBACH van elk 300 pk; heeft het een vleugelbreedte van 43 meter en een lengte van 28 meter. De bemanning zou bestaan uit 2 officieren en 7 manschappen. Er zouden reeds twee escadrilles zijn opgericht (Riesenersatzabteilungen of R.E.A.) in Berlijn en Keulen. Hoogstwaarschijnlijk worden hier de ZEPPELIN STAAKEN toestellen bedoeld welke door Graf von Zeppelin worden gebouwd.

(89) Op 9 oktober 1916 worden door het Franse legerorder nr 17.007 drie "Groupes de Combat" opgericht die elk vier jachtescadrilles bevatten. De tweede groep (GC 12) opereert boven Noord-Frankrijk en België en staat onder leiding van Chef de Bataillon Felix Brocard. Het bestaat uit de escadrilles N3, N26, N73 en N103. Bekende Franse azen zoals Fonck en Guynemer behoren hierbij.

Stilaan wordt ook het vliegtuig gebruikt als verlengstuk van de artillerie. In plaats van alleen maar de bommen te werpen op doelen aan het front gaat men nu ook dieper in de vijandelijke linies doordringen. Bruggen, wegen en spoorlijnen en andere voorzieningen welke een rol spelen in de bevoorrading en de opmars worden onder handen genomen. Daartoe gaat men steeds grotere vliegtuigen bouwen die een flinke bommenlast kunnen meenemen.

Intussen heeft het Franse leger inlichtingen ingewonnen omtrent de constructie van een nieuw type Duits vliegtuig. Volgens de informanten zouden de Duitsers begonnen zijn met de constructie van zeer krachtige vliegtuigen welke in staat zouden zijn een aanzienlijke lading bommen mee te nemen. De eerste types, geconstrueerd door de Gothar Wagonfabrik en door Siemens-Schuckert hebben geen voldoening gegeven. Het meest recente type van hun model LIZENZ zou nu op punt gesteld zijn en waarschijnlijk door de vliegleiding aanvaard zijn. Deze reusachtige toestellen (Riesenflugzeuge of R-Flugzeuge) zijn voorbestemd om nachtbombardementen op grote afstand uit te voeren. Met een actieradius van 1.000 kilometer zou het twee bommen van 1.000 kg of 4 van 100 kg en meerdere van 50 kg en enkele brandbommen kunnen meevoeren. Als bewapening zou het uitgerust zijn met vier mitrailleurs[88].

Maar de grootste wijziging komt er als gevolg van de nieuwe strategie welke door de Britse generaal-majoor Trenchard, de commandant van het Royal Flying Corps, wordt toegepast. Hij is van oordeel dat het vliegtuig een typisch aanvalswapen is waarvan dan ook gebruik dient gemaakt te worden om de Duitse verdedigingsmuur te doorbreken. Daartoe herschikt hij zijn eenheden in onafhankelijke squadrons. Hun opdracht bestaat erin de vijandelijke stellingen in het noorden van Frankrijk te verkennen en te bombarderen.

Dit initiatief vereist echter een aanzienlijke inzet van manschappen en toestellen. Waar de jachttoestellen aanvankelijk de grotere toestellen voor verkenningen of bombardementen van dichtbij in bescherming nemen gaat men nu stilaan de andere richting uit. In plaats van te wachten tot de vijand komt opdagen begint men zich te realiseren dat het veel efficienter moet zijn van hem zelf te gaan opzoeken.

Wat aanvankelijk door de Fransen eerder wantrouwig wordt aanzien kan deze nieuwe manier van oorlog voeren in de lucht hen door de toenemende Britse successen stilaan overtuigen. De Franse toestellen worden nu ook voorzien van Lewis- en Hotchkiss-mitrailleurs. Door in formaties van minimum drie toestellen te vliegen kunnen ze elkaar voldoende beschermen tegen de aanvallen van de Duitse jagers. Onbewust ontstaan stilaan de grotere gevechtseenheden, waaronder de elitegroep "Les Cigognes"[89].

Nadat het initiatief in de lucht vanaf april 1916 in geallieerde handen is gekomen beginnen de Duitsers zich nu ook stilaan te herorienteren. Op aandringen van Oswald Boelcke, die naar het Franse voorbeeld voorstelt om met onafhankelijke vliegertroepen te opereren, worden de Jagdstaffeln opgericht. Voortaan zullen ze ook meer in formaties vliegen en hun luchtacties meer gaan coördineren met de gevechten op de grond[90]. Hierdoor slagen zij erin om langzaamaan de hegemonie in de lucht terug in handen te krijgen. Tussen september en december 1916 zullen de Duitsers 311 geallieerde toestellen neerhalen. Hun eigen verliezen worden in deze periode beperkt tot 39 toestellen. Het geallieerde overwicht zal slechts enkele maanden duren; het initiatief komt nu weer in Duitse handen.

Naast het opereren in groepsverband wordt ook op hoger niveau een herstrukturering doorgevoerd. Nadat op 29 augustus 1916 Erich von Falkenhayn na de desastreuse confrontaties rond Verdun ontslag heeft genomen dringt zijn opvolger von Hindenburg aan op drastische hervormingen. Vanaf 8 oktober 1916 neemt Generaloberst Ernst von Hoeppner de leiding over alles wat het Duitse vliegwezen omvat uitgezonderd de luchtmacht van de marine en de Beierse eenheden[91].

Deze indeling zal tot aan het einde van de Eerste Wereldoorlog in voege blijven. Het ganse plan tot deze herindeling van de Duitse luchtstrijdkrachten dient klaar te zijn tegen de lente van 1917 wanneer een der pijnlijkste periodes in de geschiedenis van de geallieerde luchtvaart een aanvang neemt...

[90] Boelcke zelf staat aan het hoofd van de eerste gevormde eenheid, de Jasta 2, welke operationeel wordt in september 1916. Boelcke zal echter niet lang genieten van de successen van zijn Jagdstaffel want hij vindt de dood tijdens een luchtgevecht op 26 oktober 1916. Een vleugel van zijn Albatros wordt geraakt door het onderstel van een ander toestel van zijn Jagdstaffel. Hierdoor wordt de vleugel afgerukt en stort zijn toestel naar beneden.

[91] Von Hoeppner krijgt de titel "Kommandierenden General der Luftstreitkräfte" afgekort KOGENLUFT.

JAGERS IN DE LUCHT

Het verloop van de oorlog dreigt ook bij het Belgisch Vliegwezen een voortdurende evolutie op. Het legerorder van 28 januari 1916 meldt daarom de oprichting van een korps Militaire Luchtvaart. De militaire leiding geraakt er langzaam van overtuigd dat het over meer gespecialiseerde escadrilles moet kunnen beschikken met elk hun eigen specifieke opdrachten. In die zin voorziet het legerorder in volgende organisatie: een generale staf, een technische directie, een bevoorradingscentrum, één of meerdere vliegscholen en verschillende escadrilles[92].

Naast de Belgische escadrilles blijft er ook nog de Frans-Belgische C74 escadrille en de escadrille watervliegtuigen. Deze laatste heeft haar basis te Calais en verzekert de verbinding met Dover. De escadrilles krijgen nu elk hun specialiteit. De 2°, 3°, 4° en 6° escadrille moeten verkenningsvluchten en bombardementen uitvoeren. De 1° en 5° escadrille worden uitgerust met jachtvliegtuigen.

Beetje bij beetje wordt ook het materieel beter. Een vernieuwing dringt zich immers op want het aantal bruikbare toestellen is in november 1915 gedaald tot 16! Vanaf aanvang 1916 levert Frankrijk ons de Nieuport 11 jachtvliegtuigen en daarna de Nieuport 17. Deze laatste zijn uitgerust met een gesynchroniseerde Vickers-mitrailleur terwijl eerstgenoemde is voorzien van een Lewis-mitrailleur met 47 kogels in de lader en welke daarenboven op de bovenste vleugel van het toestel is bevestigd.

Voor de firma Bollekens betekent 1916 het jaar van de ondergang. Commandant Nelis, die sedert 1915 aan het hoofd staat van de Technische Dienst te Beaumarais, deelt de gebroeders Bollekens mee dat ze geen verdere bestellingen voor nieuwe vliegtuigen kunnen verwachten. De Technische Dienst zal voortaan zelf instaan voor het bouwen en herstellen van militaire vliegtuigen[93]. De omvang van het reparatiepark stijgt immers voortdurend. Het aantal beschikbare vliegtuigen neemt stilaan toe maar daarmee ook de kans op mechanische defecten. Deze komen nog veelvuldig voor want de motoren zijn door de talrijke verkenningsvluchten dringend aan revisie toe. Op 9 januari moeten maar liefst drie ploegen een noodlanding maken als gevolg van motorpech. Richard-Limnander kunnen naar hun basis terugkeren maar Hellemans-Declercq moeten een noodlanding maken. Ook Orban-Gilles zijn verplicht hun toestel nabij de Lion Belge langs de weg Ieper-Veurne te Oost-Vleteren aan de grond te zetten. Met het doel voor ogen de oudere toestellen te vervangen worden de nieuwe Farman 130 pk toestellen uitgetest door Kervijn en Brabant en de BE2C door Moulin.

Op 16 januari wordt het Nieuport-toestel van Dony geraakt door de vijandelijke artillerie. Dony kan slechts met grote moeite zijn zwaar beschadigde machine kort achter de eerste linies aan de grond zetten.

(92) Zie O.J.A. van 28 januari 1916 nr 529 paragraaf 2 waarin de vorming van een korps "Militaire Luchtvaart" wordt aangekondigd. Voor de samenstelling van de Militaire Luchtvaart vanaf februari 1916 zie bijlage X.

(93) Commandant Mathieu had nochtans in 1914, voor het wegtrekken van de troepen vanuit Antwerpen, in naam van de Belgische regering een contract met de gebroeders Bollekens afgesloten waarin het voortbestaan werd gegarandeerd. Nelis is echter op dit ogenblik reeds plannen aan het smeden voor het organiseren van een na-oorlogse Belgische luchtvaart waarbij volgens hem de vliegtuigen dienen gebouwd in een centraal gelegen fabriek in Brussel.

Maar dit alles kan de strijdvaardigheid niet temperen. Om het moreel bij de Belgen langs de andere kant van de frontlijn hoog te houden worden er vanaf 5 februari dagelijkse vluchten uitgevoerd tot ver boven het bezet gebied. Gallez overvliegt de streek van Torhout, Brugge, Eeklo, Gent en Tielt om de Monituer Belge uit te strooien, terwijl Braun het doet boven Oudenaarde, Ronse, Doornik en Kortrijk.

De bommen worden onderaan de vliegtuigen opgehangen in haken en stalen kabels welke vanuit de cockpit konden worden losgemaakt

Half februari wordt het aantal verkenningsvluchten opgevoerd. Het zwaartepunt wordt nu gelegd op het situeren en op kaart brengen van alle Duitse vliegvelden welke actueel dicht van de frontlijn in gebruik zijn: Gistel, Mariakerke, Houthave, Gits, Rumbeke en Handzame. Van hieruit vertrekken immers de vele verkennings- en bombardementsvluchten boven het nog vrije België en de Noord-Franse havensteden.

Om nog meer verkenningsvluchten te kunnen uitvoeren wordt in februari 1916 de 6° escadrille gevormd met haar basis te Houtem, dicht bij het Groot Hoofdkwartier. Zij wordt uitgerust met B.E.2C toestellen waarbij later nog enkele Sopwiths worden toegevoegd. Het gebruik van de B.E.2C toestellen geeft aanleiding tot de pseudoniem van de "Bees" welke eerst aan de toestellen wordt gegeven en later als embleem voor de escadrille wordt gekozen.

In de nacht van 14 op 15 februari wordt vanaf 10 u het vliegveld van Handzame door vier toestellen bestookt welke elk geladen zijn met vier bommen van 120 mm[94]. Daarna komt het vliegveld van Gistel aan de beurt wanneer op 21 februari zeven vliegtuigen van de Franse MF36 escadrille 44 bommen werpen op de 19 loodsen en het daarbijliggende afweergeschut.

Commandant Wahis draagt op 21 februari 1916 het bevel over de Militaire Luchtvaart over aan de artillerieofficier commandant Van Crombrugghe[95]. Tijdens de eerste drie weken in zijn nieuwe functie

(94) Opeenvolgens starten Gallez-Coomans om 22u, De Neef-de Woelmont om 22.15 u, Roobaert-Dumont om 22.25 u en tenslotte Ciselet-d'Ursel om 22.45 u. Om 24.15 u keren de laatstgenoemden als laatsten naar hun basis terug.

(95) Dit is een gevolg van het legerorder van 1 februari 1916.

(96) Pierre Rigaux is het eerste slachtoffer van de Militaire Luchtvaart dat valt tijdens een luchtgevecht. Alle vorige gesneuvelden zijn gevallen tijdens oefenvluchten, ongevallen of slechte landingen.

verliest hij twee belangrijke waarnemers. Als gevolg van motorpech op 13 maart stort het toestel van Ciselet-Smits neer op het strand van De Panne. Uit het verhakkelde vliegtuig wordt het lijk gehaald van Andre Smits. Piloot Ciselet wordt hierbij ook zwaar gewond.

Tijdens het bombardement van het vliegveld van Houthave op 20 maart dat wordt uigevoerd door Rondeau-Rigaux worden drie bommen gedropt. Wanneer luitenant Rigaux zich over de cockpit buigt om het resultaat van de derde bom te observeren wordt hun toestel door een Fokker aangevallen. Deze schiet zijn lader leeg en vliegt achter de Farman aan. Luitenat Rigaux laadt zijn mitrailleur en begint onder de bovenvleugel heen naar zijn belager te vuren. Wanneer zijn lader half leeg is geschoten houdt plots het vuren op en valt Rigaux om. Een kogel heeft hem in de borst getroffen. Piloot Rondeau slaagt erin om het lichaam van Rigaux van tussen de bedieningshendels weg te trekken om het toestel weer in de goede richting te kunnen sturen. De Fokker blijft hem echter achtervolgen en schiet nu zelf uit volle kracht op de vluchtende Rondeau. De romp van het toestel is doorzeefd van de kogels en een cilinder van de motor is uitgevallen. Alhoewel Rondeau aan de hand is gekwetst kan hij toch zijn toestel aan de grond zetten nabij het hospitaal l'Océan in De Panne waar het lijk van Rigaux wordt weggebracht(96).

Een Duitse tweedekker werd door grondartillerie naar beneden gehaald en is neergestort op het strand van De Panne. De twee bemanningsleden werden gevangen genomen nadat zij hun toestel hadden in brand gestoken. (19 maart 1918)

Wanneer op 29 maart een hevig stormweer losbreekt worden hierbij vier Nieuport- en twee MF 130pk toestellen vernield. Slechts op 7 april zijn de Fransen in de mogelijkheid om zes Nieuports te leveren. Op 15 april gaat opnieuw een toestel verloren wanneer Poot-Coomans neerstorten tijdens het opstijgen.

Tijdens de rustiger periodes wordt gezorgd voor betere huisvesting van het personeel. Twee nieuwe barakken met elk tien kamers en daarnaast een mess worden opgericht nabij de molen van Kerkepanne[97]. Het moet het leven van het vliegend personeel wat aangenamer maken. Regelmatig wordt ook de bewapening van de toestellen uitgeprobeerd op het schietveld. Deze oefeningen moeten ertoe bijdragen dat de doeltreffendheid bij het uitvoeren van bombardementsvluchten wordt verhoogd.

De vijandelijke doelen worden met steeds groter intensiteit bestookt. Vooral de Duitse vliegvelden moeten het ontgelden. In de nacht van 23 op 24 april wordt dit van Gistel bestookt. Van de zes toestellen bereiken er vijf Gistel want luitenant Coomans dient onverrichterzake terug te keren als gevolg van motorpech.

De volgende ochtend bestoken vier toestellen de kustbatterijen te Mariakerke terwijl Desmet-Crabbe en Lacroix-Henin bommen afwerpen boven Leke. Maar er komt nog steeds geen Duits antwoord. De vele verkenningsvluchten leveren weinig nieuwe informatie op want langs de spoorwegen is er bijna geen beweging te noteren. Alle aandacht gaat nu immers naar de vernietigingsslagen welke woeden rond Verdun waar de Fransen in staat zijn telkens weer verse troepen in de strijd te werpen, terwijl de Duitse reserves steeds verder uitgeput raken.

De confrontaties in de lucht komen langs het westelijk front dan ook eerder sporadisch voor. Langs de kustlijn blijft alles rustig. Slechts af en toe worden de Franse linies rond Nieuwpoort belaagd door de batterijen van Westende of Lombardsijde. De Duitse jagers houden de Belgische verkenningsvliegtuigen waakzaam in het oog of zoeken als afwisseling een confrontatie met hun opponent.

Tijdens de eerste meidagen geraakt Jacquet enkele malen in de strijd verwikkeld. Op 1 mei gaat hij een gevecht aan met een L.V.G.-toestel boven het Houthulstbos. Zijn belager gaat na korte tijd op de vlucht en duikt naar beneden. Maar wanneer de mitrailleur het laat afweten wordt hij belaagd door een gelijkaardig toestel. Nadat dit een verbindingsstang tussen de vleugels van zijn toestel heeft stukgeschoten is Jacquet verplicht naar zijn basis terug te keren.

Half mei neemt de Duitse activiteit opnieuw toe. De laatste dagen overvliegen talrijke Duitse toestellen de Belgische linies. Houtem, met vooral het vliegveld, en Pollinkhove, waar de troepen op rust gaan, worden in de vroege morgen van 19 mei met bommen bestookt. De onderlinge confrontaties blijven niet uit. De jachtvliegtuigen verschijnen opnieuw talrijk in de lucht. De vele sierlijke zwenkingen en de duels van de bontgekleurde machines worden aandachtig gevolgd door de mannen

(97) Dit gehucht bevindt zich langs de weg van Veurne naar De Panne waar deze aansluit met de weg naar Koksijde. Het is tevens de uithoek van het vliegveld bij de hoeve Groot Bogaerde te Sint Idesbald.

op de grond welke de frontlinies bewaken. Wanneer een toestel het onderspit moet delven stijgt een gejuich op langs de ene of andere kant van de frontlijn.

In de avond van 20 mei komt Jacquet met zijn toestel terecht midden een groep Duitse jagers. Opeenvolgend valt hij vijf van deze toestellen aan. De eerste twee staken na korte tijd de strijd en met een grote zwenkbeweging duiken zij naar hun eigen linies toe om binnen het bereik van hun afweergeschut te geraken. Maar het derde vliegtuig kan de dans niet ontspringen. Het toestel met twee inzitters wordt geraakt. Nadat de waarnemer nog een lichtkogel heeft afgevuurd gaat het toestel in een vrille naar beneden[98]. In de schijn van de lichtkogel kan de vlucht van het geraakte toestel gevolgd worden tot wanneer het op een paar kilometer van Nieuwpoort-Bad in zee stort.

Terwijl Jacquet en zijn waarnemer Robin de beweging van het slachtoffer volgen nadert er een Foffer welke zijn lader op hen leeg vuurt. Alhoewel hun toestel wordt geraakt kunnen zij toch nog twee Duitse toestellen belagen. Het eerste staakt weldra de strijd maar bij een aanval op het volgende loopt de mitrailleur vast zodat Jacquet nu op zijn beurt de strijd moet staken en naar zijn basis terugkeren, maar met de genoegdoening dat hij opnieuw een tegenstander heeft uigeschakeld.

In 1916 behaalt Jacquet zijn grootste successen alhoewel hijzelf daaraan weinig belang hecht. Hoogstwaarschijnlijk heeft hij meer toestellen neergehaald dan de zeven officieel erkende overwinningen. Daar echter de meeste successen boven vijandelijk gebied werden behaald is het ook moeilijker om ze officieel te kunnen bevestigen. Maar voor Jacquet is het veel belangrijker een vijandelijk vliegtuig neer te halen dan te strijden voor het bekomen van een ereteken.

Onder druk van de zware Duitse artilleriebeschietingen hebben de 1° en 2° escadrille de basis van Koksijde reeds moeten ontruimen en uitwijken naar De Moeren. Het is ook in deze periode dat luitenant Demanet van de 1° escadrille terugkeert naar de artillerie[99]. Hij wordt in zijn functie opgevolgd door kapitein Jacquet.

Geleidelijk worden de verouderde Nieuport X (80pk)-toestellen vervangen door de snellere en krachtiger Nieport XI en XVI (110pk) versies. Dit is echter niet voor tijd want de Fokkers komen steeds talrijker het luchtruim verstoren. De confrontaties zijn dan ook niet meer te vermijden. In de namiddag van 16 juni is het de beurt aan Kervyn-d'Hendecourt. Vanop een hoogte van 2.700 meter vallen ze een Fokker aan boven het Sas te Boezinge en achtervolgen hem tot boven Poelkapelle. Nadat ze een vierde lader hebben leeggeschoten zwenkt de Fokker af boven zijn eigen linies. Maar wanneer ze hem willen volgen om na te gaan of hij geraakt is worden ze op de hielen gezeten door een tweede Fokker. Bij een poging om met de mitrailleur naar achteren te schieten komt die los uit zijn steun. Hierdoor zijn ze weerloos geworden en schiet de achtervolger erop los. Slechts met moeite kunnen ze hun

[98] De Duitsers gebruiken tijdens hun nachtelijke vluchten af en toe lichtkogels welke een witte of een rode kleur geven. Dit laat hen toe om ook in het nachtelijk duister gegroepeerd te vliegen. Dit princiepe van signalisatie heeft echter ook het nadeel dat de tegenstander hiervan gebruik kan maken om zijn prooi te zoeken, zoals dit hier is gebeurd met Jacquet.

[99] Hij sneuvelt op 10 november 1918, op de vooravond van de wapenstilstand te De Pinte. Hij is tevens het laatste militaire slachtoffer welke heeft deel uitgemaakt van de Militaire Luchtvaart.

doorzeefd toestel in veilig gebied aan de grond zetten.

Op voorstel van commandant Hagemans worden in de nacht van 17 juni enkele bombardementen uitgevoerd. De Roest-d'Hendecourt en Kervyn-d'Ursel bestoken de barakken in het Praatbos. Van de zes afgeworpen bommen zijn er echter drie welke niet ontploffen. Jenatry-Crombez kunnen met een bom van 100 kg de barakken bij het vliegveld van Handzame raken waardoor weldra een rode gloed zichtbaar wordt en een groot gedeelte van de gebouwen in de vlammen op gaat. Kort daarna vertrekken Dony-de Crombrugghe en kunnen de barakken van Esen met twee bommen bestoken. De reactie van de Duitsers blijft echter beperkt tot de dagelijkse prikkelingen langs de frontlijn en het overvliegen van de reservelinies van de tegenstander.

Langs Belgische zijde zijn het vooral Olieslagers, Orta en Jacquet welke haast elke dag de Duitse Fokkers en L.V.G.-toestellen beletten om de frontlinie te overschrijden. Dit leidt natuurlijk ook tot de regelmatige confrontaties en spectaculaire en sierlijke bewegingen van de felgekleurde metalen vogels in de blauwe lucht, tot er een toestel naar beneden schiet om aan het gevecht te ontsnappen en zich in veiligheid te stellen. Tijdens een van deze confrontaties geraken Orta-Verhagen in de problemen. Op een hoogte van 3.000 meter boven Drie Grachten tussen Noorschote en Merkem zien zij hoe twee Duitse toestellen achtervolgd worden door een MF40 waarop zij op hun beurt het vuur openen. Maar wanneer de kogelband van hun mitrailleur vastloopt kunnen zij niet anders dan ijlings het toestel met een zwaaibeweging uit de gevechtssituatie terug trekken.

Jan Olieslagers, de "Antwerpse Duivel" die reeds voor de oorlog grote bekendheid verwierf door het vestigen van meerdere wereldrecords

In de ochtend van 23 juni is het de beurt aan Jacquet-Robin om in de clinch te gaan. Tijdens een bewakingsvlucht boven Koekelare, Zande en Westende ontmoeten zij een groep Duitse vliegtuigen. Drie Fokkers, twee grote L.V.G.'s en twee kleine maken er een verkenningsvlucht langs de kust. Bij het openen van het vuur schijnt een Fokker geraakt. Deze trekt zich onmiddellijk terug en maakt een fikse duik naar beneden. Ook een tweede Fokker is verplicht rechtsomkeer te maken. Geen enkel Duits toestel slaagt erin de IJzer te overschrijden maar het toestel van Jacquet loopt toch aanzienlijke schade op.

Twee dagen later ontmoet Jan Olieslagers op een hoogte van 3.800 meter een Fokker welke vergezeld is van een L.V.G. Zij zijn op weg van Nieuwkapelle naar het kasteel van de Blankaart te Woumen. Boven Diksmuide schiet hij zijn lader leeg op de L.V.G. welke hierop onmiddellijk naar beneden duikt. Ook de Fokker trekt zich terug naar het vliegveld van Handzame. Korte tijd nadien duikt een andere Fokker op vanuit de wolken welke in de richting van Gistel vliegt. Wanneer Olieslagers de achtervolging wil inzetten bemerkt hij dat de brandstoftank van zijn toestel bijna leeg is waardoor hij zijn achtervolging dient af te breken en in glijvlucht zijn eenheid tracht te vervoegen.

Als gevolg van de steeds toenemende Duitse beschietingen moet de 1° escadrille in juni 1916 het vliegveld van Koksijde-Idesbald definitief verlaten en verplaatst het zich naar de Belgische Moeren waar het enkele maanden later zal vervoegd worden door de 5° escadrille.

Tijdens de eerste week van juli bestaan de opdrachten hoofdzakelijk in het uitvoeren van verkenningsvluchten in samenwerking met de Franse en Britse escadrilles[100]. De aandacht dient vooral gevestigd op de spoorwegstations want de laatste dagen schijnen de Duitsers druk in de weer om nieuw materieel vanuit Duitsland naar de Vlaamse frontlinie over te brengen. Vooral in de omgeving van Torhout, Vijfwegen en Staden blijkt de activiteit toe te nemen. In de diverse stations zijn talrijke wagons samengebracht waarop vooral veel hout is geladen om barakken te bouwen en nog meer spoorlijnen aan te leggen. Dit wijst erop dat de Duitse legers van oordeel zijn dat de strijd nog lang kan duren.

Gedurende een der vele observatieopdrachten op 1 juli worden Kervyn-d'Hendecourt tussen Merkem en Boezinge overwachts belaagd door vier vijandelijke toestellen. Na enkele malen de opduikende machines achter hun eigen linies boven Bikschote te hebben teruggedreven kunnen zij één ervan afzonderen en onder vuur nemen vanop korte afstand. Maar dan komen de andere toestellen opnieuw te voorschijn en gaan nu op hun beurt Olieslagers onder druk zetten. De overmacht wordt te groot en Olieslagers besluit dan maar zijn gehavend toestel in de eigen linies aan de grond te zetten. Wanneer hij na de landing zijn toestel observeert telt hij vijftien kogelgaten en van een wiel zijn er drie spaken stukgeschoten.

Temperamentvol zoals steeds trekt hij op 3 juli in de vroege morgen met zijn hersteld toestel opnieuw op jacht tussen Houthulst en Roeselare, samen met Jacquet, waar zij diverse keren in contact komen met vijandelijke toestellen. Wanneer zij in de nabijheid van de Duitse

---

(100) Bij de Franse luchtmacht zijn het vooral de escadrilles MF36 en MF52 welke boven België actief zijn. Beide escadrilles hebben hun basis in de omgeving van Duinkerke en zijn speciaal opgeleid voor het uivoeren van nachtvluchten. Vanaf januari 1916 vangen zij aan met nachtelijke bombardemnten in de sector Houthulst, Bikschote, Langemark.

observatieballon komen is deze reeds naar beneden gehaald en laag erboven zwevend houdt een vliegtuig er de wacht. Na ook hulp geboden te hebben aan Britse toestellen welke eveneens in volle strijd gewikkeld zijn kunnen zij zonder enige averij te hebben opgelopen veilig naar hun basis terugkeren. Dit is niet het geval met adjudant Kervyn wanneer bij een slechte landing zijn toestel wordt vernield en hijzelf gekwetst geraakt.

Vanaf 8 juli volgt een meerdaagse belegering van de batterij Tirpitz welke is geïnstalleerd tussen Mariakerke en Oostende[101]. De Franse escadrille MF36 heeft de opdracht het inschieten van hun artillerie rond Nieuwpoort te regelen. Rond 1 u 's middags starten vier ploegen om de resultaten van de eerste projectielen te observeren. Maar ze zijn nog maar pas de batterij genaderd of de eerste L.V.G. duikt op, gevolgd door een Fokker. Een Frans toestel wordt het motorkarter stukgeschoten en een tweede krijgt problemen wanneer zijn krukas wordt geraakt. Om zich te redden duikt dit laatste vliegtuig naar beneden maar wordt op zijn beurt nagezeten door twee tegenstanders. Jacquet-Robin die het gevecht vanop afstand hebben gevolgd gaan zich nu in de strijd mengen en kunnen boven Middelkerke een toestel uitschakelen. Maar door het tweede toestel nu zelf in de verdediging gedrongen dienen zij zich nu op hun beurt terug te trekken.

Ook de volgende dag spelen zich gelijkaardige taferelen af boven Oostende. Opnieuw geraken enkele Franse toestellen van de MF36 in de problemen en kunnen zij weer rekenen op de steun van Jacquet-Robin. In de voormiddag zijn zij eerst de resultaten gaan verkennen van de beschieting van daags voordien. Kort na de middag leveren zij strijd met maar liefst vijf Duitse toestellen: 3 Aviatiks, 1 L.V.G. en een Fokker-eendekker welke algauw is uitgeshakeld en boven het strand van Raversijde naar de grond duikt. Wanneer ook sergeant Van Cotthem hulp komt bieden wijken nu ook de vier andere toestellen tot op lage hoogte om binnen het schietbereik van hun eigen afweerartillerie te geraken. Rond 5 u is Jacquet opnieuw op jacht boven Oostende. Nadat hij eerst de motor van een L.V.G heeft geraakt kan hij nog een tweede toestel op de vlucht jagen vooraleer hij naar de basis van de 1° escadrille terugkeert.

Hevige wind en regen houden op 12 en 13 juli de meeste toestellen aan de grond terwijl de drie volgende dagen de mist als spelbreker optreedt. De volgende noemenswaardige feiten doen zich voor op 30 juli, wanneer twee toestellen verloren gaan. Bij een verkenningsopdracht krijgt sergeant de Munck motorpech. Wanneer hij zijn toestel te Oeren wil aan de grond zetten slaat hij over kop waarbij het onherstelbare schade oploopt.

Wanneer Sauveur-Lints in opdracht van de 6° legerdivisie op verkenning zijn boven Woumen weigert ook hun motor verdere dienst waardoor ze genoodzaakt zijn in open veld een noodlanding te maken.

(101) Deze kustbatterij, genoemd naar een bekend Duits admiraal, werd einde 1914 begin 1915 aagelegd tussen de Elisabethlaan en de Steense dijk ten zuidoosten van de hoeve van Hamiton. Daarom krijgt ze ook de bjnaam van "Batterij van Hamilton". De batterij Tirpitz bestaat uit vier zware artilleriestukken van 280mm welke voorzien zijn van pantserkoepels. Daarbij zijn er rond de batterij verschillende betonnen schuilplaatsen ingebouwd in de zandheuvels. De vier kanonnen staan elk in een betonnen kuip van 13,5 m diameter en 2,5 m diep. Hun vuurmond staat bij voorkeur gericht op de frontlijn rond Nieuwpoort. Ironisch genoeg werden de kanonnen van deze batterij door de Belgische regering in 1909 bij het Duitse Krupp besteld en betaald in 1912. Op verzoek van de regering werden ze door de leveranciers in bewaring gehouden...om ze in 1915 naar Oostende over te brengen en ze tegen de Belgen te gebruiken!

Door de onzachte landing stuikt het toestel in elkaar. Hierbij wordt piloot Sauveur aan de elleboog gewond terwijl zijn waarnemer Lints kwetsuren aan de knie oploopt.

Olieslagers kent meer succes. Wanneer hij tussen Houthulst en Roeselare door twee L.V.G.'s belaagd wordt kan hij er één tot een noodlanding verplichten. Ook Jacquet en Robin zijn weer zeer actief boven de IJzervlakte. Eerst kunnen zij boven Diksmuide een Fokker op de vlucht jagen naar het vliegveld van Gistel en daarna twee L.V.G.'s boven het Houthulstbos welke verplicht zijn uit te wijken naar Gits.

Daarna keren zij terug richting Diksmuide waar enkele toestellen van de Franse escadrille MF36 strijd leveren. Wanneer Jacquet ziet dat een der toestellen in moeilijkheden zal geraken snelt hij met zijn F40 ter hulp en gaat nu op zijn beurt het L.V.G.-toestel aanvallen[101]. Hij slaagt erin het toestel met een voltreffer te raken waardoor een rookpluim uit de motor opstijgt. Het toestel maakt een korte zwenking en met de wielen omhoog maakt het een vertikale val waarna het op de grond te pletter slaat langs de weg van Klerken naar Zarren. Tijdens de val is een vleugel losgeraakt en deze wordt een eind van het wrak weggeslingerd.

Om de vijandelijke kabelballons afdoende te kunnen bestrijden werden op deze Nieuport als experiment Le Prieur raketten gemonteerd.

(101) Het Franse toestel dat in moeilijkheden is geraakt is dit van luitenant Constant. Tijdens het gevecht is de mitrailleur reeds bij het tweede schot vastgelopen waardoor het toestel weerloos is geworden. Door het veelvuldig gebruik hebben de mitrailleurs nogal de neiging te snel op te warmen waardoor de laders niet meer schuiven.

Wanneer zij 's anderendaags op verkenning trekken zien Jacquet-Robin enkele auto's en wat volk rond het wrak van het toestel dat zij de vorige dag hebben neergehaald. In een duikvlucht boven de auto's schieten zij hun lader leeg en verdwijnen daarna terug in de wolken.

Opnieuw gaan twee toestellen verloren. Bij een van deze verliezen wordt adjudant De Neef gewond tijdens een noodlanding in open veld en dient hij gehospitaliseerd te worden. De tegenslagen blijven zich opstapelen want op 6 augustus worden Choisnet-Crahay tijdens een verkenningsvlucht door grondartillerie onder vuur genomen. De motor weigert verdere dienst en de bemanning heeft geen andere mogelijkheid dan haar toestel in het bos van Sint-Sixtus te West-Vleteren proberen aan de grond te krijgen. Hierbij wordt het toestel echter zwaar beschadigd.

De volgende dagen worden hoofdzakelijk verkenningsvluchten uitgevoerd om de tegenstander in het oog te houden. Dit leidt onvermijdelijk tot de dagelijkse achtervolgingen langs beide zijden.

Hierbij zijn vooral Jacquet en Roobaert zeer actief. Vooral langs de kustlijn en boven het vliegveld van Gistel komen zij meerdere malen in contact met de Duitse L.V.G en Fokker-machines. Ook Olieslagers laat zich niet onbetuigd en wikkelt zich in de strijd boven Vladslo en de Blankaert te Woumen.

In de nacht van 13 op 14 augustus wordt het Praatbos tussen Beerst en Koekelare bestookt. Vanaf 21.45 u stijgen Robiano-Verelst als eersten van de tien voorziene toestellen op met drie bommen aan boord. Jacquet-Robin sluiten de reeks om 22.50 u. In totaal worden ongeveer 1.000 kilogram bommen op de Duitse kwartieren in het Praatbos afgeworpen. Wanneer Van Der Ghote-Lints en Lallemand-Cornelius als laatsten om 23.40 u op hun basis terugkeren hebben zij reeds een zware brand in het bos kunnen waarnemen.

De volgende nacht is het de beurt aan het Roggeveld, gelegen langs de weg Esen-Zarren. De Meeus-Coomans slagen erin een gedeelte van de barakken te treffen. Een half uur later overvliegen de Roest-Robin op lage hoogte het Roggeveld en kunnen met hun mitrailleur een schijnwerper uitschakelen nabij Esen. Nog dezelfde avond wordt het toestel van Thieffry-Decubber zwaar beschadigd bij het opstijgen voor een oefenvlucht.

In de nacht van 15 op 16 augustus volgen een laatste reeks bombardementen op het station van Zarren dat nog steeds als aanvoerbasis voor materieel en verse mankrachten fungeert. Hierna besluit commandant Van Crombrugge de volgende nacht geen bombardementen meer uit te voeren en wordt de nadruk nu gelegd op het uitvoeren van oefenvluchten en het uitproberen van signalisatie door middel van panelen. Dit wordt echter gedurende enkele dagen vertraagd door hevige wind, een dik wolkendek of dichte mist.

Wanneer de Meeus-Coomans diep in het bezet gebied doordringen kunnen zij de hangars van de Duitse zeppelins te Etterbeek met drie bommen bestoken. Terwijl Jacquet-Robin twee dagen later tussen Bikschote en Langemark de achtervolging inzetten op een Duits toestel wordt hun eigen toestel geraakt door een schrapnel van het afweergeschut dat in Bikschote is geinstalleerd, waardoor het zwaar wordt beschadigd. Toch slagen zij erin naar de eigen linies terug te keren en hun toestel in Krombeke aan de grond te zetten.

De daaropvolgende nacht bestoken vijf Belgische toestellen samen met een Frans toestel het station van Vijfwegen. Vierentwintig uur later volgt een luchtaanval op het vliegveld van Mariakerke door Robin, Coomans, d'Ursel en Declercq. Als compensatie bestoken de Duitsers nu gedurende twee opeenvolgende nachten de omgeving van Veurne. Vanaf het intreden van de duisternis overvliegen zij de stad en werpen veelkleurige lichtkogels uit die een tijd boven de stad blijven hangen en aldus verkenningspunten vormen voor de bombardementstoestellen. Deze lossen korte tijd later hun bommen op de stad en het vliegveld van Groot Boogaerde[102]. De nacht nadien wordt het vliegveld opnieuw bestookt. Dit maal worden er nog meer bommen afgeworpen. Volgens de geruchten welke de volgende dag in de stad de ronde doen zou een hangar en een vliegtuig vernield zijn en verschillende vrachtwagens beschadigd.

In september beslist de legerleiding dat de 5° escadrille voortaan ook een jachteenheid zal worden die afwisselend met de 1° escadrille het territorium zal verdedigen. Dit beurtsysteem zal in voege blijven tot in 1917 wanneer geopteerd wordt om telkens in groepen van drie toestellen te opereren en de 1° en 2° escadrille vanaf dan voor diverse opdrachten zullen ingezet worden.

In samenwerking met de Frans-Belgische C74 escadrille worden de laatste dagen vooral de spoorwegen en de Duitse kampementen in het oog gehouden in de omgeving van Houthulst en de streek rond Torhout en Wijnendale. Het is immers de verkenners opgevallen dat de Duitsers sedert enkele maanden regelmatig transporten uitvoeren naar versterkte plaatsen[103].

Tijdens een verkenningsvlucht op 22 september bombarderen Schwarz-Fanning van de C74 escadrille het station van Poelkapelle en de barakken in het Houthulstbos. Hierbij worden zij door de luchtdoelartillerie onder vuur genomen. De piloot Schwarz wordt door de openspattende granaatscherven tweemaal in de linkerdij getroffen maar kan toch zijn beschadigd toestel aan de grond zetten[104].

Op een gelijkaardige manier zijn ook Gallez-de Crombrugghe slachtoffers van het artilleriegeschut. Op 26 september verkennen zij de kuststreek en het noordelijk deel van de provincie over Brugge om langs Gistel en de Tervatebrug terug te keren. Nabij Gistel wordt kapitein Gallez geraakt door een openspattende obus. Vanop een hoogte van 3.500 meter slaagt hij er toch in om te landen op het strand van De Panne. Na het uitvoeren van een geslaagde noodlanding wordt hij naar het hospitaal l'Océan overgebracht waar hem de nodige verzorging wordt toegediend.

Na het uitvoeren van een observatievlucht voor het inschieten van de artillerie krijgen Manseron-Toussaint in de namiddag van 30 september motorpech. In een poging om een veilige landing uit te voeren slaat het toestel over de kop in een gracht tussen Krombeke en Proven. Hierbij is de opgelopen schade zo groot dat het vliegtuig onherstelbaar verloren is. Op 1 oktober behaalt de Duitse piloot Alfred Ulmer van Jasta 8 zijn eerste overwinning wanneer hij de Belgische kabelballon te Oostvleteren neerhaalt.

De pech blijft de piloten achtervolgen. Sergeant Laffon en luitenant Stas welke in opdracht van de 5° legerdivisie op verkenning trekken moeten vanop 600 meter hoogte reeds een noodlanding uitoefenen waarbij hun toestel over de kop gaat en piloot Laffon gekwetst wordt. Reeds in de voormiddag kenden Dony-de Crombrugghe motor-

---

[102] Een niet ontplofte bom kan door de militaire overheid ontleed worden. Het blijkt een brandbom te zijn welke is samengesteld uit 2 liter benzine, 3 liter petroleum en 3,5 liter vloeibare teer. (Veurne tijdens de Wereldoorlog 1914-1918. Jozef Gesquiere)

[103] Een van deze versterkte plaatsen is deze van Predikboom waar twee spoorlijnen uitlopen onder het dak van een grote betonnen bunker. Beide lijnen lopen in de richting van Duinkerke. Zoals later zal blijken is dit speciaal voorzien voor het beschieten van de Franse havenstad met een "Lange Max".

[104] Zie Doc. 36° Corps d' Arméé-29° Division-Esc MF36.

De bemanning welke de eerste officiële luchtoverwinning boekte: Jacquet en Robin voor hun toestel in De Moeren (januari 1917).

pech bij het uitproberen van een toestel te Hondschote. Ook sergeant Cambier komt op 21 oktober onzacht neer. Hijzelf wordt hierbij gekwetst terwijl zijn machine naar Calais dient getransporteerd te worden voor het uitvoeren van de nodige herstellingen.

Tijdens dezelfde namiddag worden Goossens-Decubber onverwachts tijdens een observatievlucht boven Beerst aangevallen door drie Duitse jagers. In zweefvlucht kunnen zij hun machine te Steenkerke in veiliger oorden brengen. Na de landing tellen zij 25 kogelgaten in de romp van het toestel.

Damelincourt-de Zaeytijdt worden 's anderendaags de volgende slachtoffers van de doeltreffendheid der Duitse grondartillerie. Een obus raakt de rechtermotor in volle vlucht. Het rechter landingsstel wordt hierbij afgerukt en de rondvliegende stukken doorboren de brandstoftank. Dank zij zijn vliegervaring kan Damelincourt vanop 2.000 meter toch nog met zijn vernielde machine te Oostvleteren landen zonder zelf noemenswaardige kwetsuren op te lopen[105].

De laatste tijd wordt het moeilijk om nog ver boven het bezet gebied door te dringen. Van zodra de Duitsers het toestel hebben waargenomen sturen zij onmiddellijk enkele jagers erop af. Dit ondervinden ook de Roest-Rolin tijdens een verkenningsvlucht op 13 november. Eenmaal boven het station van Houthulst gekomen worden zij door drie Fokkers aangevallen. Gelukkig kunnen zij rekenen op de steun van Max Olieslagers en een Brits toestel om te ontsnappen aan hun belagers.

's Anderendaags kan de Duitse piloot Walter Göttsch de Belgische kabelballon te Oostvleteren in brand schieten. Terwijl de Britse toestellen vooral de kustlijn tussen Oostende en Zeebrugge bestoken om de Duitse onderzeeërs te treffen gaan de Belgen nu het accent

(105) Het aantal vliegtuigen dat om technische redenen niet meer bruikbaar is neemt aanzienlijk toe. Talrijke toestellen worden zwaar beschadigd door grondartillerie of door het omslaan bij het uitvoeren van een noodlanding. In bijlage XI wordt een overzicht gemaakt van de toestellen welke verloren zijn gegaan of niet langer bruikbaar zijn zonder aanzienlijke herstellingswerken.

leggen op het bestoken van vijandelijke vliegvelden en de Duitse kantonnementen. In de nacht van 16 op 17 november bestoken vijf toestellen de hangars op het vliegveld van Gistel. Wanneer Goethals de resultaten van de nachtelijke belegering wil gaan verkennen wordt hij terstond op de vlucht gejaagd. Ook de Chestret komt in contact met vier Duitse toestellen. Hiervan kan hij er één buiten gevecht stellen maar wanneer het oliereservoir van zijn eigen toestel door een kogel wordt doorboord dient hij nu zelf de strijd te staken.

Tijdens de laatste weken van 1916 heeft de luchtvaart nog talrijke verliezen te noteren[106]. Op 28 november worden twee toestellen vernield waarbij de piloot Lambert gekwetst wordt. Wanneer Pirmez-Declercq op 13 december een landing uitvoeren wordt ook hun toestel zwaar beschadigd. Daags voordien zijn reeds twee piloten zwaar gekwetst tijdens de grote maneuvers van de 2° escadrille te Mailly. Tijdens het uitproberen van nieuwe aanvalsmethodes is het toestel van De Roy-Henin neergestort.

Het zwaarste verlies valt te noteren op 19 november te St.Malo. Tijdens een oefenvlucht van de 1° escadrille stort het toestel van adjudant Roobaert plots naar beneden. Uit de verhakkelde machine kan slechts het levenloze lichaam van de piloot gehaald worden..

Alhoewel de doeltreffendheid van de vliegtuigen aanzienlijk is toegenomen is dit nog niet uitgesproken merkbaar gebleken langs het Belgische front in Vlaanderen. Het aantal confrontaties in de lucht is gestadig gestegen maar dit resulteert niet zozeer in overwinningen of verliezen langs een of andere zijde. Het aantal beschikbare vliegtuigen is langzaam gestegen maar de bertouwbaarheid laat nog te wensen over. Er gaan nog teveel toestellen verloren bij het opstijgen of landen, waarbij dan ook nog het meeste verliezen te noteren vallen. Hierin zal echter in 1917 een verandering komen wanneer de rol van de luchtvaart aanzienlijk gaat toenemen.

(106) Het aantal beschikbare toestellen is in de aanvangsfaze nog zeer beperkt en neemt dan geleidelijk toe in het tweede oorlogsjaar. Enkel nadat de Fransen en Britten hun oorlogsindustrie ook op het bouwen van vliegtuigen in grote aantallen hebben toegespitst zal ook bij de Belgische luchtvaart het aantal toestellen aanzienlijk gaan toenemen. Voor het aantal beschikbare toestellen zie bijlage XII.

WISSELENDE KANSEN

De oorlog sleept reeds tweeëneenhalf jaar aan en een doorbraak schijnt nog niet in zicht. Wijzigingen in de legerstaven hebben niet de verwachte overwinning gebracht en aan de frontlijn zit alles muurvast. Zowel de Duitse als de geallieerde legerstaven nemen zich dan ook voor om in 1917, door het massaal inzetten van mensen en materieel, de tegenstander op de knieën te krijgen.

Langs geallieerde zijde komt er een partner bij want de Verenigde Staten van Amerika treden in dit jaar toe tot de westerse alliantie. De hervatting door Duitsland van de onbeperkte onderzeebootoorlog is er de aanleiding toe. Wanneer de Amerikanen in april de oorlog aan Duitsland verklaren staan ze met 20 volledig uitgeruste squadrons klaar om de wapens tegen hen op te nemen. Zij hadden reeds lang voorzien dat ze weldra in staat van oorlog met Duitsland zouden verkeren. Daarom had de Amerikaanse senaat een omvangrijk vliegtuigproduktieplan goedgekeurd[107].

De periode breekt aan waarin de azen in de belangstelling staan. Vanop het thuisfront gaat de belangstelling nu eerder naar de strijd in de lucht dan naar de gevechten in de loopgraven waar naamloze soldaten nog steeds strijd leveren in de modder. Daar spelen hun individuele kwaliteiten in een stormaanval een verwaarloosbare rol. Maar in de lucht wordt nog man tegen man gevochten en het publiek blijft met spanning de race om het grootste aantal overwinningen volgen.

Aanvang 1917 hebben de Duitsers opnieuw het overwicht in handen langs het westelijk front, dank zij de introductie van de Albatros DI en DII op het einde van het vorige jaar. Wanneer de Albatros III met zijn korte onderste vleugel en zijn brede bovenvleugel zijn verschijning doet kan hij succesvol wedijveren met de Franse Nieuports en de Britse Sopwith-toestellen.

De Duitse Jastas, waarvan de eerste in de herfst van 1916 werden opgericht, nemen nu in aantal toe zodat er in de lente van 1917 reeds 37 actief zijn. Daarbij zijn de Duitsers ook agressiever geworden. Waar ze de laatste maanden van 1916 de opdracht hadden meegekregen om slechts boven de eigen linies te opereren en de opdukende tegenstanders op afstand te houden zullen ze voortaan zelf het initiatief in handen nemen. In april 1917 culmineert de Duitse overmacht boven het westelijk front in een slachting onder de Britse vliegeniers. Tijdens deze maand worden tijdens de gevechten om Arras 151 Britse toestellen neergehaald terwijl slechts 30 Duitse toestellen worden uitgeschakeld. Deze periode wordt in de Britse geschiedenis bekend als "Bloody April".

Daarnaast trachten de Duitsers nu ook het moreel op het thuisfront te breken. Door het bombarderen van het hart van Londen zal de Britse regering wellicht gedwongen worden om af te treden en mis-

[107] Een der grootste Amerikaanse verwezenlijkingen op het gebied van luchtvaartontwikkeling tijdens de Eerste Wereldoorlog is de LIBERTY-motor. Deze lichtmetalen motor ontworpen door J.G.Hall en Jesse G.Vincent kan een vermogen van 300 pk ontwikkelen. De eerste proeven werden met succes uitgevoerd op een vliegtuig van de L.F.W. Engineering Company. Maar door hun achterstand op het gebied van oorlogsindustrie zal de firma Dayton-Wright eerst onder Britse licentie de bommenwerper DH 9-A bouwen welke als USD 9-A staat geregistreerd.

Manfred von Richthofen, de aas der azen in de Eerste Wereldoorlog bij zijn driedekker waarmee hij een groot aantal overwinningen kon boeken.

schien vervangen worden door een nieuwe regering welke eventueel zal aandringen op vredesonderhandelingen. Hierdoor zullen de Britten ook genoodzaakt worden hun troepen en wapens van het westelijk front terug te trekken. In maart 1917 arriveren de eerste Gotha G-4's op de vliegvelden rond Gent. Van hieruit worden de eerste proefvluchten uitgevoerd. Een speciale eenheid, het "England Geschwader", heeft als opdracht een propagandasucces te behalen om het effect van de onderzeeblokkade op het moreel van de Engelse bevolking te vergroten.

Op 25 mei starten drieëntwintig toestellen van het England Geschwader richting Londen. Maar door het dik wolkendek worden zij verplicht hun bommen te lossen boven de kustplaats Folkestone. Hierbij worden 95 burgers gedood en 195 gewond. Het is de inzet van een hele reeks aanvallen op het Britse vasteland. In het begin is de weerstand van de Britten eerder hulpeloos. Hun langzame BE2c-vliegtuigen vormen geen partij voor de zwaarbewapende Gotha's. De tegenaanvallen zijn eerder ongecoördineerd en de Duitse verliezen schaars. Aanvankelijk gaan meer Gotha's verloren tijdens slechte landingen in België dan tijdens de belegering van Londen.

Slechts wanneer enkele squadrons van moderne jagers worden opgericht en kanonnen voor een versperring van luchtafweergeschut gaan zorgen begint het Engeland Geschwader meer verliezen te lijden. Op 22 augustus grijpt de laatste aanval overdag plaats. Vanaf 3 september zullen de Duitsers overschakelen op nachtelijke aanvallen.

Maar voor de Duitsers brengt dit succes niet de verwachte gevolgen mee. Ondanks de zware verliezen blijven de Britse jagers verbeten aanvallen en wordt het verkenningswerk verder gezet alsof er niets is gebeurd. Zij zijn ervan overtuigd dat hun verliezen in de lucht te wijten zijn aan de inferioriteit van hun materieel. Indien meer toestellen kunnen in de strijd geworpen worden zal de kans op succes aanzienlijk toenemen. Naast de Sopwith-driedekker verschijnen dan ook weldra twee andere superieure gevechtstoestellen:de Bristol Fighter en de SE5[108].

Daarenboven kunnen halfweg 1917 de Britten met hun snellere en beter maneuvreerbare Sopwith de alweer voorbijgestreefde Albatrossen overklassen waardoor in de zomer van dit jaar het evenwicht in de lucht hersteld wordt. Maar in het najaar van 1917 daalt het aanzien van de Sopwith. Ondermeer door de verschijning van de Fokker-driedekker DR1, welke voor een groot deel een kopie is van de "Triplehound" zoals de Britten hun Sopwith noemen.

Wanneer tijdens de derde slag om Ieper het R.F.C. onophoudelijk de Duitse vliegtuigen en hun basissen bombardeert blijven de resultaten beneden alle verwachtingen. Daarbij kosten de talrijke raids grote verliezen aan manschappen en materieel. De bommenwerpers die tijdens deze operatie worden gebruikt bewijzen weer eens dat hun kwaliteiten te wensen overlaten. Daarbij voeren zij hun opdrachten boven vijandelijk gebied uit zonder voldoende bescherming van de jachtvliegtuigen. De Duitsers beschikken niet alleen over nieuwere en betere jachttoestellen voor het bestoken van de Britse Jagers maar ook hun afweergeschut kan talrijke Britse toestellen naar beneden halen. Op het einde van 1917 vervangen de Britten hun Sopwith-driedekkers door de Sopwith Camels. Deze driedekkers verwerven in korte tijd een uitstekende naam en zullen dan ook een dominante rol gaan spelen in het verder oorlogsgebeuren in de lucht.

Intussen, terwijl de Sopwith-driedekker langs het westelijk front wordt ingezet, stijgt de naam van de Duitse jachtpiloot Manfred von Richthofen als een raket de hoogte in[109]. Voor de geallieerde piloten is hij niet enkel een mythe maar tevens een verschrikking. Om zijn tegenstander te vernietigen gebruikt hij een speciale tactiek. Hij valt de verkenningsvliegtuigen aan langs onder en langs achter in een "dode hoek" waarin de schutter niet kan vuren. Vanop zeer korte afstand vuurt hij dan zelf doorheen de romp zodat de bemanning wordt gekwetst of gedood. Von Richthofen die de jacht op zijn tegenstander uitoefent in een roodgeverfde Albatros DIII welke algauw de schrik wordt voor zijn

Alhoewel Guynemer bij de Fransen niet de meeste overwinningen heeft behaald werd hij toch de meest beroemde.

(108) De Sopwith-driedekker werd als prototype reeds in juni 1916 uitgeprobeerd tijdens een oefening van een jachteenheid der Britse marine welke haar basis had in Veurne. De Britse aas Collishaw (60 overwinningen) behaalde met dit toestel zijn grootste successen.

(109) Rittmeister Manfred Freiherr von Richthofen werd geboren in Kleinberg bij Schweidnitz in Silezië op 2 mei 1892. In mei 1915 start zijn loopbaan bij de Duitse luchtmacht wanneer hij een opleiding als waarnemer volgt. In maart 1916 vervoegt hij het gevechtseskader KG2 welke opereert boven het Verdun-front. In augustus 1916 meldt hij zich bij de Jasta "Boelcke" in de omgeving van Cambrai. Op 25 juni 1917 wordt hij aangesteld tot commandeur van het Jachtgeschwader 1 waarvan de Jasta's 4 ,6 ,10 en 11 deel uitmaken. Nadat hij op 20 april 1918 zijn 80° overwinning heeft behaald wordt hij de volgende dag gedood tijdens een luchtgevecht. Von Richthofen is de topscorer van alle piloten tijdens de Eerste Wereldoorlog.

(110) Het voorrecht zijn toestel rood te schilderen behoorde alleen von Richthofen toe. Zijn broer Lothar die van hetzelfde Jagdstaffel deel uitmaakt verft zijn toestel in het rood met gele strepen. Sommige vliegers tekenen de gekste figuren op de romp van hun toestel. Ernst Udet schildert de letters L en O op zijn toestel. Dit zijn de afkortingen van Lolo, de naam van zijn verloofde.

(111) Voor de lijst van de Belgische piloten en ballonvaarders gesneuveld in de Eerste Wereldoorlog zie bijlage XIII.

tegenstanders krijgt algauw de bijnaam van "Rode Baron"(110).

De luchtgevechten boven de IJzervlakte woeden ook in 1917, met nog grotere intensiteit dan voorheen. De verliezen van de Militaire Luchtvaart nemen dan ook gevoelig toe. Tijdens het jaar 1917 betreurt de Militaire Luchtvaart 21 doden waarvan 19 aan het front en 2 bij de vliegschool te Etampes(111).

Het vliegveld van de Belgische Militaire vliegschool te Etampes (februari 1917)

TOENEMENDE DRUK

Aanvang 1917 is er bij de luchtvaart weinig beweging. Tot half januari is het weer bar slecht. Sneeuw en nevel maken het opstijgen onmogelijk. Voor de techniekers is het echter een drukke tijd. De beschadigde toestellen worden weer strijdwaardig gemaakt en motoren welke reeds aanzienlijke slijtage vertonen worden vervangen door nieuwere en krachtiger exemplaren. Daarnaast worden jachttoestellen ook van een betere bewapening voorzien.

Vanaf januari 1917 komt de 6° escadrille onder de bevoegdheid van een legerdivisie en wordt hoofdzakelijk belast met verkenningsopdrachten voor de artillerie. De 2° escadrille wordt uitgerust met betere toestellen. De oudere Farmans met een motor van 80 pk worden nu vervangen door krachtiger toestellen welke uitgerust zijn met een 130 pk motor. De Franse legerleiding dringt er bij de Belgische Militaire Luchtvaart in eerste instantie op aan het aantal luchtverkenningen aanzienlijk te verhogen. Deze verkenningen moeten als hoofddoel hebben na te gaan of de tegenstander voorbereidingen aan het treffen is voor een nieuwe aanval langs het Vlaamse front. Hierbij dienen voornamelijk foto's genomen te worden van de aan gang zijnde werken, de toevoerwegen en de vliegvelden, de Decauvillespoorlijnen, de geschutsbatterijen en de munitiedepots. Vooral de gegevens over de sector tussen Keiem en Boezinge zijn voor de Fransen erg belangrijk. Hierbij belooft de Belgische legerleiding alle steun aan de Fransen maar wijst er tevens op dat er ook dient rekening gehouden te worden met de gegevens langs het Britse front rond Ieper.

Niet alleen de fotografische waarnemingen worden opgevoerd maar ook aan het richten van de artillerie wordt nu nog meer aandacht besteed. Na maanden experimenteren blijken de T.S.F. posten zeer

De barakken en de loodsen voor de vliegtuigen van het vliegveld van Houtem tijdens de wintermaanden

doeltreffend te zijn voor het doorgeven van informatie vanaf de grond naar de verkenningstoestellen. Daarom zullen de waarnemers een speciale opleiding krijgen in het T.S.F. peloton te Wulvergem[112].

Zodra de weersomstandigheden het toelaten komt er stilaan opnieuw beweging in het luchtruim. De Britten zijn het eerst actief en trekken op verkenning langs de kust. Vooral langs de havens van Oostende en Zeebrugge waar de destroyers in het oog worden gehouden. Op 7 februari wordt de haven van Brugge door de Britten gebombardeerd. De volgende dag volgt nog een tweede aanval op de Brugse haven.

Terzelfdertijd trachten Lamarche-Delfosse de posities te bepalen van de Duitse geschutsbatterij die de laatste dagen het vliegveld van Koksijde bestookt. Deze blijkt zich te bevinden tussen Westende en Middelkerke en maakt deel uit van de talrijke kustbatterijen die moeten beletten dat de Britse schepen de kust te dicht naderen.

De installaties van de 2° escadrille te Koksijde worden in de namiddag van 9 februari opnieuw met 150 mm granaten bestookt. Een vliegtuigloods en een barak lopen lichte schade op. Gedurende de daaropvolgende nacht herneemt de beschieting. De barakken van de manschappen lopen averij op. Hierbij vallen één dode en meerdere gekwetsten te betreuren.

Daarop wordt besloten de 2° escadrille over te plaatsen naar het vliegveld van De Moeren[113]. Twee weken later zijn de nieuwe Farman F40 130 pk toestellen met alle toebehoren en manschappen op hun nieuw basis geinstalleerd. Om hun eigen toestellen van deze der andere escadrilles te onderscheiden worden de wielen rood geverfd en het diepteroer met strepen in de Belgische driekleur.

Op 1 mei 1917 levert Willy Coppens zijn eerste luchtgevecht wanneer hij wordt aangevallen door vier Duitse jagers boven het bos van Houthulst. Alhoewel zelf ongewapend slaagt hij erin zich van zijn belagers te ontdoen en terug te keren naar het vliegveld van Houtem. Zijn toestel vertoont hierbij tweeëndertig kogelgaten. Voor dit feit krijgt hij een vermelding op het dagorder.

Coppens heeft intussen reeds een lange weg afgelegd vooraleer hij voor de eerste maal in de strijd verwikkeld geraakt. Bij het uitbreken van de oorlog neemt hij dienst bij het 2° regiment grenadiers maar op 6 september 1915 komt hij als leerling-piloot terecht bij de luchtmacht. Zoals de legerorders het voorschrijven is hij verplicht twee maanden vrij te nemen en eerst het burgerlijk vliegbrevet te halen waarin hij op 9 december 1915 slaagt[114]. Daarna krijgt hij een verdere opleiding aan de Belgische vliegschool van Etampes met de verouderde Maurice Farman F13 en F14 toestellen. Na deze opleiding leert hij het vliegen op een B.E.2C en daarna op een Nieuport Scout. Hierna belandt hij uiteindelijk bij de 6° escadrille nabij het Groot Hoofdkwartier te Houtem, dicht bij de frontlijn. Op dit ogenblik beschikt deze escadrille

---

(112) Deze cursus vangt aan op 26 januari en bestaat uit dagelijks zes uur lezen van signalen en één uur theorie. Volgende officieren worden aangeduid om deze cursus te volgen: Lt. Mantel (1° legerdivisie), Lt. Rongé (2°L.D.), Lt.Decubber (3°L.D.), Lt. Verelst (4°L.D.), Cpt. De Zaeytijdt (5°L.D.) en Lt. Lints (6°L.D.).

(113) Voor de bewegingen van de diverse escadrilles naar een andere basis zie het diagramma in bijlage XV.

(114) Willy Coppens behaalt het RAe Club Certificate N° 2140 na 30 lesuren en 3h56min vliegen met een Caudron G111 aan de Ruffy-Baumann School of Flying. Daarnaast waren er ook nog andere scholen waar vliegopleidingen werden gegeven.

over acht Sopwith 1 1/2 Strutters[115]. Nadat Coppens zijn eerste luchtgevecht heeft geleverd zal hij echter nog bijna een jaar dienen te wachten vooraleer hij zijn eerste overwinning zal behalen.

De volgende weken blijft het opnieuw wat rustiger en zijn het hoofdzakelijk Britse escadrilles die op verkenning trekken of jachtpatrouilles uitvoeren. De Britse eenheden trekken dieper achter de Duitse linies en houden vooral de sectoren ten zuiden van Ieper en van de Belgische kusthavens in het oog.

De Belgen blijven ook niet onbetuigd want op 15 maart boekt Thieffry zijn eerste succes. Alhoewel Thieffry er zal in slagen gedurende de Eerste Wereldoorlog 10 successen te behalen is hij ook gekend voor zijn vele vliegtuigongelukken tijdens het uitvoeren van landingsmaneuvers maar ook voor zijn vele ontsnappingspogingen. Als pas afgestudeerd advocaat wordt hij bij het uitbreken van de oorlog opgeroepen om het 10° linieregiment te Luik te vervoegen. Na enkele dagen strijd wordt hij reeds krijgsgevangen genomen maar kan via Nederland ontsnappen en zich terug bij zijn eenheid voegen te Koksijde. Geobsedeerd door het nabijgelegen vliegveld besluit hij later piloot te worden. In juli 1915 trekt hij naar de vliegschool van Etampes. Na het behalen van zijn brevet in februari 1916 keert hij naar Koksijde terug waar hij meerdere toestellen door onhandigheid buiten gebruik stelt. Na opnieuw de opleiding aan de vliegschool gevolgd te hebben komt hij in december terecht bij de 6° escadrille.

Intussen melden zich reeds meer nieuwe piloten en waarnemers aan als leerlingen bij de militaire luchtvaart[116]. Nieuwe elementen zijn immers dringend nodig want de Duitsers beginnen hun activiteiten in de lucht op te drijven. Hierbij trachten ze zelfs de tegenstander te misleiden door gebruikt te maken van zijn eigen kentekens[117].

Bij een bezoek op 18 maart 1917 aan de luchtvaartbasis van De Moeren maakt koning Albert zijn eerste vlucht boven het front. Hij neemt in een Farman 40 de plaats in van de waarnemer achter de piloot Fernand Jacquet.

(115) Deze toestellen werden eerder door de Britse Royal Naval Air Service gebruikt en werden geconstrueerd door Mann-Egerton onder de serienummers N5235 tot 5242. Bij het in dienst nemen door de Belgische luchtvaart worden ze hernummerd van S1 tot S8.

(116) Op 10 maart 1917 worden aan de commandant van de luchtvaart volgende nieuwe krachten vanuit de Ecole de Tir de Cazaux aanbevolen: luitenanten de Meeus, de Neef, Descle en de adjudanten Orban en de Roest d'Alkemade en Goethals als piloten. Als waarnemers zijn dat de luitenanten Coomans, de Woelmont, de Crombrugghe de Looringhe en kapitein Dumont.

(117) In de nota Nr 3355 van 15 maart 1917 van de 2° Belgische sectie wordt gemeld aan het hoofdkwartier van het Britse 8° korps dat een Duits vliegtuig twee Britse toestellen heeft neergehaald. Dit vliegtuig zou volgens de nota de kleuren gedragen hebben van de Britse vliegtuigen en op sommige momenten slechts 300 meter hoog gevlogen hebben.

Piloot Willy Coppens naast vaandeldrager Jan Olieslagers, tijdens een plechtigheid op het vliegveld van Evere op 19 juli 1919.

Gedurende 45 minuten overvliegen ze De Panne, Koksijde, Ramskapelle, Kaaskerke, Lo, Veurne, St.Idesbald om daarna terug te keren naar De Moeren⁽¹¹⁸⁾.

Daags nadien wordt een herschikking doorgevoerd bij de escadrilleleiders. Als gevolg van het ontslag van kapitein Lebon bij het legerkorps wordt hij opgevolgd door kapitein Iserentant die officier wordt bij de technische afdeling van de legerstaf. Kapitein Hedo vervangt hem als aanvoerder van de 2° escadrille terwijl kapitein Gallez de nieuwe commandant wordt van de 6° escadrille⁽¹¹⁹⁾.

Intussen zijn ook de Belgische vliegeniers opnieuw actief geworden na de lange winterperiode. Maar het weer beperkt nog steeds in grote mate de activiteiten. Dit ondervinden ook de Mevius-Coomans op 22 maart. Nadat zij het station van Vijfwegen tussen Houthulst en Westrozebeke hebben verkend komen zij in een sneeuwstorm terecht. Hierdoor zijn zij verplicht hun weg te zoeken boven het Ieperse front om uiteindelijk te landen op het Britse vliegveld van St.Marie-Cappel bij Cassel.

Twee dagen later gaat er opnieuw een toestel verloren. Tijdens een luchtgevecht met drie Duitse toestellen boven het Praatbos en Diksmuide wordt de brandstoftank van het toestel van Van Cotthem doorboord door een vijandelijke kogel. Hierdoor worden zij verplicht zich uit de strijd terug te trekken en een noodlanding te maken. Zij geraken echter niet verder dan de open vlakte van Lampernisse. Wanneer zij bijna geland zijn blijft hun toestel haperen aan de telefoonleidingen en slaat over de kop, waarbij het zware schade oploopt.

Voor Thieffry is de afloop gunstiger. Nadat een der ophangstangen van de motor is stukgeschoten tijdens een confrontatie met twee Duitse toestellen boven Steenstrate kan hij zonder grote averij op te lopen zijn vliegtuig nabij Poperinge aan de grond zetten. Het zijn allemaal voorboden van een toenemende strijd in de lucht welke in april 1917 een hoogtepunt zal bereiken.

(118) De Farman 40 wordt geëscorteerd door een ander Belgisch jachtvliegtuig waarin majoor L.N. Preud'homme, de ordonnansofficier van de koning, bij de piloot Hanciau heeft plaatsgenomen. Daarnaast vergezellen ook de vliegtuigen van Deneef, De Meulemeester, de Mevius en de Woot dit van Fernand Jacquet. De vlucht start om 17.30u en eindigt om 18.15u.

(119) Nota Aviation Militaire. Etat-Major Nr 7 van 19 maart 1917.

EEN WOELIGE ZOMER

April 1917 wordt voor de geallieerden verschrikkelijk moeilijk. De langzame afbrokkeling van hun luchtoverwicht bereikt zijn dieptepunt wanneer Duitsland in de "Bloedige Aprilmaand" de algehele luchtheerschappij verwerft. Voor de Belgische militaire luchtvaart komt het eerste verlies reeds op 7 april. Een toestel van de Frans-Belgische C74 escadrille overvliegt Bikschote om het inschieten van de artillerie te regelen. Hierbij wordt de Belgische waarnemer luitenant Fanning dodelijk gekwetst door een openspattende granaat. De Franse piloot Mancerone komt ongedeerd uit het avontuur.

Voor de 6° escadrille is 8 april een zwarte dag. Nabij Koekelare wordt het toestel van de luitenanten Armand Glibert en Jules Callant tijdens een luchtgevecht neergehaald. Beide bemanningsleden vinden de dood in hun toestel dat neerstort achter de Duitse linies.

De Jasta's zaaien dood en vernieling in het noorden van Frankrijk en boven het Ieperse front. De azen treden op de voorgrond. Vooral de Jasta 11 kent aanzienlijke successen in de streek rond Arras[120]. Tegenover de Belgische linies is het hoofdzakelijk Marine-Feldjagdstaffel Nr 1 dat vanaf 1 februari 1917 te Nieuwmunster zijn basis heeft, dat vanaf mei langs de kuststrook zijn eerste successen behaalt. Rond de Ieperse sector zijn het vooral de toestellen van Jasta 18 die vanaf de vliegvelden van Marke en Harelbeke opereren die veel schade aanrichten.

De luchtgevechten zijn uitgegroeid tot een massale aangelegenheid waarbij tientallen vliegtuigen zijn betrokken. Dit is een heel verschil in vergelijking met de individuele confrontaties van nog geen jaar geleden. De aanvalsstijl van de beroemde enkelingen zoals Max Immelmann, de tengere Guynemer en de eigenzinnige Britse aas Albert Ball is nu verouderd en voorbijgestreefd door het gebruik van massatechnieken. De luchtgevechten worden hoe doller hoe heviger. De ridderlijkheid welke de beginfase van de oorlog beheerste en waarbij de piloten elkaar nog toewuifden is afgezwakt. De strijd is immers reeds meer dan twee jaar aan de gang en de grondtroepen zijn oorlogsmoe geworden. De verschrikking van de vele confrontaties hebben reeds aanzienlijke en afgrijselijke verliezen meegebracht. Ook bij de luchthelden vallen steeds meer slachtoffers. Vele toestellen zijn de grond ingeboord en werden de kameraden van de escadrilles gedood of zijn vermist. De luchtoorlog is nu onpersoonlijk geworden waardoor ook de instelling van de piloten is gewijzigd. De tegenstander wordt niet meer met open vizier bestreden maar wordt nu als een echte vijand beschouwd die voor alles voor goed dient uitgeschakeld te worden.

Daar het hoogtepunt van de strijd zich afspeelt tussen Arras en Ieper neemt de activiteit wat af langs de IJzerboorden. Op 27 april

[120] De Jasta 11 boekte geen enkele score tussen oktober 1916 en januari 1917. Tussen 22 januari en eind maart behaalt het 36 overwinningen, gevolgd door maar liefst 89 in april.

gaat opnieuw een toestel verloren, wanneer de Caudron van Lithauer-Michaux motorpech krijgt. Tijdens het regelen van het inschieten wordt de bemanning verplicht een noodlanding te maken waarbij het toestel vernield wordt.

Intussen krijgen talrijke leerling-piloten nu hun militair vliegbrevet waaronder Verhoustraeten, de Maelcamp d'Opstaele en Ciselet. Demeulemeester van de 1° escadrille wordt benoemd tot aanvoerder van de 5° escadrille als opvolger van commandant Moulin.

Terwijl Demeulemeester op 30 april boven Kortemark de Duitse linies overvliegt geraakt hij onverwacht in de strijd verwikkeld met een vijandelijk toestel. Samen met een nabijvliegende Britse Sopwith wordt het gevecht nu verder gevoerd tussen Keiem en Leke. Wanneer de tegenstander het gevecht tracht te ontwijken door naar beneden te duiken volgt Demeulemeester hem in zijn duikvlucht. Wanneer hij zijn belager tot op slechts twintig meter is genaderd vuurt hij de lader van zijn mitrailleur leeg waardoor de motor van het toestel stil valt. Hierdoor stuurloos geworden stort het vliegtuig naar beneden in het omgewoelde landschap tussen Tervate en Leke.

De daaropvolgende nacht worden talrijke bombardementen uitgevoerd op het station van Zarren van waaruit de voorraden vertrekken naar het Praatbos en het bos van Houthulst[121]. 's Anderendaags is het de beurt aan de grondartillerie om op haar beurt de streek Esen-Zarren verder te belegeren. Nadat de ochtendmist de verkenningsvliegtuigen enkele tijd aan de grond heeft gehouden kan in de voormiddag het inschieten beginnen. Maar nog maar pas weerklinken de eerste schoten of het toestel van Pauli-De Bersacques, dat beschermd wordt door de vliegtuigen van Goethals en Goossens, en het inschieten moet regelen wordt nu door zes Duitse jagers belaagd. Het verkenningstoestel, een Farman 40, wordt geraakt en stort neer achter de Duitse linies tussen Esen en Vladslo.

De volgende dag zien Scheurmans-Cornelius tijdens een verkenningsvlucht het volledig vernielde toestel liggen ten zuiden van Diksmuide. Tijdens een achtervolging van een Duits toestel komt de Petrovsky in een dik wolkendek terecht waardoor hij zijn juiste koers verliest. Na wat omzwervingen kan hij uiteindelijk landen ophet Britse vliegveld van Izel en daarna terugkeren naar Houtem.

In de late avond van 4 mei halen de luitenanten Henri Crombez en Louis Rolin van de 6° escadrille een huzarenstukje uit. Om hun landgenoten in het bezette Brussel moed in te spreken overvliegen zij de hoofdstad. De toestand blijkt er rustig en de straten baden er in een zee van licht. Op de spoorwegen zien zij enkele treinen rijden. Laag boven de stad vliegend werpen zij onder het oog van de verbaasde toeschouwers de nationale driekleur uit[122].

Na hun exploot overvliegen zij nog de hangars van de Duitse zeppelins te Sint Agatha Berchem en Gontrode. Bij hun terugkeer

---

(121) Vanaf 20.30 u worden twaalf vluchten uitgevoerd. Twee uur later vertrekken de laatste toestellen. Er worden hierbij in totaal 24 bommen van 155 mm en 16 van 120 mm op het station neergegooid. Om 23.10 u bereikt het laatste toestel, dit van de Roest-Rolin, veilig zijn basis.

(122) In een nota aan het Groot Hoofdkwartier wijst dienstdoende commandant Smeyers erop dat over deze vlucht boven Brussel niets in het dagrapport mag vermeld worden.

valt het de bemanning op dat in alle dorpen die ze overvliegen de lichten gedoofd zijn. Bij het naderen van Gent worden enkele lichten die nog branden ook nog uitgeschakeld wanneer ze de stad bereiken.

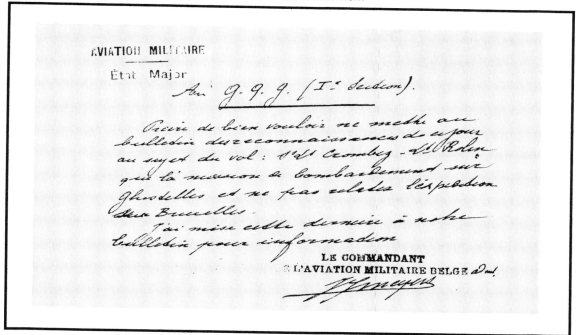

De commandant van de Militaire Luchtvaart J. Smeyers zegt dat in het verkenningsverslag geen melding mag gemaakt worden van de vlucht boven Brussel van Crombez en Rolin

Bij het inschieten van de veldbatterijen wordt het verkenningstoestel van De Goussoncourt-De Cubber, een Nieuport Bébé, op 12 mei getroffen door Duitse luchtdoelartillerie. Het toestel is zo erg geraakt dat het onbestuurbaar is geworden en neerstort nabij Diksmuide. De bemanning overleeft de val niet. Twee nieuwe namen vullen de lijst der verliezen aan. Enkele dagen voordien was het lot gunstiger voor Bouchon-Ronge. Tijdens het regelen van de artillerie valt hun motor stil en zien zij zich verplicht een noodlanding uit te voeren op het Britse vliegveld van De Lovie te Proven.

Alhoewel hij door een schrapnel wordt geraakt kan ook sergeant Siraut op 10 mei zijn toestel aan de grond zetten waarna hij wordt overgebracht naar het hospitaal l'Océan in De Panne. Het noodlot blijft de piloten achtervolgen. Bij het uitvoeren van een startmaneuver op het vliegveld van De Moeren op 29 mei stort een Farman 40 neer waarbij de Woot de Trixhe om het leven komt. Om dit vliegveld nog beter te beschermen wordt een projektor geïnstalleerd nabij het Moerhof.

In juni 1917 voeren de Duitsers nog een verdere concentratie van hun vliegeenheden door. De Jagdstaffeln welke in de herfst van vorig jaar gereorganiseerd werden worden nu nog beter gestructureerd. Er worden Jagdgeschwader gevormd die elk vier Jagdstaffeln tellen wat hun efficiëntie nog doet toenemen[123]. Ze worden vooral ingezet als steun voor de infanteristen en voor het uitvoeren van grondaanvallen.

[123] De Jasta's 4, 6, 10 en 11 worden gegroepeerd in Jagdgeschwader 1 (JG1) onder het commando van Manfred von Richthofen die reeds de aanvoerder was van Jagdstaffel 11. Dit Jagdgeschwader zal een tijd opereren vanuit het vliegveld van Moorsele. De Geschwaderführer dient er voor te zorgen dat zijn formaties gegroepeerd blijven tijdens de vluchten van en naar de gevechtszones.

Deze nieuwe eenheden dienen het overwicht in de lucht te verzekeren en zijn daarom zeer mobiel om gedurende een korte periode over een smalle strook voldoende tegenstand te kunnen bieden op bedreigde plaatsen. Intussen worden ook Amerikaanse squadrons gevormd in Texas als latere versterking van de geallieerde luchtmachten[124].

Slechts met deze escaders zijn de Duitsers in staat nog plaatselijk het initiatief te behouden want hun alleenheerschappij in de lucht is voorgoed voorbij. De luchtdoelartillerie tracht hierbij voldoende steun te bieden. Twee van hun slachtoffers zijn Colignon-de Lounart die boven Gistel worden neergehaald op 3 juni.

Op de grond is de strijd opnieuw in alle hevigheid losgebarsten. Reeds in januari 1916 had maarschalk Haig besloten in Vlaanderen een groot offensief te ontketenen naar het idee dat Churchill reeds eind 1914 naar voren had gebracht. Een geallieerde aanval langs de kust moet de Duitse activiteiten ter zee en de Kanaalhavens verlammen door het afsnijden van de Belgische zeehavens. Daarna dienen de Duitsers in oostelijke richting teruggedrongen te worden. Alhoewel zowel de Belgen als de Fransen hiervan geen voorstander zijn zet Haig toch zijn plan door. Door de Franse offensieven aan de Somme ziet hij zich verplicht zijn geplande aanval uit te stellen. Maar nadat generaal Nivelle als aanvoerder van de Franse legers op 15 mei 1917 aan de dijk is gezet krijgt Haig eindelijk zijn zin. Op 7 juni wordt om 3.10 u in de morgen de derde slag om Ieper op schitterende wijze ingezet met een grootscheepse diepte-mijnoperatie welke zich uitstrekt vanaf Zillebeke tot aan Ploegsteert.

Opgeschrikt door deze Britse aanval trachten de Duitsers nu zoveel mogelijk de vooruitschuivende tegenstander tot staan te brengen door aanvoer van versterkingen. Wanneer de Roest-Rolin op verkenning uittrekken boven Langemark en Zonnebeke zien zij een troepenkonvooi van twee kilometer optrekken richting Zonnebeke. Een andere kolonne begeeft zich naar Mooslede en in de stations van Vijfwegen en Poelkapelle vertrekken treinen om nog meer versterkingen op te halen. In Zonnebeke staat een omvangrijk arsenaal materieel gereed om naar de verdedigingslinies overgebracht te worden.

De troepenbewegingen van de Duitsers worden daarom zo nauwkeurig mogelijk in de gaten gehouden door de verkenningstoestellen welke de informatie trachten op foto's vast te leggen. Maar dit brengt ook risico's met zich mee. Tijdens het begeleiden van een fotografische zending geraakt adjudant de Chestret op 9 juni in een gevecht verwikkeld met een Duitse Halberstadt boven Bikschote. Nadat hij zelf reeds een toestel heeft neergehaald wordt hij door een kogel in de borststreek geraakt. Verder strijd voeren heeft nu geen zin meer en met wat geluk kan hij landen te Woesten.

De Meeus-Coomans die aan het fotograferen zijn worden hierbij terzelfdertijd ook belaagd door een tweede Halberstadt die met

(124) De Franse opleidingsbasis van Issoudun zal voor de Amerikanen het belangrijkste trainingscentrum worden. De eerste Amerikaanse squadrons worden uitgerust met Nieuport 28 toestellen.

Het vlieguitg van Orban met de neus in de grond geboord na een slechte landing op het vliegveld van Houtem in april 1917.

Kapitein Jaumotte en luitenant Wauters voor hun opvallend beschilderde Farman. Jaumotte verrichtte baanbrekend werk op het gebied van luchtfotografie.

meerdere kogels de cockpit doorboort. Als gevolg van de opgelopen schade is het onmogelijk nog verder hun opdracht uit te voeren en landen ze daarom achter de Britse linies.

Maar er vallen ook overwinningen te noteren. In de namiddag van 12 juni achtervolgen zowel Demeulemeester als Kervyn een vijandelijk toestel dat het Duits geschut aan het regelen is. Plots ziet Demeulemeester een toestel op slechts honderd meter onder zijn eigen vliegtuig. Onmiddellijk valt hij het toestel aan waarop dit ogenblikkelijk naar beneden duikt alsof het geraakt is. Op een hoogte van 2.000 meter valt Kervyn nu op zijn beurt het toestel aan en weldra ziet hij geen beweging meer van de bemanning en de mitrailleur is naar boven gericht. Demeulemeester die het toestel uit het oog was verloren gaat nu op zijn beurt in de aanval en schiet zijn lader leeg. Hierop stuikt het toestel vanop vierhonderd meter hoogte naar beneden waarop het voorgoed uit zijn zicht verdwijnt[125].

Uit wraak voor de toegebrachte verliezen langs de frontlijn rond Ieper gaan de Duitsers nu op 13 juni hun eerste grote aanval op de Britse hoofdstad lanceren. Hiertoe worden 14 Gotha's welke elk tot 500 kg bommen kunnen meevoeren ingezet. Om Engeland te kunnen bombarderen hebben de Duitsers een "Englandgeschwader" opgericht welk over een dertigtal toestellen kan beschikken. Het centrum van Londen wordt getroffen en men telt 162 doden. Door gebrek aan een goede coördinatie van het luchtafweergeschut wordt geen enkel Duits toestel neergehaald.

Langs het Vlaamse front kennen de Belgische piloten meer succes. Thieffry haalt op 14 juni boven Westende een toestel neer. Maar als gevolg van motorpech dient hij een noodlanding te maken bij Steenkerke. Hierbij wordt zijn toestel vernield en loopt hijzelf lichte verwondingen op. Nog dezelfde dag kent ook Olieslagers succes te Schore nabij Nieuwpoort waar hij een tegenstander de grond inboort en er zijn derde overwinning boekt.

's Anderendaags is het opnieuw raak voor Olieslagers, nu boven Keiem, waarbij een Duitse machine brandend naar beneden stort. Omstreeks dezelfde tijd is het de beurt aan Ciselet-de Chestret om raak te schieten. Nabij het Houthulstbos treffen zij een Duitse machine welke te midden het doorschoten land te pletter stort.

Ondertussen hebben Sterpin-Robin met motorpech af te rekenen en zijn zij verplicht nabij Nieuwpoort een noodlanding te maken. Op 24 juni slagen Orta-De Burlet erin boven Zevekote-Zande hun enige overwinning te boeken door het neerhalen van een Duits toestel dat een aanval op hen had ingezet.

In drie dagen tijd worden twee kabelballons stukgeschoten door dezelfde piloot[126]. Op 27 juni wordt deze van Elzendamme neergehaald en twee dagen later deze van Westvleteren.

Vanaf 1 juli wordt de 6° escadrille ter beschikking gesteld

(125) Het hoofdkwartier van de 2° Legerdivisie bevestigt later dat het toestel is neergestort te Beerst in de nabijheid van "Vladslo Cabaret". Deze overwinning staat op naam van Kervyn de Lettenhove.

(126) Beide kabelballons werden neergehaald door Oberleutnant Otto SCHMIDT van Jasta 7 dat opereert vanuit het vliegveld van Torhout. In totaal behaalde Schmidt twintig overwinningen.

van de 3° legerdivisie en beschikt bij aanvang over minimum zes toestellen[127]. Twee van haar Sopwith toestellen worden afgestaan aan de 4° escadrille om de versleten Farman F40 toestellen te vervangen. Daar er momenteel genoeg kandidaten zijn voor de opleiding tot militair piloot wordt de recrutering voorlopig stopgezet.

Juli 1917 is een succesvolle maand voor de Belgische piloten. Reeds in de voormiddag van 2 juli delen de tegenstanders elkaar prikken uit. Tussen Lo en Beerst slaagt Olieslagers erin een Duitse tweedekker op afstand te houden en tijdens het begeleiden van een verkenningstoestel kunnen zowel Goossens als de Mevius vijf vijandelijke toestellen beletten het verkenningstoestel aan te vallen. Rond de middag wordt d'Hendecourt tijdens een verkenningsvlucht om de streek rond Boezinge te fotograferen bestookt door een grote Duitse tweedekker. De Roest-Robin die het toestel van d'Hendecourt begeleiden kunnen de belager weglokken en na een korte strijd schijnt zijn toestel geraakt te zijn en verdwijnt hij dan ook in de richting van Ieper.

De reeks overwinningen wordt op 3 juli ingezet door Thieffry met zijn Spad wanneer de 5° escadrille verkenningsvluchten dient te begeleiden over Brugge en Gent. Boven vijandelijk gebied geraakt hij in conflict met een tegenstander en in enkele minuten tijd haalt Thieffry twee Albatrossen neer boven Diksmuide. Koning Albert gaat persoonlijk naar het vliegveld van De Moeren om Thieffry met deze overwinningen te feliciteren.

Teneinde de toestand langs de frontlijn beter te kunnen inschatten neemt koning Albert op 6 juli plaats in een nieuwe Sopwith achter de piloot, onderluitenant Jacques de Meeus en maakt met hem een vlucht over de zwaar geteisterde steden Nieuwpoort en Ieper. Uit veiligheidsoverwegingen escorteren merdere jachttoestellen het vliegtuig met de koning aan boord.

De Duitsers zijn de laatste dagen zeer actief geworden. Zij voeren steeds meer patrouilles uit langs het IJzerfront. In groepen van drie tot negen toestellen trekken ze over de linies en meermaals dringen zij door tot ver boven het nog vrije Belgisch grondgebied. Ook verschijnen er steeds meer waarnemingsballons in de lucht. Twee nieuwe luchtballons maken hun verschijning aan het front; beide tussen Leffinge en Zevekote. Hierdoor zijn er nu acht Duitse waarnemingsballons welke regelmatig opstijgen tussen de kuststrook en het bos van Houthulst. Zodra onze jagers het echter aandurven deze te naderen treedt het Duitse afweergeschut in werking of komen hun snelle jagers afgestormd.

De strijd in de lucht is sedert aanvang juli zeer intens geworden. Langs Belgische zijde worden de eerste week van juli gemiddeld 120 vluchten per dag uitgevoerd. Het maximum wordt bereikt op 7 juli met 170 vluchten. De toename van deze activiteiten is het gevolg van de toename van het aantal Duitse vluchten langs de Vlaamse frontlinie. De laatste dagen werden door de verkenners nieuwe Duitse vliegvelden ontdekt te Aartrijke, Varsenare, Wijnendale en Snellegem.

[127] Een nota van het Groot Hoofdkwartier van 1 juli 1917 meldt dat volgende escadrilles ter beschikking van de verschillende legerdivisies ter beschikking dienen gesteld:
1° legerdivisie: de 2° escadrille (De Moeren) met 12 toestellen
2° legerdivisie: de 3° escadrille (De Moeren) met 12 toestellen
3° legerdivisie: de 6° escadrille (Houtem) met 9 toestellen
6° legerdivisie: C74 escadrille (Houtem) met 12 toestellen
De waarnemingsballons worden als volgt ter beschikking gesteld van de divisies in de 1° linie:
Ballon 1 (Oeren: Kruis-Abele): 1°, 2°, 3° en 6° divisie
Ballon 2 (Fortem): 1°, 2°, 3° en 6° divisie
Ballon 3 (Zandekenmolen): 1° en 3° divisie
Ballon 4 (Lo: Zavelhoek): 2° en 6° divisie

Koningin Elisabeth in gesprek met kolonel Smeyers en kapitein Medaets

Op 7 juli, en dit bij volle dag, voeren de Duitsers met hun Gotha's een aanval op Londen uit, ditmaal met 22 toestellen. Maar deze maal wordt er minder schade berokkend. De Britse opinie reageert verontwaardigd en er worden daarom ernstige inspanningen geleverd om de organisatie van de verdediging op punt te stellen. Hierdoor beginnen de Gotha's van het England Geschwader steeds meer verliezen te lijden en worden ze herhaaldelijk teruggeslagen op hun aanvliegroutes naar Londen boven België en Frankrijk.

Op 8 juli kunnen C.Kervyn de Lettenhove en zijn waarnemer de Meeus een Duits toestel neerhalen. Terwijl de derde slag om Ieper in alle hevigheid verder woedt trachten de vliegeniers zo goed mogelijk de toestand vanuit de lucht te volgen. De activiteiten van de tegenstander achter de eerste linies worden zo nauwkeurig mogelijk in de gaten gehouden. De bewegingen langs de spoorlijnen Oostende-Torhout en Kortemark-Woumen worden voortdurend gevolgd, en de activiteiten rond de kampementen worden doorgeseind. Tevens worden de bewegingen en de eventuele uitbreidingen van de Duitse vliegvelden van uur tot uur opgevolgd[128]. Om de verkenningsvliegtuigen te beschermen wordt een beurtstelsel ingevoerd tussen de 1° en 5° escadrille waarbij opeenvolgend jachtopdrachten worden afgewisseld met het beveiligen van verkenningstoestellen.

Tijdens een patrouillevlucht langs het IJzerfront in de avond van 10 juli maakt Demeulemeester jacht op een Duitse Albatros. Tussen Ramskapelle en Nieuwpoort krijgt hij het toestel te pakken en na enkele schoten met de mitrailleur ziet hij hoe zijn tegenstander tussen de linies te pletter stort. Twee dagen later hebben Sterpin-Robin met motorpech af te rekenen en dienen ze in zweefvlucht te landen op het vliegveld van Koksijde maar kunnen na herstelling toch naar De Moeren terugkeren.

(128) De door de Belgische waarnemers geobserveerde vliegvelden zijn deze van Handzame, Aartrijke, Gistel, Rumbeke, Gits, Houthave, Sparappelhoek (tussen Aartrijke en Ichtegem) en Varsenare.

Om de coördinatie tussen de kabelballons en de vliegtuigen zo efficient mogelijk te kunnen organiseren installeert de leiding van de luchtvaart zich bij de 1° sectie ballonvaarders te Oeren.

Half juli hebben enkele mutaties plaats. Op 18 juli wordt kapitein Iserentant commandant van de 2° escadrille en kapitein Desmet commandant van de 6° escadrille. De volgende dag neemt kapitein-commandant Hedo het bevel van de militaire vliegschool in handen. Op 23 juli wordt kapitein Renard bevelhebber van het Centraal Park en de technische dienst en een dag later wordt kapitein-commandant Moulin overgeplaatst naar de Generale Staf van de luchtvaart.

17 Juli is opnieuw een dag van rouw. Terwijl Jacques de Meeus en Charles Kervyn de Lettenhove een nieuw toestel uitproberen ontmoeten zij twee Duitse jachttoestellen boven Diksmuide. Zij trekken onmiddellijk ten aanval maar de wind drijft hun toestel weg in de richting van Esen. Gebruik makend van een rustig ogenblik in de strijd trachten zij naar hun eigen linies terug te keren. Maar plots duiken de twee Duitse toestellen nu op hun Farman neer en nemen hen onder vuur. Het beschoten toestel duikt naar beneden en met de wielen naar omhoog gericht dwarrelt het naar beneden in de vijandelijke linies tot grote vreugde van de Duitse infanteristen.

Op 20 juli trekt Demeulemeester voor de zoveelste maal met zijn verouderde Nieuport op jacht langs de IJzerboorden. Het is hem opgevallen dat een Duits piloot de gewoonte heeft aangenomen om gans afgezonderd laag over de Belgische loopgraven te vliegen om met zijn mitrailleur de manschappen in hun posten te beschieten. Dit is niet naar de zin van Demeulemeester die vanop grotere hoogte op het Duitse toestel neerduikt. Hierop ontstaat een gevecht dat langere tijd aanhoudt. Uiteindelijk komt Demeulemeester toch zegevierend uit het gevecht wanneer zijn tegenstander in het overstroomd landschap te pletter stort. Dit tot grote opluchting van de manschappen in de loopgraven die nu voorgoed van hun dagelijkse belager verlost zijn. Tijdens dit gevecht loopt Demeulemeester zelf verwondingen op en dient hij in het hospitaal opgenomen te worden.

Om enige afweer tegen deze laagvliegende Duitse toestellen te kunnen bieden worden speciale maatregelen genomen. De zelfrijdende kanonnen die onder een kleine helling kunnen schieten worden vanaf 's morgens tot dicht achter de eerste linies gebracht. De lichte kanonnen zullen op een verhoog worden geplaatst waardoor de loop in de richting van de laagvliegende toestellen komt te liggen(129).

De dag nadien kent M.Medaets succes boven Boezinge wanneer hij een Duits toestel kan neerhalen dat nabij Pilkem neerstort. Op aandringen van het hoofdkwartier worden de verkenningsvluchten voor het observeren en het inschieten van de artillerie in de namiddag van 21 juli aanzienlijk opgevoerd. Het toestel van Ledure-Verelst wordt hierbij beschermd door vier jagers terwijl dit van Damelincourt-De

(129) Zie nota Nr 209:31 van 28 juli 1917 van generaal-majoor Ruquoy aan de aanvoerders van de diverse legerdivisies. De bestaande luchtdoelartillerie heeft immers het nadeel dat ze niet efficient is tegen laagvliegende vliegtuigen. Op het veelgebruikte Schneider-affuit kan slechts een minimale helling van 15 graden ingesteld worden en op het A.C.M.A.-affuit is dit slechts 35 graden.

Dat het leger altijd veel belang gehecht heeft aan het nut van duiven voor het overbrengen van informatie bewijst dit krantenartikel uit de "L'ECHO de la FRONTIERE" van 5 januari 1887.

> ―― Le pigeonnier militaire central sera installé au *Kruishof*, jolie propriété appartenant au génie militaire et située à proximité de la plaine des Manœuvres, c'est-à-dire au centre de la position d'Anvers. Cinq cents pigeons y seront entretenus. Déjà des marchés ont été conclus avec nos colombophiles pour l'achat de jeunes pigeons de 1887.
> L'inauguration du colombier central aura lieu au printemps. A ce propos on organisera, paraît-il, des fêtes militaires ainsi qu'un concours international de pigeons voyageurs pour lequel des subsides seront accordés tant par le gouvernement que par la ville. Les deux fédérations colombophiles d'Anvers seront probablement chargées de l'organisation de ce concours.
> Tous les pigeons voyageurs de la ville pourront être requis en temps de guerre.

(130) Verschenen in de Gazette van Kortrijk van 4 augustus 1917

Zaeytijdt wordt begeleid door twee toestellen. Om de resultaten van de observaties zo snel mogelijk naar het hoofdkwartier over te brengen wordt nu gebruik gemaakt van postduiven. Vanuit het toestel van Orta-De Burlet die de Duitse troepenbewegingen langs de spoorlijnen en de wegen opvolgen worden drie duiven losgelaten tussen een hoogte van 1.600 en 3.600 meter met een bericht aan hun poot bevestigd. Houba en Declercq trekken nog hoger op en lossen hun duiven tussen 4.000 en 4.500 meter. Deze duiven brengen hun berichten over naar het duivenhok te Wulvergem van waaruit deze aan het Hoofdkwartier worden bezorgd.

In een Verordnung van infanterie-generaal Sixt von Armin wordt melding gemaakt dat de geallieerden mandjes met postduiven uitwerpen opdat er vanachter de Duitse frontlinies informatie zou kunnen overgevlogen worden. Deze Verordnung verbiedt het openen, veranderen of wegnemen van deze mandjes. Bij eventuele vondst dient alles onaangeroerd ter plaatse gelaten te worden tot de aankomst van de militaire overheid[130].

De verkenningen verlopen niet steeds vlekkeloos want wanneer Gisseleire-Coomans in opdracht van de 3° legerdivisie de batterijen tussen Beerst en Schore fotografisch willen vastleggen moeten zij onverrichterzake terugkeren. De veer van het sluitsysteem op het fotoapparaat is gebroken zodat geen enkele opname geslaagd is.

Eind juli gaan nog enkele toestellen verloren. De Farman van Vilain XIIII-Van Sprang wordt op 27 juli boven Woumen door Duitse artillerie neergehaald en maken ze een noodlanding ten noordoosten van Woumen. Bij het uitvoeren van een landingsmaneuver verliest de luchtvaart de volgende dag nog twee Caudron G4-toestellen. Hierbij wordt kapitein Michaux zwaar gewond en wordt hij overgebracht naar het hospitaal van Beveren.

In het legerorder van 30 juli worden de escadrilles ter beschikking gesteld voor het uitvoeren van opdrachten voor de diverse legerdivisies. De 1° en 5° escadrille voeren zoals voorheen verder jachtopdrachten uit en bieden bescherming aan de verkenners. De 2° escadrille krijgt zijn opdrachten van de 6° legerdivisie, de 3° van de 2° legerdivisie en de 6° escadrille staat ter beschikking van de 1° legerdivisie. De gemengde C74 escadrille werkt zowel in opdracht van de 3° legerdivisie als voor het hoofdkwartier. Maar de volgende dagen is er nog geen sprake van het uitvoeren van opdrachten want zowel regen als mist verhinderen alle activiteiten in de lucht.

Vanaf augustus 1917 worden de stilaan verouderde Nieuport-toestellen vervangen door Hanriot D1 eenzitters met een krachtiger 120 pk motor. De laatste tijd zijn er enorme concentraties van vliegtuigen langs de Westvlaamse frontlijn op te merken. De piloten dienen uit te kijken om niet in botsing te komen met andere geallieerde toestellen. Vooral de vele Britse toestellen vullen nu het luchtruim rond Ieper en langs de Belgische kust.

Enkele pioniers van de Belgische luchtvaart: Lt Tyck, Olt. Dhanis, Olt Bronne, Lt Sarteel, Lt Lebon en Lt Nelis.

Uit veiligheidsoverwegingen wordt er vanaf 6 augustus steeds per twee toestellen op uit getrokken. In de namiddag vallen Demeulemeester en Kervijn samen drie Duitse jagers aan tussen Tervatebrug en Diksmuide. Twee ervan slaan op de vlucht. Het derde toestel schijnt geraakt want met een draaiende beweging daalt het door de mistbanken naar beneden. Een Duits toestel dat laag boven de linies vliegt en er zijn mitrailleur op de manschappen leeg vuurt wordt door grondgeschut getroffen en stort neer in het niemandsland ten zuiden van Beerst.

Als gevolg van het toenemende aantal toestellen kunnen de confrontaties dan ook niet uitblijven. Demeulemeester geraakt op 9 augustus zelfs driemaal in een duel verwikkeld. Reeds in de vroege morgen helpt hij mee wanneer een Franse Spad boven het Houthulstbos op een Duitse patrouille stoot. Nadat Demeulemeester enkele malen op de Duitser heeft gevuurd kan het Franse toestel zich terugtrekken. Daarna komt hij voor een tweede maal in contact met de vijand. Boven Woumen kan hij er een Duitse tweezitter op de vlucht drijven. Maar tijdens een derde confrontatie boven Esen dient hij nu zelf te wijken. Nadat hij geprobeerd heeft om in een duikvlucht een tweezitter aan te vallen krijgt hij nu op zijn beurt meerdere kogels door zijn toestel.

Even later is het de beurt aan Gordinne om de strijd te staken. Getroffen door de kogels van de Duitse grondartillerie is hij verplicht een noodlanding te maken op het strand van Nieuwpoort. Alhoewel de piloot ongehavend uit het avontuur komt is zijn toestel vernield. Ook het toestel van de Meeus-Coomans ondergaat hetzelfde lot. Daarnaast worden nog andere toestellen beschadigd. Een verbindingsstang van het toestel met als bemanning Beurier-Roland wordt in de morgen van 12 augustus door de artillerie stukgeschoten waardoor het een noodlanding dient te maken op het vliegveld van Koksijde.

Een te dicht vliegend toestel raakt het vliegtuig van Rieubon-Debury zodat ook zij dienen te landen. Nog een derde toestel valt dezelfde dag buiten dienst. Als gevolg van motorpech dienen ook Manceron-Toussaint in allerijl een noodlanding te maken bij het gehucht Zwaantje te Wulvergem. Het toestel komt met een harde klap tegen de grond terecht en loopt hierbij aanzienlijke schade op.

Intussen is Edmond Thieffry terug op het toneel verschenen. Na zijn onzachte landing op 14 juni is hij naar Londen vertrokken om uit te rusten van zijn vele opdrachten maar ook om te herstellen van zijn opgelopen verwondingen. De technische dienst heeft terzelfdertijd ook zijn Spad weer strijdwaardig gemaakt. Dit geeft algauw resultaat want nog steeds strijdhaftig trekt hij weer op zoek naar de tegenstander. Op 16 augustus is het zover. Hij stoot er op een groep Albatrossen welke de duikbotenhaven van Zeebrugge dienen te beschermen. Hij slaagt erin met een afleidingsmaneuver twee Duitse toestellen weg te lokken en één ervan te vernietigen, waardoor hij zijn aantal overwinningen op zeven brengt.

In de morgen van de volgende dag hebben Vertongen-Ochs met motorproblemen af te rekenen. Terwijl zij de resultaten van de artillerie willen controleren valt de motor van hun RE8 stil waardoor hun toestel een duikbeweging maakt en in het open veld te Steenkerke neerploft. Piloot Vertongen wordt hierbij licht gekwetst maar zijn waarnemer Ochs loopt zware verwondingen op en wordt naar het hospitaal L'Océan overgebracht. Het toestel zelf is zwaar beschadigd.

Op het vliegveld van Houtem loopt nog een tweede toestel averij op. Wanneer Burnies wil opstijgen valt plots een motor uit waardoor zijn Caudron G4 onbestuurbaar wordt. 's Anderendaags, 18 augustus, is het de beurt aan Verbessem om met tegenslag af te rekenen. Tijdens een begeleidingsvlucht valt boven Diksmuide de motor eensklaps stil. In een zweefvlucht keert hij naar de eigen linies terug maar in Oudekapelle nabij het gehucht Grognie slaat het toestel over de kop en loopt hierbij lichte beschadiging op.

Door het toenemend aantal vliegtuigen dat de laatste weken

het luchtruim vult is ook de intensiteit van de grondartillerie meegegroeid. Dit leidt onvermijdelijk tot vergissingen waarbij de piloten soms door hun eigen luchtdoelgeschut onder vuur worden genomen. Luitenant Orban wordt aldus op 20 augustus het slachtoffer van het geallieerd afweergeschut. Terwijl hij boven Boezinge achtervolgd wordt door een vijandelijk toestel opent de Franse luchtdoelartillerie het vuur op zijn vliegtuig. Tevens wordt hij achtervolgd door een Franse Spad van de escadrille N48 en gedwongen een landing te maken op het vliegveld van Bergues[131].

Adjudant de Chestret heeft minder geluk wanneer hij samen met Braun en Lambert een Duitse patrouille van vijf machines boven Beerst wil aanvallen. Zijn brandstoftank klapt open en de mitrailleur wordt door meerdere kogels geraakt.

Naar de avond toe kan onderluitenant Braun zijn eerste succes boeken. Enkele Belgische Sopwith toestellen voeren een duel uit met een viertal Duitse toestellen. Hierbij slaagt Braun erin één toestel naar beneden te halen. Het stort neer ten noorden van Diksmuide, dichtbij Vladslo. Een mitrailleurpost nabij de stukgeschoten brug van Diksmuide heeft met genoegen het spannend luchtduel gevolgd. Twee dagen later overvliegt d'Hendecourt de streek van Vladslo en kan het wrak van dit toestel, dat midden de watervlakte ligt, fotograferen.

Voor Manceron-Toussaint slaat het noodlot opnieuw toe. Zoals reeds enkele malen met hen is gebeurd kennen zij opnieuw motorpech. Tijdens de daaropvolgende noodlanding in de open vlakte van Oeren wordt hun toestel vernield.

22 augustus brengt zowel vreugde als verdriet in het Belgische kamp[132]. Edmond Thieffry boekt boven Beerst zijn achtste overwinning. Helaas vallen er ook verliezen te noteren. Om het front te kunnen tonen aan sergeant de Maelcamp d'Opstaele, die pas bij de 2° escadrille is aangekomen, wil Lucien Hallet samen met hem de IJzerstreek overvliegen. Maar nog maar pas zijn zij op het vliegveld van De Moeren gestart of hun vliegtuig stort in één klap naar beneden. Nadat het op de grond is te pletter geslagen vat het toestel onmiddellijk vuur. Uit de wrakstukken kunnen slechts twee verkoolde lijken gehaald worden.

De Duitse toestellen blijven zeer actief boven het Vlaamse front. Talrijke groepen van meerdere vliegtuigen overvliegen op grote hoogte de linies, richting Duinkerke en de Kanaalzone. Alles schijnt erop te wijzen dat zij opnieuw massaal de Britse hoofdstad willen aanvallen. Maar dit wordt een totale mislukking. Dank zij de tussenkomst van 137 Britse vliegtuigen kan een aanval van 19 Gotha's afgeslagen worden. Na deze fatale dag van 22 augustus zullen dan geen Duitse aanvallen bij dag meer plaats hebben.

Slechts vier dagen na zijn achtste overwinning kent Thieffry opnieuw succes. De laatste dagen is hij voortdurend in een of ander luchtduel verwikkeld en op 26 augustus kan hij er terug één in zijn

(131) De escadrille N48 maakt op dit ogenblik deel uit van de Groupe de Combat 11 onder Chef de Escadron Auguste Le Reverend. Deze groep bestaat uit de escadrilles N12, N31, N48 en N57 en opereert boven Vlaanderen in opdracht van het Franse 1° leger.

(132) De vorige dag is in de pilotenschool van Etampes leerling-piloot Jules Dupont tijdens een trainingsvlucht om het leven gekomen. Daar hij op dit ogenblik het militaire vliegbrevet nog niet heeft behaald en hierdoor niet in actieve dienst is komt zijn naam niet voor op de officiële lijst van de gesneuvelden.

voordeel beslechten. Tussen Nieuwpoort en Slijpe is een groep van vier Duitse toestellen op verkenning. Hij slaagt erin één hiervan te raken. Het toestel vat vuur en stort neer langs het kanaal van Plassendale. Door zijn negende vliegtuig neer te halen blijft hij op dit ogenblik de overwinningslijst aanvoeren met vier overwinningen meer dan Demeulemeester.

Een week later wordt hij nu zelf het slachtoffer. Zijn toestel wordt tijdens een luchtgevecht door meerdere kogels geraakt waardoor hij verplicht wordt in open veld een noodlanding te maken.

Maar de augustusmaand is toch niet zo slecht geweest. Er werden zes overwinningen geboekt waarvan de helft op de naam van Thieffry. Het aantal beschikbare toestellen is met meer dan de helft toegenomen zodat hierdoor de hegemonie van de Duitsers in het Vlaamse luchtruim is doorbroken. In een Duits verslag staat vermeld: "wanneer wij tien vliegtuigen de lucht insturen dan komen er van de andere kant driemaal zo veel op ons af."

DE STORM LUWT

Terwijl de strijd in de lucht over zijn hoogtepunt heen is, is dit helemaal niet het geval op de grond. Nadat op 15 augustus de vastgelopen derde slag om Ieper is hernomen worden aanvankelijk enkele successen geboekt. Het Belgisch leger is erin geslaagd de Drie Grachten tussen Noorschote en Merkem te heroveren terwijl de Britse troepen opnieuw Langemark bezetten. Maar meer naar het zuiden toe zijn geen blijvende successen geboekt. De Duitsers zetten daarom een tegenaanval op nabij de Frezenberg te Zonnebeke. Ondanks de steeds slechter wordende weersomstandigheden zal Haig vanaf 20 september zijn offensief hernemen. Zijn ambitieus plan zal echter herleid worden tot de inname van de hoogtelijn Geluveld-Zonnebeke. Voor het eerst zullen de Duitsers gebruik maken van hun beruchte Yperiet-granaten, welke de huid doen etteren, zelfs door de kleren heen.

In de lucht zijn vooral de Britten begin september zeer actief. Op 4 september bombarderen Britse eenheden het station van Roeselare. Ook de volgende dag gaat de belegering van deze stad verder. Een week later volgen luchtaanvallen op Wingene en Kortrijk.

September is ook gekenmerkt door het verlies van beroemde azen. In Frankrijk wordt gerouwd om de dood van Georges Guynemer die op mysterieuze wijze verdwijnt boven Poelkapelle. Zijn meeste successen heeft hij behaald met SPAD-vliegtuigen. Wanneer zijn eenheid, de SPA 13, op 12 juli 1917 het vliegveld van St.Pol als nieuwe basis heeft staan reeds 48 overwinningen op zijn naam. Tussen 27 juli en 20 augustus haalt hij nog 5 Duitse toestellen neer langs het Vlaamse front met zijn nieuwe SPAD-Canon. Maar op 11 september keert Guynemer niet meer terug van zijn vlucht boven Poelkapelle[133].

Ook de Duitsers verliezen met Werner Voss een ervaren piloot. Sedert 30 juli is hij benoemd tot Staffelführer van Jasta 10 als opvolger van Ernst Althaus. Zijn eenheid heeft vanaf dan haar basis te Marke bij Kortrijk. Sedert de overplaatsing naar Vlaanderen behaalt Voss 14 overwinningen, van een totaal van 48, in de streek tussen Boezinge en Roeselare. Maar op 23 september wordt hij op zijn beurt neergehaald door de Britse piloot luitenant Arthur Rhys Davids ten noorden van Frezenberg.

Naast Voss sneuvelt ook Oberleutnant Kurt Wolff van Jasta 29 op 25 september boven Moorslede. Op een totaal van 33 overwinningen had Wolff er reeds 27 behaald tussen 6 maart en 30 april! Onder de Duitse azen valt ook nog Hauptmann Otto Hartman (7 overwinningen) van Jasta 28. Op 3 september wordt hij neergehaald door een Britse Bristol Fighter ten noorden van Diksmuide. Zijn toestel stort in neer langs de Belgische kust. Zijn lichaam zal pas vier dagen later op het

(133) Wie het toestel van Guynemer neerschoot is nooit met volledige zekerheid kunnen bevestigd worden. Het meest waarschijnlijke schijnt Leutnant Kurt Wissemann van Jasta 3 de overwinnaar te zijn. Wissemann zelf wordt in een luchtgevecht boven Westrozebeke gedood op 28 september 1917. Rond hetzelfde uur waarop Guynemer is verdwenen behalen ook Leutnant Werner Voss van Jasta 10 en Leutnant Kurt Wusthoff van Jasta 4 een overwinning boven Langemark.

(134) Deze kleinere groepen worden Jagdgruppe (JGr) genoemd en staan onder het bevel van een der vroegere Jasta-aanvoerders. De Jagdgruppe zijn niet zo officieel als de Jagdgeschwader en zijn ook niet zo mobiel om naar een of andere offensieve plaats op te trekken.

strand aanspoelen. Hij werd overgebracht naar Duitsland om in Steinbach begraven te worden.

Nadat de bloedige aprilmaand is voorbijgegaan zijn de Duitsers op een meer defensieve manier gaan opereren. De nieuwe types vliegtuigen die ze intussen in de strijd hebben geworpen brengen geen uitgesproken wijzigingen in de situatie. De Pfalz DIII welke midden 1917 zijn verschijning doet blijkt niet beter te zijn dan deze van de opponent. De Fokker DrI driedekker welke in september verschijnt moet algauw uit de strijd teruggetrokken worden om wijzigingen aan te brengen.

Alhoewel de Duitsers nu niet meer over de technologische superioriteit beschikken belet het hen niet meer successen te boeken dan tijdens de verschrikkelijke aprilmaand. Vooral de bekwaamheid van de Duitse piloten bepaalt het blijvend succes.

Daartegenover plaatsen de geallieerden een steeds groeiende capaciteit aan vliegtuigen. Intussen stijgt ook de ervaring van de overgebleven piloten. Dit knaagt stilaan aan de kracht van de Duitse luchtmacht zodat deze steeds minder steun kan verlenen aan de grondtroepen welke op dit ogenblik zware strijd leveren rond Ieper. Daarom trachten de Duitsers nu op een nieuwe manier resultaten te halen. Er wordt nu regelmatig gevlogen in kleinere eenheden van twee of drie Jasta's[134].

September 1917 brengt wel relatieve successen mee voor de verdedigende houding van de Duitsers tijdens hun wekenlange gevechten

Een Duitse Rumpler uitgerust met een 260hp motor welke door adjudant M.Medaets op 11 september 1917 boven Oudekapelle werd neergehaald.

om Ieper, waar vooral strijd wordt geleverd met het Britse Royal Flying Corps en de Franse escadrilles. De ervaring van de Duitse piloten kan het verlies aan heerschappij voorlopig nog verdoezelen.

In september worden 14 nieuwe Sopwith toestellen geleverd aan de Belgische luchtvaart, hoofdzakelijk bestemd voor de 2° escadrille van kapitein Iserentant. Deze zeer wendbare toestellen moeten de piloten meer slagkracht geven want de verouderde Nieuports beginnen steeds meer slijtageverschijnselen te vertonen. Meer en meer toestellen hebben met motorpech af te rekenen. Jan Olieslagers is de eerste in de reeks. Op 21 september dienen twee toestellen als gevolg van dit euvel een noodlanding te maken. Lallemand-Cornelis kunnen zich te Kruis-Abele aan de grond zetten terwijl Gordinne dient uit te wijken naar het Franse dorpje Gijvelde om er te landen op het Britse vliegveld. 's Anderendaags is het de beurt aan Brabant-Van Geel om redding te zoeken in de open vlakte van Avekapelle.

Slechts M.Medaets slaagt erin tijdens de septembermaand (11 september) een overwinning te behalen boven Oudekapelle. Op een hoogte van 5.800 meter ziet hij plots een vijandelijk toestel opdagen. Hij gaat onmiddellijk in de aanval en slaagt erin dit te raken waardoor het neerstort bij Grognies.

Toch blijven de dagelijkse verkenningsvluchten op het programma wat onvermijdelijk aanleiding geeft tot talrijke nieuwe luchtduels waarbij vooral Kervyn, Dubois, Ciselet, Goethals, de Mevius en Demeulemeester actief zijn. Bij een van deze confrontaties krijgt Ciselet in de avond van 23 september een kogel in de bil waardoor hij enkele dagen buiten strijd wordt gesteld. Dezelfde dag bestoken vier toestellen geladen met elk drie bommen rond de middag de Duitse legerbarakken te Leke(135).

Er wordt opnieuw gestart met de recrutering van kandidaatpiloten. Om te kunnen aangeworven worden moet wel aan volgende voorwaarden voldaan: "goed aangeschreven zijn; ene goede geleerdheid bezitten en een geneeskundig certificaat kunnen tonen den normalen toestand van zijn zicht en het hart bestatigend."

Ook bij de luchtvaart, maar dit is nog meer uitgesproken bij de grondtroepen waar de nationale gevoelens onder de vorm van het Activisme en de Frontbeweging opwakkeren, dringt het probleem van de Vlaamse kwestie langzaam door. In het legerorder van 25 september wordt de kennis van de Vlaamse taal verplicht. "De oversten moeten zich verzekeren dat de oversten die onder hun gebied staan de Vlaamsche taal kennen. De woordentwisten betreffende de Vlaamsche zaak, en bijzonder deze aangaande de bestuurlijke scheiding, moeten verbannen zijn in militaire middens"(136). In een latere nota wordt verklaard dat de Minister van Oorlog heeft beslist dat aan geen enkele kandidatuur voor het bekomen van de graad van hulp-onderluitenant zal gevolg gegeven worden indien de kandidaat niet voldoende heeft bewezen de Vlaamse taal

(135) September schijnt volgens de legerverslagen niet zo druk te zijn want de commandant van de Militaire Luchtvaart meldt zelfs in zijn verslag dat men op zoek is naar een gestolen fiets! "Des recherches sont faites dans les unités a l'effet de retrouver un vélo BSA n° 22357 volé le 17 aout 1917 vers 13h30 sur la route de Wulverghem-Zwaantje. Ce vélo porte le marque PPC.I.D.C. peinte en blanc sur le tige inférieure du cadre"

(136) In nota N°1821 GQC III° Section wordt gevraagd "te laten weten of het juist is dat straffen,en zelfs beroving van graad,werden toegepast aan militairen die geweigerd hadden de boekjes en eenzelvigheidskaart te onderteken-nen,alleen in het Fransch opgesteld zijnde."

machtig te zijn[137]. De Vlaamse gevoelens komen echter bij de piloten niet zozeer tot uiting als bij de infanteristen.

De maand september sluit af met een nieuw verlies. In de namiddag van 30 september trekken adjudant Goossens en luitenant Paul Hanciau elk met een toestel op jacht naar vijandelijke doelen. Maar boven Diksmuide gekomen duiken een tiental Duitse vliegtuigen op. Goossens valt één van deze aan maar dit van Hanciau wordt zwaar geraakt en stort te pletter nabij Alveringem.

Oktober vangt eerder rustig aan. De hoeven langs de IJzer worden op taltijke negatieven vastgelegd door de Robiano en Verhaegen. Deze verkenningsvluchten worden begeleid door Olieslagers, Coppens en Goossens. De jagers houden de vijandelijke toestellen op veilige afstand. Medaets dient een Duits toestel aan te vallen tussen Ieper en Poperinge terwijl Goethals boven Oudekapelle jacht maakt op drie eenzitters welke zich algauw diep boven hun eigen linies terug trekken.

Een tweemotorig Caudron toestel van de Frans-Belgische C74 escadrille keert terug op het vliegveld van Hondschote (mei 1917).

De dagelijkse ontmoetingen met de vijand houden aan maar tot zware confrontaties komt het niet want de massaslagen langs de Ieperboog zijn uitgedeind. Tot half oktober zijn het vooral Kervyn, Demeulemeester en Orban die actief zijn in het uitlokken van gevechten met de tegenstander. Kort voor de middag van 16 oktober valt Thieffry op een hoogte van 6.300 meter een Duitse eenzitter aan welke deel uitmaakt van een groep van zes jagers. Hij slaagt erin het toestel weg te lokken uit de groep en het boven Merkem op 4.600 meter hoogte te raken. In het overstroomd gebied tussen Zarren en Esen stort het te pletter. Hierdoor brengt hij zijn aantal overwinningen op tien.

In de avond van 21 oktober zet M.Medaets de jacht in op een Duits toestel dat zich boven het Houthulstbos bevindt. Maar boven

(137) Zie "Note Nr 4842 du G.Q.G. III° Section du 14 décembre 1917".

Roeselare gekomen dient hij zijn achtervolging te staken daar hij in het bereik van het Duitse afweergeschut komt. Nabij Slijpe wordt Oray in het nauw gedreven wanneer hij een eenzitter aan het achtervolgen is. Vier Albatrossen jagen hem op de vlucht en zetten nu zelf de achtervolging in boven de Belgische linies. Met de hulp van Demeulemeester kan het ergste voorkomen worden.

De volgende dag voeren Lallemand-Cornelius een verkenningsvlucht uit om het inschieten van de grondartillerie te regelen. Maar hun opdracht is nog niet volledig afgewerkt wanneer zij aangevallen worden door drie tegenstanders. Boven Diksmuide slagen zij erin één toestel uit te schakelen dat neerstort bij de hoeve Deceuninck. Mouton-Collignon die ook boven Diksmuide circuleren zien hoe een ander Duits toestel in de Belgische linies neerstort, terwijl een derde zich naast de spoorlijn ten oosten van de stukgeschoten stad in de grond boort.

De laatste dagen zijn de Duitse jachtvliegtuigen druk in de weer om de Belgische observatietoestellen te belagen. Zij willen hen immers zoveel mogelijk hinderen bij het regelen van het inschieten der grondartillerie. Hiervan worden luitenant-waarnemer Henri Van Geel en 1° sergeant-piloot Eduard Herman van de 6° escadrille op 23 oktober het slachtoffer. Hun toestel wordt door een vijandelijk jachttoestel neergehaald. Het schiet hierbij in brand en valt neer in Oudekapelle. Daar het gevaar van opduikende Duitse jagers voor de toestellen welke fotografische verkenningen uitvoeren steeds groter wordt krijgt de 6° escadrille als steun enkele eenzits-jachttoestellen mee als bescherming. Hierdoor kunnen de verkenners meer steun verlenen aan de veldartillerie alhoewel een dichte bewolking en het uitvallen van enkele T.S.F toestellen bij de geschutsbatterijen de activiteiten belemmeren.

Aanvang november klaart de lucht op en verschijnen er opnieuw meer vliegtuigen boven de linies waardoor vooral Demeulemeester en Kervyn terug hun jagersinstinct laten werken. Vanaf het fort Knokke tot aan Nieuwpoort maken zij nu jacht op de Duitsers. In de morgen van 4 november kent Demeulemeester succes. Evenals Kervyn bemerkt hij tijdens een verkenningsvlucht over de Belgische sector vijf Duitse toestellen welke op jacht zijn naar vier Britse gevechtsvliegtuigen. Een der Duitsers wordt onmiddellijk aangevallen door Demeulemeester waarop het naar beneden duikt, gevolgd door Kervyn die wil nagaan of het toestel wel degelijk geraakt is. Hij ziet hoe het getroffen toestel brandend is neergestort ten noorden van Tervate.

Olieslagers kent minder succes. Bij het uitvoeren van een noodlanding als gevolg van motorpech slaat zijn toestel over de kop waardoor het onbruikbaar wordt. Hierbij wordt nog een tweede toestel beschadigd. Alhoewel de Duitse toestellen nog in grote aantallen opereren blijven de echte confrontaties nu uit. Veelal worden langs beide kanten achtervolgingen ingezet. Ook de Britse squadrons verschijnen nu dagelijks boven de Belgische linies en gaan de confrontatie aan met de tegenstander. Als basis maken de Britten vooral gebruik van de vliegvelden van Poperinge, Abele en Proven.

Wanneer de 5° escadrille op 20 november enkele toestellen uitstuurt op patrouille wordt dit van Robert Ciselet geraakt tijdens een gevecht boven Oudekapelle. Hijzelf is geraakt in het hoofd door een mitrailleurkogel. Zijn Nieuport stort daarop neer tussen Kaaskerke en Oudekapelle[138].

De Duitsers verliezen ook een van hun beste piloten. Op 29 november wordt Erwin Böhme in een duel met een toestel van het Britse 10° squadron gedood boven Zonnebeke. Vijf dagen eerder had hij de belangrijke onderscheiding "Pour Le Mérite" in ontvangst mogen nemen[139].

Intussen behalen talrijke kandidaat-piloten hun brevet van burgerlijk piloot. Onder de voornaamste citeren we Boel, Bastijn, Lagrange, Marchal, Labrique... De voedselschaarste laat zich ook bij de militaire luchtvaart gevoelen. Vanaf 26 november, en dit tot verder order, krijgen de troepen elke maandag een gerookte haring en vijf gram vet ter vervanging van 100 gram conservenvlees. Ook leerling-piloot Boel moet inleveren. Daar hij boven het wolkendek heeft gevlogen en zich meer dan twintig kilometer van het oefenplein heeft verwijderd, wat tegen het schoolreglement is, krijgt hij tien dagen politiearrest en twintig dagen geen supplementaire solde. Het is immers slechts de tweede maal dat hij alleen vliegt en hierdoor geraakte hij verdwaald en door het uitvoeren van een gedwongen landing werd zijn toestel beschadigd.

Alhoewel de winter in aantocht is en de strijd in de lucht nu stilaan afneemt kent de Belgische Militaire Luchtvaart nog vier dodelijke verliezen. In de pilotenschool te Etampes stort op 5 december het toestel van leerling J.Demeulemeester neer. Dezelfde dag verongelukt onderluitenant Pierre Braun Ter Meeren van de 5° escadrille[140]. Nadat hij boven Nieuwpoort zijn tweede overwinning heeft behaald stort zijn toestel in zee ter hoogte van De Panne. Zijn lijk werd enkele dagen later door een Franse torpedojager uit zee opgevist[141].

Twee dagen later wordt het vliegtuig van 1° sergeant-majoor Armand Verhoustraeten van de 1° escadrille tijdens een verkenningsvlucht boven Diksmuide door machinegeweervuur neergehaald. Op 19 december wordt 1° sergeant-majoor Carlo Verbessem, eveneens van de 1° escadrille, zwaar gewond door afweergeschut tijdens een patrouille boven de vijandelijke linies. Toch slaagt hij er nog in zijn toestel in de eigen linies te Wulveringem aan de grond te zetten. De piloot overleeft echter de klap niet.

Intussen heeft de 1° escadrille een nieuwe aanvoerder gekregen. Op eigen verzoek wordt kapitein Hiernaux op 12 december vervangen door kapitein Gallez. De Frans-Belgische escadrille C74 onder leiding van kapitein Collard en later onder kapitein Paillard welke eenentwintig maanden ter beschikking heeft gestaan van het Belgisch leger

(138) Naast Robert Ciselet zijn ook nog zijn broers Marcel, Maurice en Charles actief in het vliegwezen. Robert werd geboren in Antwerpen op 23 mei 1892 en studeert voor ingenieur aan de universitieit van Luik wanneer de oorlog uitbreekt. Op 24 juli 1917 komt hij als piloot aan het front.

(139) Hij werd door de Britten begraven in de Kerselaarhoek en na de oorlog overgebracht naar Hinter der Linden in Berlijn. Vijf broers Böhme waren piloot in de Eerste Wereldoorlog. Drie hiervan sneuvelden.

(140) Pierre Braun Ter Meeren had de bijnaam "Bambino" daar hij op een ouderdom van minder dan 17 jaar (geboren 6 oktober 1897) in augustus 1914 vrijwillig dienst heeft genomen.

(141) Zie "Ordres journaliers du Corps N°624" van 13 december 1917.

vervoegt vanaf 23 december opnieuw het Franse 36° legerkorps.

Naargelang het jaareinde sneller nadert nemen ook de activiteiten af. De laatste weken werden talrijke luchtoperaties uitgevoerd. Vele verkenningsvluchten zijn tot ver boven de vijandelijke linies doorgedrongen en de jagers kunnen nog steeds de tegenstander op veilige afstand houden.

Om de fotografische verkenningen nog optimaler te laten verlopen wordt eind december tussen de Britse, Franse en Belgische legerleiding overeengekomen elk een eigen sector boven het Vlaamse front aan te houden. De Belgische Militaire Luchtvaart zal de strook ten westen van de spoorlijn Oostende-Vijfwegen onder controle houden. Het Franse 36° CA neemt de kuststreek voor haar rekening en de westelijke strook van de spoorweg Torhout-Oostende. Het Britse RNAS bewaakt het oostelijk deel van de lijn Oostende-Torhout terwijl het 4° Britse leger het zuiden van de provincie blijft verkennen. Deze herschikking moet de geallieerde piloten in staat stellen de niet aflatende tegenstander voortaan achter zijn eigen linies te houden.

Luchtopname van het vliegveld van De Moeren. Dit vliegveld wordt voor het eerst in gebruik genomen door de 1° escadrille in december 1916. Het jaar nadien volgen de 2°, 3° en 5° escadrille. Wanneer in februari 1918 de jachtgroep Jacquet wordt gevormd zullen tot eind september de 9°,10° en 11° escadrille ook dit vliegveld als basis hebben.

1918: HET JAAR VAN DE WAARHEID

Het jaar 1918 opent met een geallieerde meerderheid in de lucht. De geallieerden houden zich aan hun tactische luchtoffensieven. De Duitse toestellen worden achter hun eigen linies gedrongen waardoor hun tegenstanders haast ongehinderd hun observatievluchten kunnen uitvoeren.

Wanneer de Eerste Wereldoorlog zijn laatste jaar aanvangt staan de strijdende naties omvangrijke eskaders gevechtsvliegtuigen ter beschikking. In Frankrijk werden de Nieuports steeds maar verbeterd en vooral de SPAD heeft zijn deugdelijkheid bewezen, ook bij de luchtmachten van de bevriende naties. Ook de Brittten produceerden tot nu toe machines die een unieke plaats in de luchtvaartgeschiedenis zullen bekleden zoals de Sopwith Pup en Camel en vooral de SE5a, het beste vliegtuig dat door Englands Royal Aircraft Factory wordt vervaardigd. Maar vooral de Pup, alhoewel klein van afmetingen, is een reus in de luchtgevechten door zijn uitzonderlijk gevoelige en snel reagerende besturingapparatuur.

Koning Albert keert terug na een verkenningsvlucht boven de Belgische frontlinie.

Duitsland wil uiteraard niet toestaan dat de geallieerden de controle over het westelijk front gaan verwerven. Hierdoor ontstaat er een wedloop in het ontwerpen en bouwen van militaire gevechtsvliegtuigen die tevens moeten geschikt zijn als patrouilletoestellen. Hiermee hoopt Duitsland dat dit in hun voordeel zal uitvallen. Wanneer in januari 1918 de nieuwe prototypes tegen elkaar worden afgewogen komt de door Rheinhold Platz, de chef-ingenieur bij Fokker, geconstrueerde Fokker DVII als winnaar uit de bus.

Na de dood van Manfred von Richthofen wordt de Fokkerdriedekker vervangen door het nieuwe ontwerp van Anthony Fokker, de Fokker DVII tweedekker, wellicht de beste machine welke door de Duitse luchtmacht tijdens de Eerste Wereldoorlog werd gevlogen. Dit nieuw type toestel blijkt zo soepel en zo snel en het reageert zo direct dat de Duitse luchtmacht een zodanig groot order plaatst dat Fokker verplicht wordt de DVII in licentie te laten bouwen door de Albatros Werke. In de herfst zijn bijna alle Jasta's met DVII's uitgerust[142].

In het voorjaar van 1918 demonstreert de Fokker DVII overduidelijk zijn superieure capaciteiten. Opnieuw worden de geallieerden geconfronteerd met het feit dat de Duitsers erin zijn geslaagd hun beste gevechtsvliegtuigen de loef af te steken. Maar gelukkig voor hen komt de introductie van dit nieuwe toestel te laat.

Vooral tegenover het Britse front worden het meeste vliegtuigen ingezet. In maart 1918 opereren bijna 1.700 Duitse toestellen terwijl er nog geen 400 tegenover de Fransen actief zijn. In Vlaanderen kan de Belgische Militaire Luchtvaart een negentigtal toestellen inzetten.

Januari 1918 betekent voor de Duitsers een periode waarin vooral de voorbereiding van de voorjaarsslagen wordt uitgekiend. Hierbij wordt vooral aandacht besteed aan de samenwerking tussen de luchtmacht en de grondtroepen. De Duitse legerleiding heeft immers beslist een aanval uit te voeren over de uitgebreide sector van Arras tot Amiens om een beslissing te kunnen opdringen in het voordeel van de Centrale Mogendheden, en dit vooraleer de frisse troepen uit Amerika kunnen ingeschakeld worden in het oorlogsgebeuren. De Kogenluft heeft in samenwerking met enkele stafofficieren van aan de frontlinie een plan uitgewerkt om met een mankracht van 24 divisies en met de steun van de Duitse luchtmacht voorgoed een einde te maken aan de strijd. Hierbij dient maximaal gebruik gemaakt te worden van de steun vanuit de lucht. De mensenslachting van in het najaar 1917 in Vlaanderen heeft immers aangetoond dat massale aanvallen ondenkbaar geworden zijn zonder bijkomende steun vanuit de lucht.

Om zich voor te bereiden op een nakende Amerikaanse aanval trachten de Duitsers nu met de moed der wanhoop hun luchtmacht uit te breiden door middel van hun "Amerikaprogramm". Dit plan voorziet op korte termijn een maandproduktie van 2.000 vliegtuigen. De produktie van de nodige brandstof dient verdubbeld te worden. Om de nieuwe toestellen te besturen dienen er 24.000 recruten gevonden te worden. Dit alles zou vanaf maart 1918 moeten in werking treden. Maar dit Amerikaprogramm mislukt als gevolg van de geallieerde zeeblokkade waardoor de aanvoer van de benodigde hoeveelheden grondstoffen verstoord wordt.

Het aantal Jastas wordt van 40 tot 80 opgevoerd. De Schutzstaffeln welke in het najaar van 1916 werden opgericht krijgen nu de naam "Schlachtstaffeln" en krijgen als bijkomende opdracht steun te

(142) De Fokker DVII maakt ook bij de geallieerden grote indruk. Wanneer de wapenstilstand wordt ondertekend doen ze zelfs een artikel opnemen waardoor de Duitsers verplicht worden alle DVII's uit te leveren.

verlenen aan de infanterie en het uitvoeren van grondaanvallen. Hierbij zullen ze vooral gebruik maken van de Hannnover CL-types en de LVG's. In februari worden twee nieuwe Jagdgeschwadern gevormd[143].

Sedert december 1917 hebben de Duitsers moeten beroep doen op alle vliegend personeel om weerstand te kunnen bieden aan de vijandelijke zware artillerie en de bloedige infanterieaanvallen. Op het einde van het jaar kunnen zij het verlies aan luchtoverwicht gedeeltelijk herstellen met hun Bombengeschwader waarmee ze de veldbatterijen en vliegvelden met reuzenbommen bestoken. Het zwaartepunt ligt voortaan bij de bommenwerpers: eerst de Gotha's en later de enorme Zeppelin Staaken RVI. Dit viermotorig reuzenvliegtuig kan tot 2.000 kg bommen meevoeren[144]. Alhoewel het slechts een snelheid van 130 km per uur haalt bieden de vier beweegbare Parabellum-mitrailleurs voldoende bescherming tegen de geallieerde jachtvliegtuigen.

Tijdens hun voorjaarsoffensief zullen de Duitsers op grote schaal gebruik maken van tweezitters ter ondersteuning van de grondtroepen. Hierbij zullen de vliegeniers onder andere veelvuldig brisantgranaten gebruiken welke ze aan de buitenkant van hun toestel ophangen om ze met de hand op de vijandelijke infanteristen naar beneden te gooien. Maar vanaf januari 1918 worden meerdere vliegeenheden van boven het westelijk front teruggetrokken om de grote lenteoffensieven voor te bereiden. Als nooit tevoren zullen de Duitsers nu beroep doen op hun vliegers. De Duitse grondtroepen worden bij hun massale bajonetaanvallen bijgestaan door talrijke Albatrossen en Fokkers welke laag over de stellingen scheren en de tegenstander met kogelregens besproeien. Maar daar de Jagdgeschwadern steeds meer gebrek krijgen aan materieel en mankracht en ze daarbij hun bases voortdurend achteruit moeten verleggen zullen hun aanvallen echter langzaam doodbloeden.

In juni beschikken de Fransen over 3.857, de Britten over 2.630, de Amerikanen over 180 en de Belgen over 127 bruikbare toestellen. Daartegenover kunnen de Duitsers in dezelfde periode slechts 2.551 piloten aan de strijd laten deelnemen. Het ogenblik van de kentering is nakend...

(143) JGII onder bevel van Hauptmann Adolf von Tutscheck van Jasta 12 bestaat uit Jastas 12, 13,15 en 19. JGIII onder Oberleutnant Bruno Loerzer van Jasta 26 bevat Jasta 2, 26, 27 en 36. Dit laatste opereert vooral in de streek rond Ieper.

(144) Op 28 januari 1918 zal tijdens een nachtelijke aanval op Londen een Riesenflugzeug 1.100 kg bommen meevoeren waaronder twee van 300 kg. Een ervan explodeert in een kelder welke als schuilplaats werd gebruikt. Het resultaat is 38 doden en 85 gewonden.

Wachten op succes

In het begin van het nieuwe oorlogsjaar zijn vooral de Britten actief in de lucht. Op nieuwjaarsdag bestoken zij Gullegem en twee dagen later volgt een raid op Menen. Regelmatig zien de Belgische verkenners dan ook hoe een Brits toestel een Duitse machine naar beneden haalt. Vooral rond het bos van Houthulst komen er meerdere toestellen brandend naar beneden.

In de nacht van 19 op 20 januari wordt na het werpen van bijna 500 kg bommen op Duinkerke een Friedrichshafen GIII tijdens de terugvlucht getroffen door een obus. Het wordt verplicht in Bulskamp een noodlanding te maken. De vier bemanningsleden worden gevangen genomen.

Het grondpersoneel van het vliegveld van Houtem inspecteert de wrakstukken van een neergeschoten Duits vliegtuig

Alhoewel de Belgische piloten op verkenning trekken zodra het gure winterweer het toelaat vallen voorlopig geen merkwaardige voorvallen te noteren. Slechts twee toestellen kennen aanzienlijke pech. Bonnevie-'t Serclaes geraken op 22 januari met hun toestel vast in een kabel bij het uitvoeren van een landingsmaneuver op het vliegveld van Koksijde wanneer zij een nieuwe lading bommen willen ophalen. Hierbij breken de schroef en een verbindingsstang af. Twee dagen nadien wordt de olieleiding van het toestel van Simonet-Poppe in volle vlucht doorgeschoten. Hierdoor zijn ze gedwongen een noodlanding te maken op het kruispunt van de weg Ieper-Veurne en Wulveringem-Oeren.

Ondertussen maken vooral Theiffry, De Mevius, Demeulemeester en Kervyn regelmatig jacht op Duitse toestellen maar voorlopig zonder enig succes. Op 1 februari verliest de luchtvaart een van zijn beste piloten. Het toestel van René Vertongen is in de dichte mist verdwaald geraakt en stort neer langs de Franse kust te Oye[145].

Zaterdagnamiddad 4 februari. Een Duits vliegtuig is getroffen door Belgisch afweergeschut. Met een sputterende motor duikt het naar beneden en slaat in Alveringem een diepe put in de grond. De twee bemanningsleden zijn op slag gedood en worden begraven op het kerkhof van Alveringem.

Voor Mouton-Depage loopt het beter af. In de namiddag van 17 februari wordt de motor van hun toestel geraakt door een openspattende schrapnel. Hierop volgt een duikvlucht en het vliegtuig raakt met een harde klap de grond nabij Koksijde. Alhoewel beide bemanningsleden ongehavend uit het avontuur komen is hun toestel onherstelbaar verloren.

Intussen zijn de Farman toestellen in onbruik geraakt voor operationele doeleinden en heeft Fernand Jacquet overgeschakeld op een SPAD S11 welke is uitgerust met een krachtige 220hp Hispano-Suiza motor. Luitenant Marcel de Crombrugghe vervangt voortaan luitenant Robin als observator.

Langzaamaan komt een nieuwe ster aan het pilotenfirmament te voorschijn; deze van de jonge piloot Willy Coppens[146]. Hij heeft echter tot juli 1916 moeten wachten tot hij over voldoende vlieguren beschikte om zijn eindtesten te kunnen afleggen[147]. Uiteindelijk wordt hij toegewezen aan de 6° escadrille welke op dat ogenblik gestationeerd is nabij het Belgisch hoofdkwartier te Houtem, dicht bij de frontlinie, en enkel beschikt over de trage BE 2c toestellen en Farmans. Coppens is niet erg ingesteld met zijn opdrachten gedurende de eerste maanden, waarin hij meestal verkenningsvluchten uitvoert in opdracht van het hoofdkwartier of barakkenkampen bombardeert nabij Zarren. Deze liggen dan nog binnen het schietbereik van de Belgische artillerie zodat de kans op een luchtgevecht met een tegenstander miniem is wat niet strookt met zijn eigen avontuurlijke aanleg. Op 1 mei geraakt hij betrokken in zijn eerste luchtgevecht boven het Houthulstbos wanneer hij door vier Duitse jagers wordt aangevallen. Hij slaagt erin ongewapend te ontsnappen waarna hij zijn toestel, met tweeëndertig kogelgaten erin te Houtem terug aan de grond kan plaatsen.

Zijn droom is dan ook om voortaan zelf de tegenstander neer te halen. Hij is dan ook verbitterd wanneer hij eraan denkt dat hij voor de rest van de oorlog slechts verkennigsvluchten zal mogen uitvoeren. Maar op 15 juli 1917 wordt hij overgeplaatst naar de 1° gevechtsescadrille op het vliegveld van De Moeren waar hij voortaan onder

(145) René Vertongen was eerst proefpiloot en daarna chef-piloot in 1912 bij de firma Bollekens. Begin 1913 wordt hij moniteur voor de militaire leerling-piloten. Daarna wordt hij vrijwilliger tijdens de Eerste Wereldoorlog en proefpiloot voor alle vliegtuigen.

(146) Willy Coppens is als zoon van een kunstschilder geboren in Watermaal-Bosvoorde op 6 juli 1892. Hij blijft aan de Belgische Luchtmacht verbonden tot op 10 mei 1940 wanneer de Duitsers voor de twee maal België binnenvallen en trekt dan naar Zwitserland. Hij overlijdt op 94 jarige leeftijd.

(147) Zoals talrijke andere Belgische piloten heeft Coppens op eigen kosten een opleiding tot burgerpiloot gevolgd. Pas daarna kan het brevet van militair piloot behaald worden.

de leiding van Fernand Jacquet en samen met Olieslagers en Demeulemeester de vijand kan belagen.

Op 21 juli 1917 levert hij zijn eerste gevecht maar zonder resultaat. Wanneer zijn nieuwe escadrille wordt uitgerust met een Hanriot HD1 toestel wensen zowel Olieslagers als Demeulemeester niet met dit toestel te vliegen. Aldus krijgt Coppens deze Hanriot toevertrouwd. Hij vindt het een goed maneuvreerbare machine welke daarbij de piloot een goede zichtbaarheid geeft.

Tijdens de wintermaanden vliegt Coppens meestal aan de zijde van het kanariegeel toestel van Demeulemeester, maar een overwinning blijft uit. Maar Coppens wil meer. Hij wil zo snel mogelijk zijn eerste succes behalen. Om zijn zelfzekerheid te demonstreren kiest hij op 18 februari het luchtruim om diep in het vijandelijk gebied door te dringen. Hij overvliegt Brussel en geeft er een vliegdemonstratie aan de inwoners van de door de Duitsers bezette hoofdstad.

Nadat op het einde van 1917 de 1° escadrille versterkt is geworden met enkele Sopwith Camels wordt zij op 20 februari omgedoopt in de 9° jachtescadrille en komt onder de leiding van commandant Walter Gallez. Wanneer Demeulemeester op 21 februari tussen Tervate en Diksmuide een tegenstander neerhaalt brengt hij zijn aantal overwinningen op zeven.

Een neergeschoten Duitse Gotha heeft een koplanding gemaakt in het overstroomde IJzergebied.

Tijdens de wintermaanden is de vliegactiviteit zeer beperkt gebleven en biedt voor een andere Belgische aas Edmond Thieffry welke reeds tien overwinningen telt weinig kans om zijn lijst aan te vullen met een nieuwe score. Op 23 februari biedt zich een nieuwe kans aan wanneer zowel Demeulemeester als Kervyn en Thieffry opstijgen om vijandelijke toestellen te onderscheppen. Wanneer ze op een hoogte van

(148) Edmond Thieffry zal tijdens een tropische storm in Afrika om het leven komen op 10 april 1929.

1.500m tot juist onder het wolkendek zijn gestegen bemerken ze twee vijandelijke toestellen. Thieffry neemt met zijn toestel hoogte en verdwijnt in het wolkendek. Enkele minuten later ziet Demeulemeester hem vanuit de wolken naar beneden duiken op jacht naar een der Duitse gevechtstoestellen. Maar Demeulemeester ziet hoe rook uit de motor van Thieffry's toestel komt en dat hij door een tegenstander op de hielen wordt gezeten. Hij tracht deze aan te vallen maar de tegenstander slaagt erin te ontsnappen. Thieffry wordt nu zelf op zijn beurt door het andere Duitse toestel belaagd en wordt verplicht een noodlanding te maken te Woumen bij Diksmuide, nadat hij tijdens het uitvoeren van zijn duikvlucht er nog in slaagde de brandende brandstoftanks van zijn Spad naar beneden te gooien. Na de landing wordt hij door de Duitsers gevangen genomen. Wekenlang hoort men niets meer over Thieffry en veronderstelde men dat hij gesneuveld was[148]. Tijdens de landing is hij immers gekwetst geraakt en als krijgsgevangene overgebracht naar het hospitaal van Stettin. Maar na enkele weken komt er op het vliegveld van

```
Mission catholique suisse
en faveur des prisonniers de
guerre.- FRIBOURG.-              Fribourg,le 18 mars 1918

          La Mission Catholique suisse a l'honneur

  de vous transmettre le renseignement suivant qu'elle a

obtenu d'Allemagne,sur


                    MILITAIRE RECHERCHE:

Aviateur belge abattu



                       RENSEIGNEMENT:

Nous apprenons par la "Gazette des Ardennes" du 10 mars 1918,

que l'Aviateur belge THIEFFRY a été abattu le 23 février près

de Dixmude(Belgique)-Légères lésions internes.-

                            ----

Prière de rappeler dans
la réponse le n°106159.-
```

Door de Katholieke Missie in het Zwitserse Fribourg wordt aan de Belgische legerleiding een bericht overgemaakt waarin wordt gemeld dat Edmond Thieffry werd neergeschoten maar de klap heeft overleefd.

De Moeren een aan kapitein Jacquet gerichte brief toe welke is ondertekend door Thieffry. Gedurende zijn gevangenschap zal hij meerdere ontsnappingspogingen ondernemen maar hij wordt steeds opnieuw gevat.

Vanaf februari 1918 worden de diverse eenheden nog meer gespecialiseerd en volgt een grote wijziging in de gevechtsorganisaties. De Militaire Luchtvaart wordt nogmaals gereorganiseerd. Hierin krijgen naast de jachtescadrilles de andere spealiteiten zoals waarneming en verkenning een ruimere plaats toegewezen. Er wordt een nieuwe gevechtseenheid van drie escadrilles gevormd. Op aandringen van koning Albert wordt Fernand Jacquet aangeduid als de aanvoerder van de nieuwe "Groupe de Chasse". Naar de bevelhebber wordt ze dan ook de "Groupe Jacquet" genoemd. Deze bestaat uit de 9° escadrille (de vroegere 1°), de 10° (de vroegere 5°) en de nieuw opgerichte 10° escadrille. Alle drie hebben ze hun basis in De Moeren. De 1° verkenningsgroep met de 1° park-escadrille ligt te Koksijde terwijl de 2° en 3° escadrille samen met de groep Jacquet ook in De Moeren hun basis hebben. De 2° verkenningsgroep met de 4°, 6° en 8° escadrille liggen aanvankelijk te Houtem maar zullen later overgeplaatst worden naar Hondschote. De vliegschool is sedert 1 januari verhuisd van Etampes naar Juvisy. De escadrille watervliegtuigen behoudt haar basis te Calais. De rest van de vroegere 5° escadrille wordt heringericht en heeft haar basis in Bray Dunes. Zij blijft ter beschikking van de 6° legerdivisie welke vooral actief is nabij Sint Joris en maakt meestal verkenningen langs de kust tot aan Oostende. Hierbij worden speciaal de posities van de Duitse batterijen welke in de duinen verscholen staan in het oog gehouden.

Met deze nieuwe organisatie wordt tot doel gesteld het luchtoverwicht te verzekeren vooraleer de grote grondoffensieven een aanvang zullen nemen. Tijdens de offensieven dient het veldleger via de lucht bevoorraad te worden, zowel met voedsel als met lichtere munitie. Maar vooral de verkenningen moeten van zeer nabij de artillerie helpen bij het vuren. Eenmaal de reorganisatie doorgevoerd bestaat het vliegwezen uit een jachtgroep en twee verkenningsgroepen[149]. Niet alleen de Belgen maar ook de Fransen en de Britten volgen deze manier van oorlogvoeren. Bij hun offensief in Tannenberg maken zelfs de Duitsers gebruik van deze tactiek.

Om de manschappen aan te moedigen brengt koningin Elisabeth op 4 maart een bezoek aan de 6° escadrille te Houtem. Ook koning Albert brengt enkele korte bezoeken aan de stellingen want deze komen weer onder vuur te staan. Het vredesverdrag van Brest-Litovsk gesloten tussen de Centrale Mogendheden en Rusland laat nu de Duitsers toe een groot aantal divisies naar het westelijk front over te brengen.

De vijandelijke strijdkrachten zullen trouwens weldra onder één opperbevelhebber, maarschalk Paul von Hindenburg, en met 192 divisies opnieuw het initiatief nemen op dit front. In totaal beschikken de

[149] Voor de samenstelling van de Militaire Luchtvaart in maart 1918 zie bijlage XIV.

geallieerden over 175 divisies van vijf verschillende nationaliteiten welke echter voorlopig nog niet onder één bevelhebber geplaatst zijn.

In maart ondernemen de Duitsers enkele felle aanvallen tegen het Belgische front. Deze vangen aan op 6 maart te Reigersvliet en weldra zullen ook de andere sectoren in de branding staan.

Ondertussen gaat Willy Coppens nog steeds op jacht naar zijn eerste succes. Om zijn landgenoten in het bezette gebied wat op te monteren trekt hij op 10 maart in de namiddag boven de Duitse linies tot Gent waar hij strooibrieven naar beneden gooit. Dit is echter niet naar de zin van commandant Jacquet: *"J'ai l'honneur d'informer le Commandant de l'Aviation Belge que le 10 mars l'adjudant Coppens est allé sans aucun ordre reçu, jeter des proclamations sur la ville de Gand. J'ai virement reproché à l'adjudant Coppens cet acte indiscipliné et l'ai prévenu qu'en cas de récidive je demanderais qu'il soit rayé de l'Aviation de Chasse"*(150).

Tijdens een observatievlucht, terwijl de piloot Stampe met zijn waarnemer René Gilles op een hoogte van 900 meter foto's aan het nemen zijn, wordt de motor van hun toestel geraakt door mitrailleurkogels. Niettegenstaande een stilgevallen motor kan Stampe toch nog zijn toestel in zweefvlucht achter de Belgische linies aan de grond zetten.

De nieuwe organisatie werpt algauw haar vruchten af. In de morgen van 11 maart valt adjudant Dubois een vijandelijk vliegtuig aan dat de Belgische linies overvliegt en schiet het neer boven Sint Joris. Dezelfde dag verliest de luchtvaart L.Artan de Saint Martin in de pilotenschool te Juvisy. Samen met twee Britse toestellen bekampt Demeulemeester boven Diksmuide drie Duitse tweezitters. Met genoegen ziet hij hoe een Britse Camel een toestel raakt en het in volle vlucht uiteenspat.

Terwijl hij op 17 maart een vlucht van vijf toestellen leidt boven het bos van Houthulst slaagt Demeulemeester erin te naderen tot op twintig meter van de staart van een alleenvliegende Albatros waarop hij het vuur opent. De piloot wordt haast ogenblikkelijk gedood want het toestel maakt een spinbeweging en duikt naar beneden. De waarnemer wordt uit zijn cockpit geslingerd en het wrak stort neer bij Diksmuide(151).

Daags nadien kan ook 2° luitenant Van Cotthem een Rumpler naar beneden halen. Het toestel wordt verplicht een noodlanding te maken achter de Belgische linies. De twee bemanningsleden worden gevangen genomen. Daartegenover wordt het toestel van Pirmez-Becquet door afweergeschut neergehaald. Alhoewel het toestel vernield is blijft de bemanning ongedeerd.

De 2° escadrille neemt deel aan de slag om Reigersvliet en de verovering van Diksmuide. Alle toestellen worden voor het eerst voorzien van een insigne, een omrande meeuw(152). Coppens, nog steeds jagend op succes, biedt zich aan om een Duitse ballon te Bovekerke aan

(150) Zie geschreven nota's over "Groupe de chasse du Cdt Jacquet 1 mars au 20 novembre 1918" in CHD te Evere.

(151) Het toestel valt neer bij de hoeve Gallée. De overwinning wordt zowel door Coppens als Kervyn bevestigd.

(152) Naast het insigne van de escadrille voegt elke bemanningsploeg nog haar eigen kentekens toe op de romp van hun vliegtuig.

te vallen alhoewel hij weet dat erom heen een sterk afweergeschut is opgesteld. Onder de bescherming van enkele andere jagers stijgt hij hoog ten hemel op. Daarop duikt hij in snelle vaart op de ballon toe waarop het afweergeschut in werking treedt en als een hel losbarst. Hij probeert het voor een tweede keer maar als hij denkt dicht genoeg genaderd te zijn en het vuur opent heeft zijn mitrailleur niet genoeg kracht om de ballon te doen vuur vatten. Hierop halen de Duitsers de ballon naar beneden. Dit voorval overtuigt Coppens dat indien hij over de juiste munitie had kunnen beschikken de aanval succesvol zou geweest zijn.

Een vernield toestel wordt vanachter de linies teruggebracht naar zijn basis voor het uitvoeren van de nodige herstellingen of voor het recupereren van de broodnodige wisselstukken.

Op 21 maart neemt het Duitse aanvalsplan een aanvang met de grootste artilleriebeschieting uit de Eerste Wereldoorlog. Meer dan 6.600 stukken geschut en 3.500 mijnenwerpers openen het vuur tussen Cambrai en St.Quentin. Vier dagen later kunnen de Duitsers reeds de Somme dwarsen en op 9 april verschuift hun aanval nu in noordelijke richting naar Armentières toe. Het eerste doel is de Kasselberg. De volgende dag rukt het 4° leger onder von Armin op naar de Kemmelberg. De bedoeling is duidelijk: daar men er niet is in geslaagd door te stoten langs de zee via Zeebrugge en Oostende tracht men nu aan de zuidelijke flank een wig te drijven naar Duinkerke.

Om voldoende steun te kunnen geven aan de grondtroepen tracht de Duitse legerleiding zoveel mogelijk vliegtuigen op korte afstand van de gevechtslinies te concentreren. Hiertoe wordt vooral gebruik gemaakt van de bestaande of nieuw aangelegde vliegvelden te Vlissegem, Gontrode, Oostakker en Mariakerke bij Gent.

De laatste dagen komen steeds meer Britse toestellen jacht maken boven de Belgische linies en langs de kuststreek. Hierbij wordt meermaals hulp geboden door Belgische piloten die dan ook dikwijls getuige zijn hoe een der Camels of Pups erin slaagt een Duits toestel naar beneden te halen.

Een van deze deelnemers is adjudant Gordinne wanneer hij op 20 maart met vier Britten meehelpt om vier Duitse toestellen aan te vallen en één ervan kan uitgeschakeld worden en het naar beneden stort achter de Belgische linies. De grondartillerie slaagt erin ten westen van Diksmuide een Pfalz IIIa van het Marinekorps naar beneden te halen.

Vanaf 29 maart geldt er een nieuwe indeling voor de waarnemingstoestellen van de verkenningsescadrilles[153]. De 2° escadrille (kpt. Iserentant) verkent voortaan de streek van Nieuwpoort met als verantwoordelijken de luitenanten Verhaegen en Colin. De zone Ramskapelle-Pervijze is van nu af aan het werkterrein van de 3° escadrille (cdt. Dhanis). Luitenanten Depage en Montgenast zorgen er voor de fotografische leiding. Als chef van de fotografische dienst fungeert luitenant Desmet op het vliegveld van De Moeren. Vanaf Diksmuide tot Nieuwkapelle observeert de 6° escadrille (kpt. Desmet) met als officieren voor de fotografie de luitenanten Gilles en Roland. Het meest zuidelijke deel van het Belgische front tussen Nieuwkapelle en Boezinge komt op rekening van de 4° escadrille (kpt. Richard) met de luitenanten du Roy de Blicquy en Piron voor de fotografie. Luitenant Charles Coomans is verantwoordelijk voor de fotografische afdeling van de 4° en 6° escadrille welke zich bevindt te Houtem[154].

De voorjaarsstormen brengen ook schade toe bij de ballonvaart. In de omgeving van Westvleteren rukt op 31 maart een hevige wind de kabels door van de luchtballon. Het grondpersoneel is niet in staat de ballon met koorden aan de grond te houden waardoor hij langzaam opstijgt en verdwijnt boven de Duitse linies.

Bij de Britse luchtvaart grijpt er een grondige reorganisatie plaats. Op 1 april wordt het Royal Flying Corps en de Royal Naval Air Service samengebracht in de Royal Air Force onder het bevel van generaal-majoor Hugh Trenchard. Hierdoor wordt een oplossing gevonden voor de problemen welke de onenigheid tussen beide eenheden meebrachten.

Intussen beschikt de Belgische luchtvaart over steeds meer toestellen. Ten opzichte van een jaar geleden is het aantal beschikbare machines nu verdubbeld. Maar van de 95 toestellen moet het overgrote gedeelte de eerste dagen van april als gevolg van de dichte mist aan de grond gehouden worden. Enkel de verkenningstoestellen blijven actief zodra het wolkendek enigszins opentrekt.

De beschermingsvluchten worden voortaan door de 6° escadrille zelf uitgevoerd. Om de eenheid strijdvaardiger te maken worden enkele nieuwe toestellen toegeleverd van het type Nieuport en Sopwith Camel. Teneinde het personeel op aantal te kunnen houden worden nieuwe piloten gerecruteerd uit de verschillende legerkorpsen. Om de jachtopdrachten nog efficienter te laten verlopen wordt een nieuwe aanvalstactiek toegepast. Er wordt minstens in groepen van drie toestellen geopereerd en een aanval gebeurt door twee vliegtuigen

(153) Note d'Etat Major (Manglinse) 1° section N° 87/23 van 28 maart 1918.

(154) Hij volgt de ontslagen d'Hendecourt op. "Roger d'Hendecourt ayant été mis à la porte de l'Aviation pour avoir tenu des propos qui ne plaisaient pas à notre Commandement, j'ai reçu la direction du Service Photographique d'Houtem". (Uit Carnet de Campagne de Charles Coomans)

terzelfdertijd. Het derde blijft als reserve op korte afstand vliegen. Het blijkt algauw een doeltreffende manier te zijn want hierdoor beschikt men over dubbele vuurkracht tijdens de aanval en men maakt het de vijandelijke boordschutter moeilijker om zich te verweren. Dit kan echter wel tot problemen leiden bij het toekennen van een luchtoverwinning. Dit mag echter geen beletsel zijn om het in groep aanvallen te vermijden.

    Op 11 april probeert Coppens het opnieuw om een ballon neer te halen. Ditmaal beschikt hij over enkele brandbommen. Zonder enige begeleidende bescherming duikt hij op de ballon neer maar deze weigert vuur te vatten.

    Nog dezelfde dag valt Armentères in Duitse handen. Hierop neemt de Britse bevelvoerder Haig een der meest pijnlijke beslissingen uit zijn loopbaan. Hij beveelt zijn troepen zich terug te trekken om zo het uiterste punt van het Ieperse front achteruit te schuiven. Poelkapelle, Passendale en Zonnebeke waarvoor in het najaar van 1917 zoveel mankracht werd opgeofferd wordt nu zonder slag of stoot aan de tegenstander overgelaten. Op 16 april is de terugtrekking beeindigd.

    De volgende dag openen de Duitsers het vuur in de richting van Bikschote en Merkem om nadien Ieper in de flank aan te vallen[155].

(155) Het Duitse plan om het Britse leger rondom Ieper te omsingelen krijgt de naam "Tannenberg" in analogie met de slag om Tannenberg waarbij de Russische legers op 28 augustus 1914 in de pan werden gehakt.

Het Sopwith toestel van luitenant Burlet heeft een onzachte landing gemaakt op 7 april 1917.

Terwijl de strijd in alle hevigheid losbarst en de 3° legerdivisie onder druk van de 1° Duitse Landwehrdivisie komt te liggen komt rond 13 u bij de legerleiding een bericht binnen dat een Duitse gevangen genomen soldaat heeft medegedeeld dat een volgende aanval gepland is om 17 u[156]. Hierop worden de 4° en 6° escadrille te Houtem onmiddellijk in gereedheid gebracht. Onder druilerige regen en een laag wolkendek vertrekken zeven toestellen van de 6° en acht van de 4° escadrille onder begeleiding van Charles Coomans en de Roest d'Alkemade richting Merkem.

Eenmaal ze de Duitse infanteristen gelocaliseerd hebben tussen Bikschote en het bos van Houthulst kunnen zij nu voldoende luchtsteun geven om samen met de 10° infanteriedivisie de Duitse 31° Landwehrbrigade te bestoken. Vanaf minder dan 100 meter hoogte worden de infanteristen onder mitrailleurvuur genomen. Driemaal worden de infanteristen overvlogen. Het toestel van Coomans vliegt zelfs zo laag dat als gevolg van een openspattende obus de modder het windscherm van het toestel verbrijzelt. De schroef is lichtjes gebogen en op de vleugels hebben zich kladden modder vastgezet. Zelfs aan de helm van de bemanningsleden kleeft modder!

Hierop verspreiden de Duitse troepen zich of trekken terug richting Houthulst. Deze actie stelt de 9° divisie in staat om het gehucht Kippe opnieuw in Belgische handen te nemen. Nog dezelfde avond is de strijd om Merkem afgelopen. Dankzij de snelle tussenkomst van de 4° en 6° escadrille en hun luchtsteun is de Duitse aanval tot staan gebracht[157].

Een obus raakt op 17 april de waarnemingsballon Nr 4 waardoor hij in brand schiet. Hierbij worden zeven personen gekwetst waarvan drie zwaar. Twee zullen nadien overlijden in het hospitaal van Beveren[158]. In de pilotenschool van Juvisy verliest L.Artan de Saint Martin op 24 april het leven tijdens het uitvoeren van een oefenvlucht.

25 april is een succesvolle dag voor de Belgische luchtvaart. Boven Booitshoeke kunnen Kervyn-De Mevius een Duitse eenzitter in brand schieten. Hij stort neer nabij de hoeve Groot Westhof. Wanneer Coppens samen met zijn bevelvoerende officier Gallez op patrouille is in gezelschap van het toestel van Jacquet ontwaart hij een grote groep Duitse vliegtuigen welke in formatie onder hen door vliegen. Nadat ze zich verzekerd hebben dat er geen Duitse toestellen boven hen circuleren duikt Coppens naar beneden in een opening zodat hij in een gunstige positie komt. Wanneer een der Duitse toestellen zich van zijn eenheid begint te verwijderen acht Coppens zijn ogenblik gekomen. Wanneer hij het toestel voldoende is genaderd opent hij het vuur, waarop het een slingerbeweging maakt en te Sint Joris te pletter stort. Het geduld en het doorzettingsvermogen van Coppens is eindelijk beloond geworden.

(156) Kapitein Berge, de verbindingsofficier, krijgt dit bericht doorgestuurd van de E.M. der 3° legerdivisie.(Histoire de la 6° escadrille, Gen. Desmet)

(157) Deze actie bezorgt de 4° en 6° escadrille een speciale vermelding in het legerorder van luitenant-generaal Jacques van de 3° divisie.

(158) Luchtschipper Gustave Dewulf uit St.Denijs Westrem (stamnr 3294) overlijdt er dezelfde dag en zijn collega Henri Wenthein uit Roksem (stamnr 1948) sterft de volgende dag.(Het Militair hospitaal 1914-18 Beveren-IJzer,D.Deschrijver)

Heroische meidagen

Nadat de Duitsers er zijn in geslaagd hun schaarbeweging rond Ieper verder uit te breiden en ze de Rode en Scherpenberg massaal belegerden neemt de vrees voor een aanval langs de noordkant terecht toe. Daarom neemt het Groot Hoofdkwartier de nodige voorzorgsmaatregelen. Indien het Belgische front ten zuiden van de IJzer mocht aangevallen worden dient de helft van de 2° escadrille de 4° en 6° escadrille bij te staan om de nodige steun te verlenen aan de legerdivisies ter hoogte van Merkem en Boezinge. De 5° escadrille dient in dat geval de hiaten tussen Nieuwpoort en Pervijze op te vullen[159].

Gelukkig voor de noordflank bloedt het Duitse lenteoffensief doodt. Dit betekent echter niet dat de activiteiten in de lucht gaan afnemen. In de laatste maanden van de oorlog gaat het vliegtuig de rol spelen die het vele jaren daarna nog zal vervullen. In de zomer van het laatste oorlogsjaar zijn er meer dan 8.000 operationele militaire vliegtuigen langs het westelijk front. In de vele aanvallen en tegenaanvallen worden nog grote luchtslagen geleverd. Tientallen geallieerde en Duitse toestellen cirkelen met snelheden van meer dan 200 kilometer per uur op hoogten van 6.000 meter door het luchtruim. Alhoewel de grondoffensieven veelal mislukt zijn nemen nu de bombardementen in hevigheid toe. Wat een paar jaar geleden niemand voor mogelijk had gehouden is nu bijna dagelijkse kost geworden.

De inwoners van de dorpen achter de frontlinie volgen met bewonderende blikken de dagelijkse duels tussen de luchtridders. Minutenlang zien zij toe hoe er soms in omvangrijke groepen geduelleerd wordt om de tegenstander naar beneden te halen. Wanneer uiteindelijk een toestel de grond wordt ingeboord stijgt langs een der beide kanten gejuich op want de vliegeniers zijn voor de gewone mens de helden van de oorlog.

Op 3 mei behoort Jan Olieslagers ook tot deze helden want dan behaalt hij er zijn vijfde overwinning en treedt aldus toe tot de groep der azen. Samen met vier anderen bevindt hij zich op 4.500 m hoogte boven Nieuwpoort wanneer hij boven zich tussen Westende en Nieuwpoort een eind boven de zee een Duits toestel ontwaart. Hij stuurt zijn machine onmiddellijk achter de Fokker aan. Dit geeft de indruk om aan te vallen en duikt naar de Belgische linies toe waarop het door de verschillende toestellen wordt belaagd. Op zijn beurt gaat Olieslagers nu in de aanval en richt zijn toestel naar de tegenstander. Na de derde poging krijgt hij zijn belager onder schot. Het toestel schijnt bij de eerste schoten reeds geraakt te zijn. Met een molenwiekende beweging draait het naar beneden en stort het in zee te pletter tussen Westende en Middelkerke[160].

(159) Zie nota van generaal Manglinse van 3 maart 1918.

(160) Op het ogenblik van dit gevecht is Olieslagers vergezeld van de toestellen van Ony, Gerard, Jamar en Kervyn de Merendree.

Reeds in de voormiddag heeft Demeulemeester zijn 9° succes geboekt wanneer hij samen met De Mevius en Kervyn de Lettenhove op patrouille trekt. Boven Schoorbakke bemerken ze een Pfalz DIII. Zowel Demeulemeester als Kervyn zetten de aanval in en beschieten het toestel van dichtbij waarop het nabij Schoorbakke te pletter stort.

Intussen is Coppens in het bezit gekomen van twintig Franse brandbommen. Dit is volgens hem het enige afdoende middel om de Duitse observatieballonnen te vernietigen. Maar daar zijn voorraad munitie beperkt is besluit hij maximaal slechts vier bommen te gebruiken bij het aanvallen van een ballon. Deze zal hij slechts afschieten op het ogenblik dat hij voldoende dicht van zijn doel genaderd is.

Zijn kans komt er in de morgen van 8 mei. Om 7.10 u bemerkt hij tijdens een patrouillevlucht boven Zarren een ballon en besluit hem dan ook aan te vallen. Van laag boven de grond duikt hij op om aldus het afweergeschut te verschalken, dit terwijl Gallez en Dubois twee Duitse toestellen welke de ballons bewaken trachten weg te lokken. Vanop zeer korte afstand begint hij te vuren en ramt hierbij de ballon bijna in de flank. De observator in de mand grijpt haastig naar zijn parachute. Slechts met moeite kan Coppens de ballon ontwijken en wanneer hij omkijkt ziet hij deze in vlammen opgaan. Verrukt over zijn succes maakt hij nog enkele zwenkingen omheen de brandende ballon terwijl de kogels van het grondgeschut om hem heen fluiten. Tijdens zijn terugvlucht geraakt hij nog onverwachts verwikkeld in een gevecht met een Duitse jager.

Een tweemotorig Caudron toestel van de Frans-Belgische escadrille C74 is gereed om op te stijgen. De piloot en de waarnemer bevinden zich reeds in hun cocpit.

Nog maar pas is Coppens in Houtem geland of er komt een telefoonoproep van de grondtroepen om ook de Duitse ballon boven Houthulst aan te vallen. Om 9.35 u vertrekt hij opnieuw, nu richting

Een defect toestel wordt in Oostvleteren vervoerd naar zijn basis om hersteld te worden

Houthulstbos waar drie patrouillerende toestellen hem op afstand trachten te houden. Ook hier duikt hij onverwachts op en vuurt vanop korte afstand op de ballon welke zich op 1.000 m hoogte bevindt. Terstond vat deze vuur en slechts op het allerlaatste ogenblik redt de waarnemer zich met zijn valscherm.

Terwijl Coppens succes kent in het bestoken van ballons achtervolgt adjudant Siraut een tweezitter. Boven Hoogstade gekomen slaagt hij erin hem te raken waarna het neerstort op het gehucht Eikhoek.

De strijd op de grond schijnt zich nu volledig naar de lucht verplaatst te hebben. Steeds talrijker verschijnen de toestellen nu aan het firmament. Het worden drukke tijden voor de jagers. Van in de vroege morgen trekken ze er reeds op uit. Demeulemeester en De Mevius zien hoe op 9 mei een vijandelijk toestel boven fort Knokke tracht het geallieerd gebied binnen te dringen. Hierop zetten ze de achtervolging in en boven het noordfranse Hondeghem kunnen ze het bijhalen en het vuur openen. Hierbij schijnt de waarnemer geraakt te zijn want hij valt in zijn cockpit neer terwijl zijn mitrailleur naar boven wijst. Hierop duikt het toestel, een rookpluim achterlatend, in de richting van zijn eigen linies. Maar het afweergeschut belet de aanvallers het toestel verder te achtervolgen.

De 2° escadrille van Iserentant verliest op 9 mei een van haar piloten wanneer sergeant Fritz Pringiers tijdens een oefenvlucht neerstort te Koksijde-Bad. Daags nadien maken Montgenast-Vlieckx een onzachte landing op het vliegveld van De Moeren. Montgenast wordt hierbij gewond en het toestel is onbruikbaar.

Op 11 mei moet sergeant Degrauw met zijn Nieuport de verkenningsvlucht van Stampe-Gilles beschermen. Maar zijn toestel geraakt verdwaald en keert niet meer naar zijn basis terug. Slechts maanden later zal vernomen worden dat Degrauw veilig in het bezet gebied is geland.

Drie dagen later worden de Belgische ballons hevig onder vuur genomen, vooral deze nabij Elverdinge is niet alleen het mikpunt van de artillerie maar ook van een eskader jagers. Een der zes toestellen wordt door een afweermitrailleur geraakt en moet landen tussen Woesten en Poperinge.

Als gevolg van het mooie lenteweer blijft de luchtactiviteit intensief. Op 15 mei worden maar liefst 79 Duitse toestellen gsignaleerd. Foto's die door Britse verkenners werden genomen op 8 mei wijzen erop dat de Duitsers op hun vliegveld nabij Rumbeke 11 nieuwe loodsen hebben opgetrokken.

De toename van het aantal Duitse vliegtuigen belet Coppens niet opnieuw een huzarenstuk uit te halen. Weerom trekt hij richting Houthulst waar een ballon het artillerievuur regelt. Eenmaal voldoende genaderd opent hij het vuur. Maar wanneer hij over de ballon heen wil vliegen wordt deze enkele meters naar omhoog gelaten. Hierdoor raken de wielen van het vliegtuig de ballon en ook de schroef wordt beschadigd. Door dit contact wordt de ballon gescheurd en zakt hij naar beneden.

De volgende week komen er nieuwe overwinningen bij. Demeulemeester boekt een zege op een tweezitter boven het Houthulstbos op 17 mei. Twee dagen later is het opnieuw de beurt aan Coppens. Voor de derde maal haalt hij te Houthulst een ballon neer terwijl Olieslagers boven de Blankaartvijver te Woumen er zijn laatste overwinning boekt[161].

Maar ondertussen heeft de luchtvaart ook af te rekenen met enkele tegenslagen. Terwijl Demeulemeester zijn succes boekte bestookt de Duitse tweedekker van Karl Fritz Schattauer de ballon N° 4 welke de zone rond Merkem bewaakt. De waarnemer kan zich met zijn valscherm redden.

De Nieuport van Marcel Ciselet welke bescherming biedt aan de SPAD van Stampe en Gilles wordt op 18 mei geraakt door de Duitse luchtdoelartillerie. Zijn toestel stort neer ten noorden van het Houthulstbos nabij de Pierkenshoek te Woumen. De volgende dag bevestigen de Duitsers de dood van de piloot.

De tegenslagen blijven zich opstapelen want de volgende dag stort de Sopwith van Victor Van Stappen (4° escadrille) neer op het vliegveld van Houtem. Ook de ballonvaart wordt opnieuw getroffen want zowel N° 3 als N° 6 worden in brand geschoten op 20 mei. Tenslotte ver-

[161] Om deze overwinningen te kunnen homologeren doet commandant Jacquet een oproep tot getuigen: "Il y a lieu de receuillir le témoignage des tranchées et si possible des 2 pilotes anglais afin de déterminer s'il y a lieu d'attribuer la victoire à nos deux pilotes".

liest de 3° escadrille sergeant René Vlieckx, welke nog maar een tiental dagen geleden aan de dood is ontsnapt, samen met luitenant William Cornesse. Bij het opstijgen op het vliegveld van De Moeren om het inschieten te helpen regelen maakt hun toestel een duikbeweging en stort te pletter. Beide mannen worden verkoold vanuit de brandende wrakstukken gehaald[162].

De laatste week van mei richten de Duitsers vooral hun aanvallen op de observatieballons. Bijzonder deze van de noordelijke sector worden geviseerd. Twee hiervan worden in brand geschoten door de Albatros DIII van Friedrich Ritter von Roth. Wanneer de waarnemer 1° sergeant Delzant wil uit de mand springen zodra zijn ballon vuur vat blijft hij aan de kabel haperen. Gelukkig kan hij zich nog tijdig losmaken en aan zijn valscherm naar beneden komen.

Als compensatie voor deze verliezen halen de Belgen ook twee Duitse ballons neer. Adjudant G.Medaets boekt boven Zarren zijn eerste overwinning terwijl 1° sergeant-majoor de Montigny deze van Leffinge in brand schiet.

Globaal gezien is de maand mei voor de Belgische vliegeniers de meest succesvolle geweest sinds het uitbreken van de oorlog. Er werden twaalf overwinningen geboekt waarvan de helft op waarnemingsballons. Alhoewel de luchtactiviteiten zeer intensief zijn geweest is er slechts één piloot neergehaald. De andere vijf verliezen zijn het gevolg van tegenslagen tijdens het uitvoeren van oefenvluchten of tijdens het opstijgen. De volgende maanden beloven spannend te worden....

(162) Al deze tegenslagen werken zo sterk op het gemoed van Charles Coomans dat hij besluit zijn ontslag aan te bieden. Dit wordt echter geweigerd.(Carnet de Campagne de Charles Coomans).

De motorresten van een stukgeschoten Gotha achter de Belgische linies.(juni 1918).

Ballonnenjacht

De vierde grote poging van de Duitsers om het Ieperse front te doorbreken is net als alle vorige mislukt. De frontlijn is grotendeels dezelfde gebleven zoals ze zich in oktober 1914 na de stagnatie van de bewegingsoorlog heeft vastgepind. Daar er hier voor de Duitsers geen doorkomen aan is zoekt Ludendorff nu om een opening te forceren in Frankrijk wat culmineert in de slagen aan de Aisne en de Marne.

Bij de luchtoverwinningen langs het Vlaamse front doet zich ook een verschuiving voor. De grote vliegtuigduels grijpen nu meestal plaats tussen Ieper en Armentières waar vooral de Britse azen heroïsche gevechten leveren. Edward Mannock van het 85° squadron beleeft zijn glorieperiode boven het Vlaamse front[163]. Vanaf mei tot eind juni boekt hij langsheen het Ieperse front 31 overwinningen. Ook Willam Bischop, die deel uitmaakt van hetzelfde squadron als Mannock, is actief in de streek van Ploegsteert en Armentières. In juni haalt hij er 17 Duitse toestellen neer. Langs Duitse zijde vallen vooral de successen van Theodor Osterkamp op wanneer hij als aanvoerder van MFJII, met als basis het vliegveld van Jabbeke, vooral langs de Vlaamse kust zijn successen behaald.

In het zuiden van de provincie krijgt hij als voornaamste medewerkers Josef Jacobs van Jasta 7 en Carl Degelow van Jasta 40. Teneinde nog beter aan de druk te kunnen weerstaan wordt op 23 juni 1918 de MFJIII opgericht welke gevormd wordt met piloten welke gerecruteerd worden uit de MFJI en MFJII[164].

Waar tot nu toe door de Belgische vliegeniers bijna uitsluitend vijandelijke vliegtuigen werden neergehaald zullen gedurende de volgende drie maanden van de 27 geboekte successen er zich 26 kabelballons bevinden. Uit deze lijst springt één naam naar voor, deze van Willy Coppens. Waar hij eind mei gecrediteerd staat met 5 overwinningen zullen er gedurende de drie volgende maanden maar liefst 22 bijkomen.

De Duitsers openen de ballonnenjacht op 4 juni door ballon Nr 2 meerdere malen te bestoken. De waarnemers Brison en Goris kunnen zich met hun valscherm redden. Als gevolg van de beschietingen zijn er dertien gaten in de ballon. Deze kunnen wel allemaal ter plaatse hersteld worden.

Daags nadat Didier Malherbe van de 4° escadrille te Houtem het leven laat tijdens een beschermingsopdracht zet Coppens op 5 juni zijn zegereeks verder. Voor de vierde maal vernietigt hij de ballon van Houthulst.

Een dag later nemen de Duitsers opnieuw het initiatief in handen. Tijdens de nacht van 5 op 6 juni vliegt er een stuk van een vlieg-

[163] Edward Mannock geboren in Preston Cavalry Barracks in Brighton op 24 mei 1887 sneuvelt op 26 juli 1918 wanneer zijn SE5 door Duitse mitrailleurs wordt neergehaald. Met zijn 73 overwinningen is hij de koploper bij de Britse piloten.

[164] De aanvoerder van MFJIII wordt Leutnant zur See Brockhoff. Deze Jasta heeft haar basis te Jabbeke.

tuigbom dwars doorheen ballon Nr 3 terwijl Nr 6 geraakt wordt door een schrapnelscherf. Beide ballonnen kunnen echter snel hersteld worden.

Maar in de namiddag loopt het met ballon Nr 2 minder goed af. Een voltreffer van een Duitse veldbatterij raakt de kabel welke de ballon met zijn windas verbindt. Deze snijdt de kabel door waardoor de ballon zich losrukt. De twee waarnemers, sergeant Depret en korporaal Ullens de Schooten, springen vanop een hoogte van 1.300 m naar beneden. Enkel Ullens de Schooten loopt hierbij lichte verwondingen op. De ballon drijft nu weg in westelijke richting en stijgt steeds hoger op.

Dank zij de ingreep van adjudant Ledure van de 2° escadrille kan een groot deel van het verloren materieel gerecuperereerd worden. Zodra Ledure het voorval verneemt stijgt hij op vanaf het vliegveld van De Moeren. Op een hoogte van 5.200 m komt hij met zijn toestel naast de wegdrijvende ballon. Door gaten in de ballon te schieten veliest deze langzaamaan hoogte waardoor hij in het noorden van Frankrijk tussen Bollezele en Arneke landt. Daarop tracht Ledure zijn toestel zo dicht mogelijk van de gestrande ballon aan de grond te zetten. Daarna haalt hij de boordinstrumenten uit de mand en brengt deze naar het hoofdkwartier van de Britse 120° infanteriebrigade. Hierna keert hij naar zijn basis in De Moeren terug. De volgende dag wordt de ballon

Een Duits toestel dat door een Belgisch piloot tijdens een luchtgevecht werd neergeschoten is brandend neergestort in een korenveld nabij Houtem. (juni 1918).

naar Calais overgebracht voor inspectie en kan reeds enkele dagen later terug in dienst genomen worden[165].

De volgende nacht wordt ballon Nr 1 langdurig bestookt. Hierbij vallen twee zwaar en één lichtgekwetste te betreuren. Na een paar rustiger dagen slaat Coppens opnieuw tweemaal toe. In de morgen van 9 juni slaagt hij erin de ballon te Zonnebeke in brand te schieten. Alhoewel gedurende de daaropvolgende nacht een dik wolkendek de verkenningen moeilijk maakt trekken ze er toch vroeg op uit. Nog voor 6 u neemt Coppens de start. Na een mislukte aanval op de ballon van Houthulst vliegt hij verder richting Armentières. Boven Ploegsteert gekomen kan hij opnieuw een ballon naar beneden halen. Deze successen van Coppens zijn het gevolg van een gewaagde aanvalstactiek waarop hij de Duitse

Verdeling van de escadrilles over de legerdivisies				
Toegewezen sector	esc.	fotografische dienst	aantal toestellen + TSF	vr.fotogr.
div. Nieuwpoort	5	Bray-Dunes	9	2
div. Ramskapelle-Nieuwpoort	2a	De Moeren	5	2
div. Diksmuide-Nieuwkapelle	3	De Moeren	9	2
div. Merkem	6	Houtem	9	2
div. Boezinge	4	Houtem	9	2
spec. legergroep	2b	De Moeren	4	-
Gr. Hoofdkwartier	7	Houtem	4(+fotogr)	

"Drachen" bliksemsnel nadert om ze dan vanaf korte afstand te bestoken.

Het bewolkte weer blijft aanhouden waarbij de vliegactiviteiten enkele dagen beperkt blijven. Als gevolg van het dichte wolkendek geraakt de Chestret verdwaald tijdens een jachtopdracht op 12 juni en keert niet meer naar zijn basis terug.

Op 19 juni voert het Groot Hoofdkwartier een herschikking der escadrilles door voor wat betreft het toewijzen aan de verschillende legerdivisies[166]. Hierbij zullen de 3°, 4° en 6° escadrille in een zone binnen de vijf kilometer van de eerste linies opereren. De overige escadrilles zullen voortaan telkens buiten deze zones hun verken-

(165) Volgens nota 4614/E.5 is slechts een verrekijker uit de mand verdwenen. Deze werd waarschijnlijk gestolen vooraleer Ledure zijn toestel kon aan de grond zetten.

(166) Note Grand Quartier Général de l'Armée Belge. 1° et 2° sections N°170/19 van 19 juni 1918.

ningsvluchten uitvoeren. De inlichtingen welke per T.S.F worden doorgegeven door de divisionaire escadrilles zullen voortaan door hun respectievelijke divisies verder worden doorgegeven aan het Groot Hoofdkwartier van de 2° sectie. Deze ingewonnen door de escadrilles 2b en 7 komen via de centrale T.S.F. post te Wulveringem, ofwel langs de commandopost van de speciale legergroep bij de geinteresseerde legerdivisies.

Intussen gaat de jacht op de Duitse ballons verder. Reeds om 6.45 u in de morgen van 24 juni haalt Coppens opnieuw een ballon neer, deze maal tussen Waasten en Ploegsteert. Nog maar pas is deze in brand geschoten of Coppens wordt nu op zijn beurt aangevallen door een Duitse tweezitter. Maar na een kort gevecht gaat Coppens nu in de tegenaanval en kan hij het Hannovertoestel in de motor raken waardoor het ontploft en het te pletter stort in de bossen van Ploegsteert.

Opnieuw gaat een Belgische ballon verloren wanneer de kabels van Nr 6 worden stukgeschoten. Nadat de waarnemer zich in veiligheid heeft kunnen brengen neemt de ballon hoogte en drijft weg over de Duitse linies.

In talrijke geschriften heeft Coppens zijn misnoegdheid geuit over de onkunde van de bevelvoerders der Belgische Luchtvaart en de ondergewaardeerdheid van het vijfde wapen

Et les Belges me montrèrent leur ingratitude, leurs injustices, leur ignorance de l'Aviation, — ce qui les conduisit à la défaite sans gloire, immédiate de nos escadrilles en 1940.

Willy Coppens de Houthulst.

Daarenboven verliest de luchtvaart nog een vliegtuig op 28 juni. Adjudant Heyvaert die in een duel boven het Houthulstbos is verwikkeld geraakt moet als gevolg van een Duitse treffer terugkeren. Daar hij zijn basis niet meer kan bereiken voert hij een noodlanding uit langs de weg Ieper-Veurne. Zijn Sopwith Camel slaat over de kop en is hierbij onherstelbaar beschadigd. Voor Max Olieslagers van de 2° escadrille loopt het minder goed af. Hij stort neer met zijn Breguet en wordt hierbij zwaar gewond.

Voor Coppens is 30 juli een succesvolle dag. In de morgen trekt hij richting Kortewilde te Bavikhove en haalt er een ballon neer. Twee uur later bevindt hij zich boven het Ieperse front waar hij met een tijdsverschil van vijf minuten zowel een ballon te Geluveld als boven Passendale in brand schiet.

Tussen de overwinningen van Coppens door citeren we het succes van 1° sergeant Jamar op 10 juli die boven Leffinge een kabelballon in brand schiet, dit terwijl twee compagnies Duitse infanteristen aan het oefenen zijn op het strand tussen Mariakerke en Oostende. 's Anderendaags ontsnapt Demeulemeester op het nippertje aan de dood. Tijdens een patrouillevlucht geraakt hij in een duel verwikkeld tussen Langemark en Poelkapelle. Hierbij geraakt een motorsteun los en slaat door de metalen afscherming heen. Maar het rondvliegende stuk scheurt ook een deel zeildoek weg uit de bovenste vleugel. Hierdoor is Demeulemeester in allerhaast verplicht een noodlanding te maken bij de Fintele te Pollinkhove. Het toestel slaat over de kop waarbij het totaal vernield wordt. De piloot kan met een geschaafd gezicht en twee gebroken tanden uit de wrakstukken kruipen.

Na een korte onderbreking van twee weken zet Willy Coppens zijn zegereeks verder. In een week tijd haalt hij opeenvolgend een ballon neer te Moorslede, Bovekerke, aan de Ruiterhoek te Zarren en voor de vijfde maal te Houthulst. Met deze laatste ballon drijft hij zijn score op tot zeventien. Maar 22 juli brengt nog meer succes. In negen minuten tijd valt hij opeenvolgend de ballonnen aan van Geluveld, Wervik en Komen.

Alhoewel hij na zijn succes te Ploegsteert op 24 juni door de legerstaf werd aangemaand in het vervolg geen ballonnen in de Britse sector meer aan te vallen boekt hij er nu drie successen[167]. Reeds hier komt het opstandige karakter van Coppens tegenover zijn meerderen tot uiting. Dit zal na de oorlog nog meer geaccentueerd worden in zijn talrijke publicaties waarin hij vooral de onkunde van zijn oversten hekelt. Het is hem steeds blijven dwarszitten dat het leiderschap van het Vliegwezen in handen is geweest van personen die zelf nooit hebben gevlogen[168].

En vliegen dat is wat Coppens steeds wil, op jacht gaan naar de tegenstander. Nadat hij de volgende twee weken successen kent te Zarren en Beselare herhaalt hij op 10 augustus zijn exploot van 22 juli.

(167) Vermeld in document Nr 6726P/137 getekend door de bevelhebber van de Militaire Luchtvaart R.Van Crombrugge.

(168) In het artikel "Anecdoten uit ons Militair Vliegwezen verteld in de Luchtvaartafdeling van het Koninklijk Legermuseum te Brussel" vaart hij vooral uit tegen Emile Mathieu en Roland Van Crombrugge. Ook Charles Coomans meldt in zijn Carnet de Campagne:"Nous avons un bien triste commandement...La guerre est une chose honteuse. Elle consacre trop d'inégalités".

Commandant Hiernaux van de 11° escadrille aan boord van zijn Hanriot Dupont I.

Reeds tijdens het ochtendgloren schiet hij de ballons van Leffinge en Zarren in brand. Een uur later bevindt hij zich boven Waasten. Ten noorden van de stad haalt hij ook deze ballon, welke zich op een hoogte van 800 m bevindt, naar beneden.

Maar ondertussen heeft de 6° escadrille een jonge piloot verloren. Op 7 augustus laat Gaston Boel, die reeds eerder uit een Duits gevangenkamp was ontsnapt en intussen de Vliegschool heeft gevolgd, het leven wanneer zijn toestel in de omgeving van Houtem neerstort.

Op 11 augustus beleven adjudant Simonet en zijn waarnemer luitenant Piron van de 6° escadrille een hachelijk avontuur. Om 19.30 u trekken zij met hun RE8 op verkenning boven de sector Houthulst. Terwijl zij vanop lage hoogte een gemotoriseerde bevoorradingskolonne onder vuur nemen wordt hun eigen toestel geraakt. De brandstoftoevoer is doorboord zodat de motor alle verdere dienst weigert. Simonet zwenkt nu zijn toestel naar de eigen linies heen en daalt in zweefvlucht naar de Ieperlee toe. Wanneer hij het toestel wil aan de grond zetten hapert het echter aan de boomstronken waardoor het met een harde klap de hobbelige bodem raakt. Simonet kan het toestel met enkele bloeduitstortingen verlaten terwijl waarnemer Piron diepe snijwonden in het gelaat en de armen heeft opgelopen waardoor beiden voor korte tijd zijn uitgeschakeld.

Er moet gewacht worden tot 21 augustus wanneer adjudant Ledure een ballon te Staden kan in brand schieten. Daags nadien loopt de motor van zijn SPAD warm tijdens volle vlucht waardoor hij verplicht wordt een noodlanding te maken op het strand tussen De Panne en Nieuwpoort.

Drie dagen later is het opnieuw de beurt aan de bedrijvige Coppens. Rond 15 u kent hij tweemaal succes. Eerst vernietigt hij een ballon te Ploegsteert en enkele minuten later schiet hij deze tussen Mesen en Waasten in brand.

De finale slag aan de Somme neemt een aanvang op 28 augustus na het inzetten van een geallieerd offensief in Frankrijk op 8 augustus. Hierin spelen zowel de vliegtuigen als de tanks een vooraanstaande rol. De Sopwith Camel welke tot nu toe zijn deugdelijkheid heeft bewezen geraakt nu stilaan voorbijgestreefd door de Fokker DVII waarmee de meeste Jasta's nu zijn uitgerust. Ook de Duitsers brengen nog nieuwe types in de strijd. De Siemens DIV en de Pfalz DXII komen de Fokkers aanvullen. Om aan de Duitse druk te kunnen weerstaan en in afwachting dat de Britse industrie de Sopwith Snipe kan leveren gaan de piloten van de R.A.F. voortaan opereren in twee groepen welke op een verschillende hoogte gaan vliegen zodat de bovenste groep de mogelijke aanvallers in de gaten kan houden.

De laatste dag van augustus kent Ledure tegenslag. Boven Klerken wordt zijn Spad geraakt door Duits artillerievuur terwijl hij een ballon aanvalt. Als gevolg van een bruuske landing te Lampernisse is het toestel vernield en loopt adjudant Ledure hierbij verwondingen op.

Vanaf 1 september splitsen de Duitsers hun Seefrontstaffel nog verder uit door twee nieuwe Jasta's, de MFJIV en MFJV toe te voegen[169]. Deze nieuwe eenheden hebben als opdracht het bezette Belgisch gebied langs het Vlaamse front te verdedigen. Dit belet Coppens echter niet om opnieuw twee ballonnen naar beneden te halen, eerst in Ten Brielen en de volgende dag, 4 september, boven Werken. Hier is hij in gezelschap van Fernand Jacquet en wanneer deze ten zuidwesten van het Houthulstbos een ballon mist stijgt Coppens onmiddellijk de hoogte in. Wanneer hij bemerkt dat hij zich te hoog in de wolken bevindt duikt hij vertikaal naar beneden recht op de ballon toe. Hij vuurt slechts één maal maar dat is voldoende om de ballon in de vlammen te doen opgaan.

Terwijl kapitein Colignon van de 6° escadrille op 14 september boven Steenkerke vliegt maakt zijn toestel een rollende beweging op een hoogte van 1.000 meter en stort de Sopwith Camel daarna te pletter. Leon Colignon trad reeds op 15 september 1914 als officier-waarnemer toe bij het vliegwezen. Vanaf 10 october wordt hij overgeplaatst bij de Franse luchtvaart. Op 2 maart 1915 keert hij terug bij het Belgische Vliegwezen om op 24 december van hetzelfde jaar over te stappen naar de koloniale luchtvaart om er deel te nemen aan de campagne in Afrika. Op 1 april keert hij terug naar het Belgische front waar hij nu op een paar

(169) De bevelvoerder van MFJIV is Leutnant zur See Reinhold Poss en van MFJV Leutnant zur See Paul Achilles.

maand van de wapenstilstand het leven laat. Het geluk van de uiteindelijke overwinning heeft hij niet meer mogen smaken[170].

Vanaf half september voelen de piloten aan dat er iets "aan het roeren" is. Bevelen worden gegeven om zich ter beschikking te houden van de nieuwe autoriteiten. Nieuwe stafkaarten worden uitgedeeld en voorafgaandelijke instructies gegeven. Er wordt steeds meer en meer nieuw materieel aangevoerd. Tussen al deze drukte heen slaagt onderluitenant De Leener erin de ballon aan de Ruiterhoek te Zarren in brand te schieten. Langs Duitse zijde schijnt alles rustig te blijven. Geen enkele zware veldbatterij is in actie en tijdens de vele verkenningsvluchten tussen Diksmuide en Ieper valt er langs de wegen geen enkele troepenbeweging te bespeuren. Alle bewegingen langs het spoor schijnen zich nu richting Roeselare te orienteren.

Vanaf 25 september werkt de 6° escadrille te Houtem samen met de Franse escadrille SPAD 34 die haar basis heeft te Hondschote onder het bevel van commandant Desmet die instaat voor de leiding van het Vliegwezen in de Groepering Centrum van luitenant-generaal Jacques. Kapitein Rombeaux vervoegt de Generale Staf en wordt verbindingsofficier tussen de Groepering Centrum en de toegevoegde escadrilles.

Terwijl de voorbereidingen voor een Belgische aanval bijna beeindigd zijn kan adjudant Rondeau de ballon te Klerken neerhalen. Daarnaast kent Coppens tweemaal succes te Leffinge wat zijn totaal op 31 overwinningen brengt.

In de avond van 27 september komt een legerbericht door waarin wordt gemeld dat de volgende ochtend om 5.30 u een algemene aanval op de Duitse linies tussen Diksmuide en Ieper zal uitgevoerd worden. Kort voor het geplande aanvalsuur stijgen drie toestellen van de 6° escadrille met een interval van enkele minuten op. Niettegenstaande de regen en het laaghangend wolkendek trachten zij toch voeling te houden met de infanteristen welke de aanval dienen uit te voeren. Maar één toestel krijgt motorpech en kan zonder grote averij landen in de omwoelde frontzone. Dit zal echter voor de infanteristen geen belemmering zijn om het zo lang verwachte eindoffensief in te zetten[171].

(170) Geboren te Boninnes op 13 december 1891 is hij reeds in 1908 op de ouderdom van 16 jaar en 3 maanden als vrijwilliger toegetreden tot de artillerie.

(171) Om de coördinatie tussen de grondtroepen en de luchtvaart optimaal te laten verlopen wordt een plan uitgewerkt waarbij nu de Belgische en Franse escadrilles gaan samenwerken.

Het vliegveld van Koksijde naast de hoeve Groot Bogaerde. Vanaf maart 1915 werd dit intensief gebruikt door de 1°, 2° en 3° escadrille. Halfweg 1917 moet het echter als gevolg van de Druitse druk ontruimd worden en trekken de escadrilles zich terug naar het vliegveld van De Moeren

Het bevrijdingsoffensief

Eind augustus is het overwicht in het oorlogsgebeuren nu stevig in handen van de geallieerden. Met de hulp van de Britse vloot die meer dan 200.000 Amerikaanse soldaten naar het Europese vasteland heeft overgebracht zijn ze nu zowel numeriek als materieel in de meerderheid.

Tot nu toe is het Belgisch leger, buiten de ellende achter de IJzer, gespaard gebleven van grote uitputtingsslagen zoals de Fransen gekend hebben bij Verdun en aan de Somme of zoals de Britten bij Passendale. Koning Albert die er steeds heeft aan gehouden het commando over de Belgische troepen in eigen handen te houden om aldus zijn manschappen te vrijwaren van massaslachtingen stemt er in het voorjaar van 1918 toch in toe om zijn front uit te breiden. De koning had tot dan toe steeds geweigerd om Belgische eenheden toe te vertrouwen aan Franse of Britse divisies en is ook nooit een voorstander geweest van grote offensieven. Maar nu is de situatie helemaal veranderd want de eindzege komt stilaan in zicht en het zou ondenkbaar zijn de Belgische troepen niet te laten deelnemen aan de bevrijding van hun eigen land. Op 12 september aanvaardt de koning het voorstel van generaal Foch om het opperbevel van de nieuwe legergroep Vlaanderen in handen te nemen.

Half september houdt het Belgisch leger een 38 kilometer lange frontlijn bezet vanaf Nieuwpoort tot aan de noordzijde van Ieper. Het 2° Britse leger, 10 infanteriedivisies sterk, verdedigt de sector vanaf Ieper tot Armentières. Daar de ondergelopen IJzervlakte nog steeds de Duitsers op veilige afstand houdt is het gros van het Belgisch leger nu geconcentreerd voor het open front tussen Diksmuide en Ieper. Het is de bedoeling om in eerste instantie de hoogten van Klerken, Passendale en Geluveld in te nemen. Om dit te realiseren wordt daarom sterk gerekend op de hulp van de vliegeniers. In geval de vooruitgang mogelijks sneller zou verlopen dan voorzien in het schema zou de aanvoer van munitie en mondvoorraad in de problemen kunnen komen. In dit geval is de enige manier het materieel via de lucht te laten aanbrengen.

Het groot offensief van het Belgisch leger, gesteund door het 7° korps van het Franse leger, het 2° Franse cavaleriekorps en het 2° Britse leger start op 28 september onder het bevel van koning Albert die de Legergroep Vlaanderen leidt. De aanval start vanuit het bruggehoofd van Merkem in de richting van Diksmuide-Torhout-Brugge. De eerste fase, de strijd om de heuvelruggen van Vlaanderen, verloopt van 28 september tot 4 oktober. Het doel is de drie Duitse verdedigingslinies in te palmen om daarna door te stoten naar het bos van Houthulst.

Op 28 september is de eerste fase van deze opdracht, weliswaar ten koste van zware verliezen, uitgevoerd. De Belgen zijn gemiddeld 3 tot 8 kilometer gevorderd. Vervolgens begint de verovering van de Duitse Flandern II Stellung op de heuvelrug die zich uitstrekt van Klerken tot Zonnebeke en de Flandern I Stellung die Roeselare moet verdedigen. Maar de grond is zo drassig en omwoeld door de vele bombardementen dat de artillerie onmogelijk de snelle vooruitgang van de infanterie kan volgen. Daarenboven veroorzaken de auto's en de door de paarden getrokken rijtuigen talrijke verkeersopstoppingen. Hierdoor ontstaat er een tekort aan munitie en eetwaren voor de mannen aan het front. Om hieraan te verhelpen wordt beroep gedaan op de luchtmacht die gedeeltelijk instaat voor de bevoorrading. Die tracht zo goed als mogelijk het nodige in de buurt van de eerste linies te droppen.

Tijdens een van deze acties wordt het toestel van Bricoult-Cajot van de 2° escadrille boven Kortemark door Duits afweergeschut onder vuur genomen. Hierdoor worden ze verplicht hun brandend toestel achter de vijandelijke linies aan de grond te zetten. Pas uit hun toestel ontsnapt worden ze door de Duitsers gevangen genomen.

Maar voor John de Roest d'Alkemaede en Charles Coomans van de 7° escadrille slaat het noodlot toe. Terwijl de infanteristen hun aanval inzetten in de richting van het Houthulstbos trachten zij zoveel mogelijk steun te verlenen door de posities van de terugtrekkende Duitsers te volgen. Maar boven Klerken wordt hun Spad XIA2 geraakt. Het toestel stort neer aan de bosrand tussen de oprukkende Belgische troepen en een Duitse bunker waarin een mitrailleursnest zich heeft verschanst. Een brancardier snelt naar het toestel om de bemanning uit het wrak te halen maar hij wordt op zijn beurt neergekogeld.

De volgende dag voeren meerdere toestellen enkele vluchten uit op zeer lage hoogte boven de aanvallende troepen en droppen enkele kisten met de nodige munitie voor de mitrailleurs. Elke kist weegt 60 kilogram en bevat 60 laders voor Hotchkiss-mitrailleurs ofwel 8 kogelbanen voor de Coltmitrailleurs.

Maar het wordt steeds moeilijker om in contact te blijven met de grondtroepen. Door het voortdurend wijzigen van de situatie moeten de veldbatterijen zich steeds maar sneller gaan verplaatsen en ook de weersomstandigheden bemoeilijken de communicatie. De rol van de artillerie wordt nu van secundair belang. De hoofdrol voor de vliegtuigen wordt nu de verbinding tussen de infanterie en de machinegeweerposten te verzekeren. Daarbij worden de Duitse grondtroepen nu ook zoveel mogelijk vanuit de lucht met mitrailleurs bestookt.

Bidprentje van Albert Gisseleire die samen met Max Roland boven Oostnieuwkerke werd neergeschoten op 3 oktober 1918.

Belgisch luchtafweerkanon, ook "Pompom" genaamd, dat meestal gebuikt wordt voor het beschermen van de observatieballons.

De eerste dagen van oktober zijn de troepen reeds opgerukt tot aan de Stadenberg en Westrozebeke. Om de manschappen te kunnen bevoorraden wordt opnieuw beroep gedaan op de vliegeniers. Het droppen van munitie is gedurende de voorbije dagen immers succesvol verlopen zodat de vliegtuigen daarom nu weer worden ingeschakeld. Tweehonderd rantsoenen worden in zakken welke ook gedeeltelijk met aarde gevuld zijn zonder valscherm vanop een hoogte tussen de 30 en 50 m in de nabijheid van de manschappen gedropt. Hiervoor dienen tientallen vluchten uitgevoerd want elk toestel kan slechts maximaal drie zakken meenemen. Wegens plaatsgebrek dienen dan ook een paar zakken op de knieën van de waarnemer geplaatst te worden.

Talrijke jachtpatrouilles trachten nu de grondtroepen de nodige steun te verlenen. Maar ook de Duitsers krijgen tijdens het verweer steun van hun Jasta's boven de Westvlaamse heuvelkam. Hiervan worden Albert Gisseleire en Max Roland van de 4° escadrille op 3 oktober het slachtoffer. Hun SPAD XI wordt boven Oostnieuwkerke neergeschoten nadat zij reeds dezelfde dag hun enige overwinning hebben geboekt.

Eerste sergeant Declercq welke in de richting van Houthulst patrouilleert ziet er een Duitse eenzitter welke de troepen bestookt die reeds tot aan Staden zijn doorgedrongen. Declercq zet er de achtervolging in tot boven Gits. Nabij Lichtervelde krijgt hij het toestel te pakken waarop hij tot driemaal toe tevergeefs de aanval opent. De vierde maal is het echter raak en de eenzitter stort midden de velden te pletter. Ook Coppens kent opnieuw succes wanneer hij te Leffinge zijn 31° ballon neerhaalt.

Op 4 oktober is de eerste fase in het bevrijdingsoffensief afgesloten. De Britten zijn nu vooruitgeschoven tot aan de Leieoevers vanaf Armentières tot aan Wervik terwijl de Belgen nu de Vlaamse heuvelrug stevig in handen hebben. De frontlijn is nu 14 kilometer vooruitgeschoven langs een 40 kilometer lange frontlijn.

Om de 7° divisie de nodige voedsel- en munitievoorraden te kunnen aanbrengen wordt beroep gedaan op de 5° escadrille. Elk toestel brengt tussen de 100 en 150 rantsoenen(172). Om de mitrailleursposten te bevoorraden worden kisten welke aan kleine parachutes worden opgehangen gedropt.

Fernand Jacquet die nu de jachtescadrilles aanvoert en intussen De Crombrugghe als waarnemer heeft als opvolger van Robin heeft twintig maanden moeten wachten vooraleer hij opnieuw met de zege kan aanknopen. Hij gaat steeds door met zijn kapersoperaties boven vijandelijk gebied. Zijn zesde officiële overwinning komt er op 4 oktober wanneer hij boven Gits een Rumpler uitschakelt.

In de morgen van de volgende dag schiet de ballon van Lendelede welke zich slechts op 300 m hoogte bevindt in brand onder de kogels welke Coppens er heeft afgevuurd. Onmiddellijk wordt hij achternagezeten door een Fokker maar zodra hij de Belgische linies nadert staakt het Duitse toestel zijn achtervolging. Zes minuten later kan hij ook de ballon te Kruipendaarde bij Ardooie raken, waarop ook deze in de vlammen opgaat. Andre Demeulemeester boekt op dezelfde dag zijn laatste overwinning wanneer hij boven Torhout een ballon neerhaalt welke laag boven de terugtrekkende Duitse troepen zweeft.

Tussen de overwinningsroes door valt er jammer genoeg iemand voor wie het leven van piloot aan het front slechts vijf dagen heeft geduurd. Sergeant Gaston De Ruyter stort met zijn Sopwith Camel neer te Alveringem(173). Op 4 augusutus trad hij als vrijwilliger toe tot het 12° linieregiment om in november van hetzelfde jaar over te stappen naar het 5°linieregiment. Vanaf maart 1915 voert hij het bevel over een mitrailleursectie tot in maart 1918 wanneer hij naar de vliegschool te Juvisy trekt om tenslotte op 2 oktober voort het eerst boven het front te vliegen. Maar reeds op 7 oktober komt hieraan een treurig einde.

Twee dagen later loopt het droevige nieuws binnen dat er een piloot is gesneuveld. Jachtpiloot Jacques Goethals komt er in een ongelijk luchtgevecht terecht nadat hij er met een groep op jacht is uitgetrokken. Plots is hij uit de groep verdwenen zonder dat de anderen er iets van hebben gemerkt. Men blijft in het ongewisse over zijn lot. Men veronderstelt dat hij motorpech heeft gehad en een noodlanding heeft moeten maken. De ontgoocheling is echter groot wanneer men enkele dagen later verneemt dat men nabij Staden het brandend wrak van zijn SPAD heeft teruggevonden. Van de piloot is er echter geen spoor meer te bespeuren(174). Dezelfde dag had hij nog een Duits toestel neergehaald te Nieuwkapelle nadat hij reeds twee dagen eerder zijn eerste overwinning had geboekt boven Diksmuide.

De 6° escadrille wordt als luchtsteun overgeplaatst van de Groepering Centrum van luitenant-generaal Jacques naar de Groepering Noord van luitenant-generaal Michel welke oprukt in de richting van Brugge. Met het uitvoeren van talrijke verkenningsvluchten en door het nemen van tientallen foto's tracht men de nieuwe posities van de tegenstander zo nauwkeurig mogelijk vast te leggen.

(172) Deze actie van de 5° escadrille krijgt op 3 oktober een speciale vermelding op het dagorder van luitenant-generaal Bernheim,commandant van de 1° legerdivisie.

(173) De Ruyter had ook literaire aanleg. In 1917 verschijnt van hem "Chansons vieilles sur d'autres avis" (uitgegeven bij Jouves, Parijs). Ook schreef hij het theaterstuk "Von Bissing s'en va-t-en guerre ou Bruxelles reste zwanzeur" dat gespeeld werd als fronttoneel te Beveren.

(174) Zijn stoffelijk overschot zal op 20 augustus 1919 na lang speurwerk door zijn broer teruggevonden worden.

Naargelang de grondtroepen op de Duitsers gebied veroveren kunnen de vliegeniers ook de nieuwe vliegvelden welke door de tegenstander gebruikt werden nu zelf als basis gaan uitrusten. Aldus worden opeenvolgend de vliegvelden van Aartrijke en Oostkamp in bezit genomen door de 6° escadrille. Vanaf dit laatste worden verkenningsvluchten uitgevoerd tot aan de rand van Gent waar de Belgische troepen en de Franse cavalerie gereed staan om de stad in te nemen.

Op 14 oktober wordt de 2° fase van het eindoffensief ingezet. De Duitsers hebben van de voorbije rustpauze gebruik gemaakt om 24 divisies in stelling te brengen tegenover 32 geallieerde divisies. Dit belet de geallieerden echter niet om nog dezelfde dag de Flandern I Linie onder de voet te lopen.

Heel vroeg in de morgen stijgt Coppens op om op jacht te gaan. De bevelvoerders der artillerie dringen er immers op aan dat hij zo snel mogelijk een ballon welke boven Torhout hun veldgeschut in het oog houdt zou uitschakelen. Reeds om 5.40 u neemt hij plaats in zijn blauwe Hanriot om zijn opdracht uit te voeren. Om 6 u vuurt hij viermaal naar een ballon boven het Praatbos. Algauw gaat deze in de vlammen op. Daarna trekt hij verder richting Torhout waar een ballon op 600 m hoogte de Belgische artillerie observeert. Zoals hij tot nu toe zijn meeste successen heeft behaald begint Coppens zijn duikvlucht uit te voeren. Wanneer hij tot een honderdvijftig meter van de ballon is genaderd wordt hij in het been geraakt door een schrapnelkogel. Alhoewel zwaar gewond zet hij nog zijn gevecht verder en kan nog de ballon in brand schieten. Maar door het uitvoeren van een verkeerd maneuver als gevolg van de hevige pijn verliest hij de controle over zijn Hanriot en begint een spinbeweging te maken. Door met zijn niet gekwetste been op de roerstang te drukken slaagt hij erin zijn toestel uit de spinbeweging te halen. Hierdoor kan hij het terug onder controle krijgen waarna hij erin slaagt het naar zijn eigen linie te brengen om een noodlanding te maken in open veld. Dichtbijgelegen troepen kunnen de onge-

Het doodsprentje van Jasques Goethals, neergeschoten boven Staden op 9 oktober 1918. Als persoonlijk kenteken had hij een arend op de romp van zijn toestel.

lukkige Coppens uit zijn verhakkeld toestel halen en hem naar het nabijgelegen veldhospitaal brengen. Na de eerste zorgen te hebben ontvangen wordt hij naar het hospitaal van De Panne overgebracht waar zijn been dient geamputeerd te worden. Hiermee eindigen de activiteiten van Coppens als frontpiloot. Met zijn 37 overwinningen is hij de meest succesvolle Belgische vliegenier uit de Eerste Wereldoorlog geworden.

Sergeant Hage die terzelfdertijd als Coppens is opgestegen kiest de richting Lichtervelde-Kortemark waarna hij afzwenkt naar Roeselare om er zijn derde overwinning te boeken door het neerhalen van een ballon. Bij zijn terugkeer moet hij echter een noodlanding uitvoeren waarbij hij verwondingen oploopt. Crombez en zijn waarnemer Du Roy de Blicquy kunnen daarenboven ook een vijandelijk vliegtuig uit de lucht halen.

Een dag later kunnen rond Roeselare twee Duitse toestellen neergehaald worden. Ten noorden van de stad kan 1° sergeant Vandervoort een Fokker DVII van de MFJIV neerschieten. Boven Sleihage vuurt sergeant Guillon op een Fokker. De eerste schoten zijn reeds raak want hij ziet hoe de piloot ineenzakt. Het toestel stort naar beneden en Guillon probeert het te volgen tot op 50 meter boven de grond wanneer hij nu op zijn beurt door twee Fokkers wordt aangevallen, waarop hij voor alle veiligheid naar de eigen linies terugkeert.

Na vier jaar zich verschanst te hebben achter de IJzer komt er op 16 oktober ook hier beweging in het front. Tegen de avond hebben de Belgen de stroom over de volledige lengte tussen Diksmuide en Nieuwpoort overschreden. Teneinde de aanval nog efficienter te laten verlopen worden de troepen gehergroepeerd. De Belgen bezetten nu de sector vanaf de kuststreek tot Lichtervelde. Hiernaast sluit nu het Franse 6° leger aan tot Moorslede. De rechtervleugel blijft in handen van de Britten.

De toegang tot de hangars van het vliegveld te Houtem langs de weg van Houtem naar Hondschote

De vliegeniers blijven ook nu hun krachten inzetten. Zodra het enigszins begint te klaren trekken ze erop uit, met de bekendste jagers op kop. Demeulemeester en Kervyn trachten enkele Albatrossen te achtervolgen maar moeten na korte tijd zelf de vlucht nemen. Thieffry die reeds in de vroege morgen het front heeft verkend start halfweg de voormiddag opnieuw voor de volgende patrouille. Boven Merkem gekomen valt hij een eendekker aan welke deel uitmaakt van een groep van zes toestellen. Hij kan zijn tegenstander uit de groep weglokken en met een gericht schot het vliegtuig in brand schieten. Vanop 4.600 m hoogte dwarrelt het toestel naar beneden om te pletter te storten in de doorweekte vlakte van Zarren.

Ondertussen zijn de Duitsers druk in de weer om de Belgische kust te ontruimen. De mobiele batterijen, de "Eisenbahn-Geschützbatterien", zijn reeds via de spoorlijnen weggereden richting binnenland. Van de niet-mobiele batterijen is het overgrote deel zwaar beschadigd. Van de 40 kustbatterijen welke in augustus stonden opgesteld zijn er nog slechts een klein deel actief. Van zodra het front zich verschuift vanachter de IJzer richting Brugge trekken de Duitsers nu in allerijl weg naar de streek van Gent toe om zich achter de Leie te hergroeperen. Om deze terugtrekking in de gaten te houden worden regelmatig verkenningsvluchten uitgevoerd.

Op 17 oktober doet zich een bijzonder voorval voor wanneer manschappen van de 9° escadrille de toestand in het reeds gedeeltelijk door de Duitsers verlaten Oostende willen gaan controleren. Daar dit gebeuren tijdens de laatse weken van het oorlogsgebeuren ons zo boeiend leek geven we hier de vertaling van een uittreksel van een dagboek[175].

"Op 17 oktober, na een voormiddag die gevuld was met het uitvoeren van verschillende jachtopdrachten, zijn de piloten van de 9° escadrille verenigd in de mess voor het middagmaal. Commandant Jacquet, onze groepsaanvoerder, meldt ons dat de vijand de IJzerboorden heeft verlaten. Onze infanterie is uit zijn stellingen gekomen en trekt nu voorwaarts. Het zou zeer interessant zijn te weten wat er nu gebeurt achter de Duitse linies.

Dit schijnt ons een passionerende opdracht. Er zijn hiervoor vrijwilligers nodig en niet iedereen is vrij. Nadat we de tabel met de geplande opdrachten hebben overlopen is de selectie algauw gemaakt en ziedaar we zijn gereed om op te stijgen, het liefst naar Oostende... Wat een gebeurtenis! Zo gezegd zo gedaan!

Het is ongeveer 13.30 u wanneer Jan Olieslagers als eerste vertrekt. Het wolkendek is eerder laag en we starten nu de een na de andere. In scheervlucht overvlieg ik de vijandelijke sector om mijn opdracht uit te voeren. Eenmaal boven Oostende overvlieg ik de stad rakelings boven de daken maar ik bemerk niets dat op een vijandelijke aanwezigheid wijst. Op het strand zijn er reeds twee of drie toestellen

(175) Document uit CHD onder de titel "Groupe de Chasse 9 ème escadrille- Les Moères Belges-Extraits de mon carnet de vol". De autuer vermeldt echter jammer genoeg nergens zijn naam in het uittreksel.

geland tussen het Kursaal en de westelijke golfbreker. Een menigte haast zich ernaar toe.

Ik besluit zelf te landen op de Wellingtonrenbaan. Ik houd de motor draaiende en wanneer ik rondkijk zie ik hoe de Duitse mariniers me verdwaasd aankijken. Ik stijg terug op en besluit daarom om eveneens te proberen op het strand te landen alhoewel er een zijwind heerst bij een opkomend getij.

De landing slaagt. Nog maar pas heb ik de motor uitgeschakeld of ik wordt door de menigte op de handen gedragen, omhelsd en gelukgewenst. Sommigen aanzien me als een Brit daar ik nog het vroegere kakikostuum draag. Wij zijn er met meerderen. Commandant Jaumotte met zijn waarnemer Jacques Desclée in hun SPAD tweezitter, Jan Olieslagers, André Demeulemeester, Georges Kervyn, Lemaire en ikzelf, allen in Hanriot. Jacques Ledure en Siraut zijn in hun SPAD XIII.

Omhoog gehesen door de menigte bevinden wij ons in een zaal in de Weststraat waar wij warm ontvangen worden met een vooroorlogse sigaar en opbeurende woorden. De arme mensen hebben aan alles gebrek. Maar wij moeten terugkeren naar het strand waar we vernemen dat André Demeulemeester ernstig aan het hoofd is gewond geraakt wanneer hij de Hispano-motor van het toestel van commandant Jaumotte wilde op gang draaien. Hij werd overgebracht naar een privaatkliniek op het Marie-Joséplein. Wij willen hem niet alleen achterlaten. Daar staan we nu aan zijn ziekbed. Zijn hoofd is met windsels omzwachteld en hij bevindt zich tussen burgers die slachtoffer zijn geworden van de bombardementen. Onze aanwezigheid fleurt hen op.

Het is onmogelijk André in onze eenzitters mee te nemen. Misschien terugkeren en commandant Jacquet op de hoogte brengen? Maar de nacht valt en we krijgen de motoren van onze toestellen niet meer op gang. De bougies van de binnenste cilinders zijn vervuild en we hebben geen sleutels om ze eruit te halen.

Het is nu hoogtij en we hebben onze toestellen tegen de dijk geparkeerd. We laten ze achter onder bewaking van de politie. Siraut is reeds vertrokken maar voor ons is het te laat.

Wij keren terug naar stad en wandelen tussen de patrouilles van Duitse mariniers die waarschijnlijk denken dat de stad reeds door de geallieerden is bezet en zich niet meer aanstellen. Gelukkig voor ons zijn we slechts enkelingen tussen al deze Duitsers.

Wij zijn niet fier maar we houden ons kranig. We bevinden ons in het hotel Savoye dat bijna onbezet is. Er is helemaal niets meer te krijgen, zelfs niet te eten. Ik rook dan maar mijn voorraad sigaretten op. Plots komt er een Brits officier binnen die verwonderd is ons hier te zien. Hij is zopas met een sloep aan land gekomen om inlichtingen in te winnen voor de Navy. Wij stellen ons voor en hij vraagt ons wanneer we zijn geland. Hij erkent loyaal dat we hem zijn voor geweest. Hij wenst ons geluk en "Oostende is aan U" zegt hij.

Het is donker en de vijandelijke machinegeweren bij het standbeeld van Leopold I zijn naar de Torhoutse Steenweg gericht. Jan Olieslagers moet ergens bij vrienden zijn. Wat Lemaire betreft hij is verdwenen. Kervyn, Ledure en ikzelf blijven samen. De situatie is gespannen. De avond gaat voorbij met het noteren van het onderhoud dat we gehad hebben met de notabelen en inwoners van de stad. Deze vervolledigen de waarnemingen die we hebben kunnen doen tijdens het overvliegen van de vijandelijke linies. We besluiten enkele uren rust te nemen in het hotel Savoye waar we eerst de uitgangen controleren om eventueel te ontsnappen moest de vijand ons onverwachts proberen te verrassen.

Lemaire keert terug. Hij vertelt me dat hij het Gulden Boek van de stad Oostende heeft getekend en dat hij zelfs naar het Palace hotel is geweest. Zie ons hier nu alle vier in een kleine kamer welke uitzicht geeft op de Van Iseghemlaan. Tussen de luiken door zien we de gedaanten van de patrouillerende Duitsers. Hun beslagen laarzen hameren op de straatstenen. Wat zal er van ons geworden? Ledure beschikt over een revolver met negen kogels die hij ons allen toont. Onnodig te zeggen dat we deze nacht bijna niet geslapen hebben.

Reeds vroeg in de morgen zijn we weer op het strand. Onze toestellen staan er nog steeds. Een bereidwillige technieker leent ons een Engelse sleutel en we reinigen dan ook de bougies. Een laag wolkendek en de ochtendmist beschermen ons. Een kustbatterij vuurt vanuit Bredene in onze richting enkele schoten af. Maar de obussen vallen ver van ons af. Een vijandelijke tweezitter welke het inschieten regelt vliegt over ons heen. We zullen ons moeten haasten!

Olieslagers en Ledure zijn reeds vertrokken. Kervyn en

De bemanning Labrique en Dubosque poseren bij hun SPAD 11 tweezitter.

ikzelf draaien de motor van Lemaire op gang. Hij stijgt op en wij blijven nu met zijn tweeën achter. Wij vinden twee jonge vrijwilligers die we in onze cockpit laten plaatsnemen na hun uitgelegd te hebben wat ze moeten doen. We brengen samen eerst de motor van mijn eigen toestel op gang en daarna deze van Kervyns vliegtuig. Het hart gaat nu sneller kloppen als gevolg van de inspanningen maar vooral uit angst. Na enkele acrobatische pogingen nemen we de plaats in van onze twee geluksstechniekers die nog nooit een vliegtuig van zo dichtbij hadden gezien. We zijn er ... eindelijk!

Ik stijg op en Georges Kervyn volgt me zo goed of zo kwaad als het kan rakelings boven de menigte. Terwijl ik land in De Moeren voel ik reeds de gedrukte sfeer. Na een korte uiteenzetting, onze informatie is intussen reeds aan het Groot Hoofdkwartier doorgegeven, verneem ik dat dit laatste besloten heeft dat acties zoals wij hebben uitgevoerd buiten het voorziene kader vallen. Spijts alle interessante gegevens die de actie ons verstrekt zullen we zwaar moeten gestraft worden, met andere woorden gedegradeerd en onze eretekens ontnomen.

Commandant Jacquet beschermt ons met zijn autoriteit en besluit ons zonder rust terug op zending te sturen zoals voorzien in het dagschema. Dit om ons weg te houden van de furie van de Generale Staf, voor het ogenblik voor ons veel gevaarlijker dan de vijandelijke obussen. Hij begeeft zich naar koning Albert en brengt hem op de hoogte van de situatie. Onze koning die houdt van actie en goede moed geeft onmiddellijk bevel aan de hoogste legerleiding om ons niet te verontrusten. Commandant Jacquet vertrouwt ons toe dat de koning sterk geïnteresseerd was en veel sympathie vertoonde voor hetgeen we gedaan hebben. Nog dezelfde dag zijn onze groepsleider samen met zijn waarnemer Marcel de Crombrugge André Demeulemeester gaan ophalen met hun tweezitter. Als mijn herinneringen juist zijn, zijn de infanterievoorposten Middelkerke binnengedrongen op 18 oktober en slechts enkele dagen later Oostende..."

Vanaf 20 oktober wordt het vliegveld van Aartrijke het nieuwe werkterrein. Vooral de boorden van de Leie worden van hieruit verkend want hier bieden de Duitsers nog hevige weerstand. Daarom worden de verkenners in drie groepen ingedeeld. Commandant Iserentant (2° escadrille) behoort tot de Groepering Noord, commandant Desmet (4° en 6° escadrille) bij de Groepering Centrum en commandant Dhanis (3° en 5° escadrille) bij de Groepering Zuid. De groeperingen Desmet en Iserentant bezetten het zuidelijk deel terwijl de groepering Dhanis het middendeel bezet. De noordkant wordt voorbehouden voor de jachtescadrilles van Jacquet.

Stilaan gaat het werkterrein zich verplaatsen. Reeds twee dagen nadat het vliegveld van Aartrijke werd ingenomen wordt dit van Oostkamp het volgende objectief. De vooruitgang van de grondtroepen vereist ook een verplaatsing van het operationeel centrum der luchtvaart.

Daar voorlopig het vliegveld van Aartrijke nog in te slechte staat is om het centrum naar hier over te brengen blijft het centrum van de 5° escadrille voorlopig nog in Bray-Dunes.

De eerste dagen blijft het moeilijk om de eenheden op dit pas ingenomen vliegveld van de nodige voorraad te voorzien. Het overgrote deel van de proviand wordt dan ook nog aangebracht met vliegtuigen vanuit de naburige bases.

Op 24 oktober brengt koning Albert per vliegtuig een bezoek aan de basis van Oostkamp als voorbereiding op zijn intrede te Brugge daags nadien[176]. De volgende dagen verhuist de rest van de 6° escadrille vanuit Houtem naar Oostkamp.

De Duitsers trekken nu steeds verder achteruit waardoor het werkgebied van de vliegeniers nu ook gaat uitbreiden. Als gevolg hiervan schuiven de escadrilles ook zo snel mogelijk mee met de infanteristen. Eind oktober verlaat commandant Iserentant met zijn 2° escadrille Oostkamp om als nieuwe basis het vliegveld van Male te hebben. De jachtgroep van Jacquet verhuist van De Moeren naar Moerkerke. Ook de Britten schuiven mee. De 61° wing van de R.A.F installeert zich te Varsenare. De 7° verkenningsescadrille van Jaumotte bevindt zich reeds te Maria Aalter.

De bombardementstoestellen werken nu nauw samen met de Britten welke wegen en spoorlijnen aanvallen waarlangs de nog weinig beschikbare Duitse reservisten worden aangevoerd. De jagers zorgen voor de bescherming van de troepen tegen mogelijke aanvallen vanuit de lucht, vallen luchtballons aan en begeleiden de verkenningstoestellen. De escadrilles welke aan de verschillende groeperingen zijn toegevoegd bestrijken een zone van zes kilometer diep in de door de Duitsers bezette sectoren.

Nu de Duitsers reeds zo ver zijn teruggedrukt dient nog een allerlaatste inspanning geleverd te worden. Om de volledige ineenstorting van de tegenstander te voltooien moet volgens de plannen van het geallieerd opperbevel op 31 oktober een ultieme aanval ingezet worden. Hiertoe zal het Belgisch leger helemaal in het noorden plaats nemen. Het optreden van het Belgisch leger is eerder van beperkte aard. De hoofdinspanning wordt geleverd door het Franse leger langs de afleidingsvaart van de Leie en langs de spoorlijn Kortrijk-Gent waar de 91° Amerikaanse divisie actief is.

Maar gedurende de nacht van 31 oktober op 1 november trekken de Duitsers zich achter de Schelde terug. De confrontaties in de lucht nemen nu ook snel af. Op Allerheiligen boekt J. Vuylsteke er de laatste Belgische overwinning door boven Kaprijke een ballon neer te halen.

Zich door de Frans-Britse vooruitgang bedreigd voelend trekken de Duitsers zich op 2 november achter het kanaal Gent-Terneuzen terug. Deze snelle vooruitgang van de geallieerde legers kan

(176) Op 25 oktober brengen koning Albert en koningin Elisabeth een bezoek aan Brugge waar hen door de bevolking een warm onthaal wacht op het Provinciaal Hof. Hierbij zijn zij vergezeld van lord Roger Keyes die bevelvoerder was van de Britse vloot bij de aanval op Zeebrugge op 22 en 23 april.

echter moeilijk aangehouden worden. Daarom beslist de legerleiding om enkele dagen rust in te schakelen. Op 7 november meldt het legerorder van het Groot Hoofdkwartier dat er op 11 november een aanval langs de Schelde zal uitgevoerd worden. Maar wanneer in de ochtend van 11 november de Belgische 2° divisie Gent binnenstapt komt er vanuit het hoofdkwartier van maarschalk Foch een bericht door:*"Les hostilités seront arrêtées sur tout le front à partir du 11 novembre, à 11 heures, heure Française"*.

De geplande aanval wordt dan ook afgelast want aan de mensenslachting is een einde gekomen. Een der meest droevige episodes uit de mensheid is afgesloten...

Infanteristen onderzoeken het wrak van een toestel dat tijdens het eindoffensief is neergestort in het bos van Houthulst

BIJLAGEN

============

BIJLAGE I

EERSTE BREVETHOUDERS van BURGERLIJK PILOOT

Brevet Nr	Brevethouder	datum toekenning
1	de Caters Pierre	02-12-1909
2	Kinet Daniel	01-02-1910
3	Duray Arthur	24-03-1910
4	Allard Emile	31-03-1910
5	Olieslagers Jan	31-03-1910
6	Van den Born Charles	31-03-1910
7	Christiaens Joseph	12-04-1910
8	Tyck Jules	07-05-1910
9	de Laminne Jules	02-05-1910
10	Kinet Nicolas	31-05-1910
11	de Petrowsky Alexandre	31-05-1910
12	Fischer Jules	25-06-1910
13	de Ridder Alphonse	25-06-1910
14	Verstraeten Leon	12-08-1910
15	d'Hespel Joseph	27-07-1910
16	Lanser Alfred	01-08-1910
17	Verschaeve Fernand	30-09-1910
18	Baugniet	30-09-1910
19	Montens d'Oosterwijck Baudouin	30-09-1910
20	Depireux	06-10-1910
21	Frenay	06-10-1910
22	Camille Armand	06-08-1910
23	Cozic René	10-11-1910
24	De Heel Emile	10-11-1910
25	Sarteel Alfred	10-11-1910
26	Crombez Henri	18-10-1910
27	Dutrieu Hélène	25-11-1910
28	Nelis Georges	21-12-1910
29	Lamblotte Felix	23-02-1911
30	Lescart Fernand	23-02-1911
31	Le Laet Edmond	09-03-1911
32	Michez René	09-03-1911
33	Domenjoz John	23-02-1911
34	Hanciau Paul	23-02-1911
35	Dhanis Robert	28-03-1911
36	Lebon Pierre	28-03-1911
37	Bronne Emmanuel	28-03-1911
38	Verrept John	18-04-1911
39	Mestdagh Georges	08-05-1911
40	Dolphyn Leopold	25-07-1911
40b	Olieslagers Max	28-07-1911
41	De Roy Willy	16-09-1911
42	Hanouille Elie	16-09-1911
43	Den Duyver Albert	16-09-1911
44	De Jonkeere	16-09-1911
45	Moulin Eugene	16-09-1911
46	Soumoy Jules	16-09-1911
47	Rochet Victor	16-09-1911

48	Ter Poorten Henri	16-09-1911
49	Stellingwerff Julien	16-09-1911
50	Lazard Georges	28-09-1911
51	Orta Tony	31-10-1911
52	Lemmens Leopold	29-11-1911
53	Kierschstein Jean	09-01-1912
54	Dugniolle Albert	17-02-1912
55	Delhaye Marcel	02-04-1912
56	Coseyns Louis	05-06-1912
57	Demuyter Ernest	30-07-1912
58	Dechamps François	30-07-1912
59	Van Loo Fernand	30-07-1912
60	Demanet Arsene	30-07-1912
61	Ockerse Peter	06-12-1912
62	Peeters François	16-12-1912
63	Wahis Theo	06-01-1913
64	Hagemans Jean	06-01-1913
65	Schmitt Albert	06-01-1913
66	Coeymans Edouard	20-01-1913
67	Iserentant Felix	25-02-1913
68	Jacquet Fernand	25-02-1913
69	Richard Paul	19-04-1913
70	Vertongen Réné	19-04-1913
71	de Ligne Henry	02-06-1913
72	Taccoen Gabriel	02-06-1913
73	De Bueger Albert	02-06-1913
74	Dony Jules	02-06-1913
75	Tapproge Adhemar	02-06-1913
76	Godefroid Jean	26-09-1913
77	Daumerie Joseph	26-09-1913
78	Notermans Florent	26-09-1913
79	Jaumotte Jules	26-09-1913
80	Liedel Felix	26-09-1913
81	de Cartier Raoul	26-09-1913
82	Hubert Maurice	26-09-1913
83	Landrin Jean	26-09-1913
84	Massaux Albert	26-09-1913
85	Poot Lucien	26-09-1913
86	Lebrun Leopold	26-09-1913
87	Legros Rene	26-09-1913
88	Spandau Gerard	26-09-1913
89	Castiau Roger	18-11-1913
90	Dits Henri	23-02-1914
91	Renard Jean	23-02-1914
92	Petit Jean	02-03-1914
93	Hugon Sylvain	02-03-1914
94	Boonaert Arthur	02-03-1914
95	Hedo Réné	03-06-1914
96	Hozay Ernest	03-06-1914
97	Lagrange Robert	03-06-1914
98	Hiernaux Paul	19-06-1914
99	Goebels Fernand	15-07-1914
100	Bussy Leopold	19-06-1914
101	Petit Fernand	19-06-1914
102	Desmet Robert	19-06-1914
103	Gallez Walter	19-06-1914

BIJLAGE II

KONINKLIJK BESLUIT der oprichting van de COMPAGNIE DES AVIATEURS

ALBERT,Roi des Belges,

A tous,présents et à venir,Salut.

Voulant régler le service de l'aviation à l'armeé;
Sur la proposition de notre Ministre de la Guerre;
Nous avons arrêté et arrêtons:

Article 1: Il est créé une compagnie d'aviateurs chargés d'assurer le service de l'aviation militaire en Belgique.

Article 2:La compagnie d'aviateurs se divise en un certain nombre d'escadrilles.

Article 3:La compagnie d'aviateurs et l'école d'aviation comprennent:
a)le personnel de l'école composé comme suit: un capitaine-commandant du génie; deux capitaines en second ou lieutenant du génie, professeurs techniques; un capitaine en second ou lieutenant, professeur tactique; un officier chargé du service intérieur; un adjudant chargé de la conservation du matériel; un premier sergent-major; un sergent; un sergent-fourrier; trois civils militarisés, mécaniciens et menuisiers; un certain nombre de caporaux et soldats.
b)Le personnel des ascadrilles. Chaque escadrille se compose de quatre équipes, chacune de deux officiers (pilote et observateur), soit huit officiers dont un chef d'escadrille). Ces officiers sont places hors cadre, six civils militaires, mécaniciens et menuisiers, un certain nombre de sous-officiers, caporaux et soldats. La composition de l'unité sera donnée ultérieurement.

Article 4:Le personnel subalterne est pris autant que possible parmi les volontaires et les rengagés.

Article 5:Le matériel d'une escadrille comporte en principe quatre avions, quatre autos-tracteurs; quatre remorques, un fourgon-atelier ,un fourgon de ravitaillement, les tentes-abris et le matériel de rechange nécessaire. Une partie des véhicules peut-être réquisitionnée au moment de la mobilisation.

Article 6:L'ecole est dotée des appareils d'apprentissage, de moteurs de réserve, des engins à mettre à l'essai et de matériel de réserve; en temps de guerre, elle forme dépot de ravitaillement des escadrilles.

Article 7:Il est crée un centre principal d'aviation qui est le siège de l'école, mais tous les aviateurs apprendront à connaître les différents régions du pays.

Article 8:Les positions fortifiées de Liège et de Namur sont dotées du matériel de rechange nécessaire à une escadrille d'aviateurs.

Artcle 9:Le temps passé à la compagnie d'aviateurs par le personnel volant est considéré comme passé en campagne. Ce personnel peut-être proposé pour recevoir des distinctions honorifiques, il jouit d'une indemnité.

Article 10:Notre Ministre de la Guerre est chargé de l'exécution de présent arrêté.

    Donné à Laeken,le 16 avril 1913   ALBERT
    Pour le Roi:
    Le Ministre de la Guerre   Ch. de Broqueville.

BIJLAGE III

ONTSTAAN van het VLIEGWEZEN

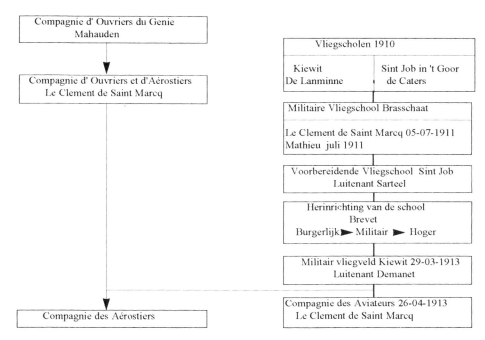

BIJLAGE IV

Samenstelling "Compagnie des Aviateurs" augustus 1914

Commandant E. Mathieu

1° esadrille	2° escadrille	3° escadrille	4° escadrille	Vrijwilligers
		Standplaats		
Brasschaat	Bonnines	Brasschaat	Brasschaat	
		Escadrilleleider		
Lt Demanet	Lt Soumoy	Kpt Dechamps	Kpt Wahis Stellingwerff	
		Piloten		
de Bueger	Bussy	Boonaert	Renard	Crombez
Schmit	Desmet	Hugon	Richard	Hanciaux
Legros	Hiernaux	de Cartier	Dhanis	Olieslagers
Noterman	Jacquet	Poot	Bronne	Tyck
Landrin	Jaumotte	Dony	Moulin	d'Hespel
Hagemans	Iserentant	Petit		de Ligne
Gallez	Tapproge	Hedo		Vertongen
Massaux		Noirsin		
Daumerie				

BIJLAGE V
BELGISCHE MILITAIRE PILOTEN bij het uitbreken van W.O.I

Mil.Brevet Nr	Naam	eenheid
1	Nelis Georges	Genie
2	Lebon Pierre	Genie
3	Dhanis Robert	1° Gidsen
4	Sarteel Alfred	Artillerie
5	Soumoy Jules	Infanterie
6	Moulin Eugène	Genie
7	Stellingwerff Julien	Infanterie
8	Rochet Victor	Artillerie
9	Deschamps François	Genie
10	Demanet Arsène	Artillerie
11	Van Loo Fernand	Infanterie
12	Bronne Emmanuel	Cavalerie
13	Wahis Théo	Infanterie
14	Hagemans Jean	Infanterie
15	Iserentant Felix	Genie
16	de Bueger Albert	Infanterie
17	Richard Paul	Artillerie
18	Jacquet Fernand	Infanterie
19	Tapproge Adhémar	Infanterie
20	Jaumotte Jules	Genie
21	Liedel Felix	Infanterie
22	Schmit Albert	Infanterie
23	Donay Jules	Infanterie
24	Noterman Florent	Infanterie
25	Daumerie Joseph	Infanterie
26	Godefroid Jean	Infanterie
27	de Cartier Raoul	Cavalerie
28	Hubert Maurice	Infanterie
29	Massaux Albert	Artillerie
30	Legros René	Artillerie
31	Poot Lucien	Cavalerie
32	Petit Jean	Artillerie
33	Boonaert Arthur	Infanterie
34	Hugon Sylavain	Infanterie
35	Ozay Ernest	Artillerie
36	Hedo René	Infanterie
37	Landrin Jean	Infanterie

BIJLAGE VI
DE "MILITAIRE LUCHTVAART" in MAART 1915

Commandant WAHIS   (Hoofdkwartier De Panne)

Operationele directie	Technische directie	Vliegschool
Cdt WAHIS		Majoor L.TOURNAY

I° groep
  1°esc.DESMET Koksijde
    6 M.F en 1 Nieuport 10
  2°esc.ISERENTANT Koksijde
    6 M.F en 1 Nieuport 10
  3°esc.DHANIS Koksijde
    5 Voisin 3LB

II° groep
  4°esc.HAGEMANS Houtem
    5 M.F en 1 Nieuport 10
  5°esc.MOULIN Houtem
    5 M.F
Frans-Belgische esc. Hondschoote
  Caudron.

reparatiepark Beaumarais

Etampes

BIJLAGE VII
BELGISCHE LUCHTOVERWINNINGEN in W.O.I

PILOOT	NR	PLAATS	DATUM	B/V	2° bemanningslid
COPPENS W.	1	Sint Joris	25-04-1918	v	Gallez
	2	Zarren	08-05-1918	b	
	3	Houthulst	08-05-1918	b	
	4	Houthulst	15-05-1918	b	
	5	Houthulst	19-05-1918	b	
	6	Houthulst	05-06-1918	b	
	7	Zonnebeke	09-06-1918	b	
	8	Ploegsteert	10-06-1918	b	
	9	Waasten	24-06-1918	b	
	10	Ploegsteert	24-06-1918	v	
	11	Bovekerke	30-06-1918	b	
	12	Geluveld	30-06-1918	b	
	13	Passendale	30-06-1918	b	
	14	Moorslede	14-07-1918	b	
	15	Bovekerke	16-07-1918	b	
	16	Zarren (Ruiterhoek)	19-07-1918	b	
	17	Houthulst	20-07-1918	b	
	18	Geluveld	22-07-1918	b	
	19	Wervik	22-07-1918	b	
	20	Komen	22-07-1918	b	
	21	Zarren (Ruiterhoek)	24-07-1918	b	
	22	Beselare	03-08-1918	b	
	23	Leffinge	10-08-1918	b	
	24	Zarren	10-08-1918	b	
	25	Waasten	10-08-1918	b	
	26	Ploegsteert	24-08-1918	b	
	27	Mesen-Waasten	24-08-1918	b	
	28	Ten Brielen	03-09-1918	b	
	29	Werken	04-09-1918	b	
	30	Leffinge	27-09-1918	b	
	31	Leffinge	27-09-1918	b	
	32	Leffinge	29-09-1918	b	
	33	Leffinge	03-10-1918	b	
	34	Lendelede	05-10-1918	b	
	35	Ardooie	05-10-1918	b	
	36	Praatbos	14-10-1918	b	
	37	Torhout	14-10-1918	b	
DEMEULEMEESTER A.	1	Leke	30-04-1917	v	
	2	Vladslo	12-06-1917	v	
	3	Nieuwpoort	10-07-1917	v	
	4	IJzerfront(B20-21)	20-07-1917	v	
	5	Slijpe	21-08-1917	v	
	6	Tervate	04-11-1917	v	
	7	Diksmuide	21-02-1918	v	
	8	Houthulst	17-03-1918	v	
	9	Mannekesvere	03-05-1918	v	
	10	Houthulst	17-05-1918	v	
	11	Torhout	05-10-1918	b	
THIEFFRY E.	1	?	15-03-1917	v	
	2	Gistel	23-03-1917	v	
	3	Houthulst	12-05-1917	v	
	4	Westende	14-06-1917	v	
	5	Diksmuide	03-07-1917	v	
	6	Diksmuide	03-07-1917	v	
	7	Geluveld	16-08-1917	v	
	8	Beerst	22-08-1917	v	
	9	Mannekesvere	26-08-1917	v	
	10	Zarren	16-10-1917	v	
JACQUET F.	1	Beerst	17-04-1915	v	Vindevoghel
	2	Nieuwpoort-Bad	20-05-1916	v	Robin
	3	Koekelare	23-06-1916	v	Robin
	4	Vladslo	30-07-1916	v	Robin

	5	Lombardzijde	01-02-1917 v	Robin
	6	Gits	04-10-1918 v	De Crombrugghe
	7	Oosten v.Gent	06-11-1918 v	De Crombrugghe
OLIESLAGERS J.	1	Oudstuivekenskerke	12-09-1915 v	
	2	Reninge(Pypegale)	17-06-1916 v	
	3	Schore	14-06-1917 v	
	4	Keiem	15-06-1917 v	
	6	Woumen	19-05-1918 v	
ROBIN L.	1	Nieuwpoort	20-05-1916 v	Jacquet
	2	Koekelare	23-06-1916 v	Jacquet
	3	Houthulst	30-07-1916 v	Jacquet
	4	Lombardzijde	01-02-1917 v	Jacquet
KERVYN de LETTENHOVE G	1	Vladslo	12-06-1917 v	
	2	?	21-08-1917 v	
	3	Booitshoeke	25-04-1918 v	De Mevius
	4	Schoorbakke	03-05-1918 v	
HAGE E.	1	Armentières	29-09-1918 b	
	2	Quesnoy	02-10-1918 b	
	3	Roeselare	14-10-1918 b	
BENSELIN M.	1	Dendermonde	04-09-1914 b	
	2	St.Agatha Berchem	24-09-1914 v	
BRAUN P.	1	Vladslo	20-08-1917 v	
	2	Nieuwpoort	05-12-1917 v	
DE CHESTRET L.	1	?	17-11-1916 v	
	2	?	12-06-1918 v	
de CROMBRUGGHE de LOORINGHE	1	Gits	04-10-1918 v	Jacquet
	2	Oosten van Gent	06-11-1918 v	Jacquet
GOETHALS J.	1	Diksmuide	07-10-1918 v	
	2	Nieuwkapelle	09-10-1918 v	
GUILLON L.	1	Sleihage	15-10-1918 v	
	2	Assenede	26-10-1918 b	
LEDURE J.	1	Staden	21-08-1918 b	
	2	Klerken	31-08-1918 b	
MEDAETS G.	1	Zarren	30-05-1918 b	
	2	Zarren	23-07-1918 b	
MEDAETS M.	1	Boezinge(Pilkem)	21-07-1917 v	
	2	Oudekapelle	11-09-1917 v	
DE MONTIGNY C.	1	Leffinge	30-05-1918 b	
	2	Roeselare	25-10-1918 v	
RONDEAU R.	1	Klerken	27-09-1918 b	
	2	Kortemark	09-10-1918 v	
CISELET C.	1	Bikschote	09-06-1917 v	
CORNELIUS H.	1	Diksmuide	22-10-1917 v	Lallemand
CROMBEZ H.	1	?	14-10-1918 v	Du Roy de Blicquy
DE BURLET L.	1	Zevekote	24-07-1917 v	Orta J.
DE CHESTRET P.	1	Bikschote	09-06-1917 v	
DE CLERCQ R.	1	Lichtervelde-Gits	03-10-1918 v	
DE LEENER R.	1	Zarren	16-09-1918 b	
DE MEEUS	1	?	08-07-1917 v	Kervijn de Lettenhove C.
DE MEVIUS C.	1	Booitshoeke	25-04-1918 v	Kervyn de Lettenhove G.

DUBOIS	1	Sint Joris	12-03-1918	v	
Du ROY de BLICQUY P.	1	?	14-10-1918	v	Crombez
GALLEZ W.	1	Sint Joris	25-04-1918	v	Coppens
GISSELEIRE A.	1	?	03-10-1918	v	Roland
JAMAR M.	1	Leffinge	10-07-1918	b	
KERVYNdeLETTENHOVE C	1	?	08-07-1917	v	De Meeus
LALLEMAND G.	1	Diksmuide	22-10-1917	v	Cornelius
ORTA J.	1	Zevekote	24-07-1917	v	De Burlet
ROLAND M.	1	?	03-10-1918	v	Gisseleire
SIRAUT M.	1	Hoogstade	08-05-1918	v	
VAN COTTHEM A.	1	?	18-03-1918	v	
VANDERVOORT	1	Noord-Roeselare	15-10-1918	v	
VINDEVOGHEL H.	1	Beerst	17-04-1915	v	Jacquet
VUYLSTEKE J.	1	Kaprijke	01-11-1918	b	

BIJLAGE VIII

TOPSCORE van de AZEN langs het WESTELIJK FRONT

Naam	aantal	nat.	escadrons waartoe de piloot behoorde
Von Richthofen M	80	D	FA69 KG2 JASTA2,11 JGI
Fonck R	75	F	C47 N12 SPA103
Mannock E	73	E	SQN40,74,85
Bishop W	72	E	SQN21,60,86
Udet E	62	D	FAA206 FA68 KEK H ,JASTA15,37,11,4
Collishaw R	60	C	3(N) 10(N) SQN13,203,47
McCudden J	57	E	SQN3,20,29,66,56,60
Beauchamp R	54	ZA	SQN84
Mac Laren D	54	C	SQN46
Löwenhardt E	54	D	FAA265 JASTA10
Guynemer G	53	F	SPA3
Barker W	53	C	SQN9,4,15,28,66,139,201
Dallas R	51	A	1(N) SQN201,40
McElroy G	49	I	SQN24,40
Voss W	48	D	KG4 JASTA2,5,29,14,10
Jacobs J	48	D	FFA11 JASTA12,22,7
Little E	47	A	8(N) 3(N) SQN203
Fullard P	46	E	SQN1
Nungesser C	45	F	V106 N65 V116 SPA65
Rumey F	45	D	FAA19 JASTA2,5
Berthold R	44	D	FFA23 KEK VAUX JASTA4,14,18 JGII
Ball A	44	E	SQN13,11,8,60,56
Loerzer B	44	D	FFA25 FA60 FAA203 KEK J, JASTA17,26 JGIII
Gilmour J	44	E	SQN27,65,28
Baumer P	43	D	FA7 JASTA2,5
Hazell T	43	I	SQN1,24,203
Madon G	41	F	BL30 MF218 N38 SPA38
Boelcke O	40	D	FA13,62 JASTA2
Buchner F	40	D	FFA270 JASTA9,13
Von Richthofen L	40	D	KG4 JASTA11
Jones J	40	E	SQN10,74

BIJLAGE IX

SAMENSTELLING van het PERSONEEL en MATERIEEL op 1 JULI 1915

Bemanningen	funct	toestel	opmerkingen
1° Escadrille: Demanet			
Kap. Demanet	p	Nieuport	in herstelling
Lt. Wouters	w		
Lt. Jacquet	p	M. Farman 80HP	
Lt. Vindevogel	w		
O/Lt. Hanciau	p	M. Farman 80HP	
Lt. Collignon	w		
Adj. Behaeghe	p	M. Farman 80HP	
Lt. Verhaegen	w		
Lt. Hiernaux	p	M. Farman 80HP	
O/Lt. Delelienne	w		
Lt. Petit	p	M. Farman 80Hp	in herstelling
2° Escadrille: Iserentant			
Lt. Iserentant	p	M. Farman 80HP	
Lt. Delfosse	w		
Adj. Deroy	p	M. Farman 80HP	
Lt. Mazuir	w		
Sgt. Delattre	p	M. Farman 80HP	
Lt. Landrin	w		
Cpl. Desclee	p	M. Farman 80HP	
Lt de Cartier	w		
Adj. Castiau	p	Nieuport	
Lt. Robin	w		
O/Lt. Olieslagers	p	Nieuport	
3° Escadrille: Dhanis			
Lt. Dhanis	p	Voisin	
Lt. Bronne	w		
O/Lt. Hugon	p	Voisin	motor in herstelling
Lt. Debary	w		
O/Lt. Orta (Tony)	p	Voisin	
Lt. Gouzée	w		
Lt. Poot	p	Voisin	
O/Lt. Doneux	w		
Lt. Hedo	p	Voisin	in herstelling
O/Lt. Declercq	w		
4° Escadrille: Hagemans			
Cpt. Hagemans	p		evalidatie
Lt. Renard	p	M. Farman 80HP	
O/Lt. de Crombrugghe	w		
O/Lt Crombez	p	Nieuport	
Lt. Stellingwerff	w		
Lt. Richard	p	M. Farman 80HP	

O/Lt.Limnander	w		
Sgt.Kervyn	p	M.Farman 80HP	
Lt.d'Hendecourt	w		
Sgt.de Meeus	p	M.Farman 80HP	
O/Lt.Coomans	w		
Lt.Gallez	p		in opleiding
O/Lt.Goebbels	p	M.Farman 80HP	in herstelling
Cpt.Schmit	w		in hospitaal

5° Escadrille:Moulin

O/Lt.Vertongen	p	H.Farman-Rhône	
Lt.Maulin	w		
Lt.Dony	p	H.Farman-Rhône	
O/Lt.Dumont	w		
Adj.Braun	p	H.Farman-Rhône	
O/Lt.de Woelmont	w		
Adj.Peeters	p	H.Farman-Rhône	in herstelling
Cpl.Vanderpoorten	p	H.Farman-Rhône	
O/Lt.Rigaux	w		

Watervliegtuigen

Cpt.De Bueger	p
Lt.Russchaert	w

Op zending voor het ophalen van nieuwe toestellen
----
te Villacoublay:(Nieuport)O/Lt.Tyck,O/Lt.Lagrange (Voisin)Adj.Orta J Lt.de Buslet (waarnemer)
te Etampes:(Voisin)Lt.De Smet,(M.Farman)1°Sgt.Olieslagers M , O/Lt de T'Serclaes (waarnemer)
School te Etampes:Lt.Noirsin en O/Lt.Boschmans

BIJLAGE X

DE "MILITAIRE LUCHTVAART in FEBRUARI 1916

Commandant WAHIS
(vanaf 21-02-1916 opgevolgd door majoor VAN CROMBRUGGE)
(Hoofdkwartier De Panne)

Operationele directie	Technische directie	Vliegschool
Cdt WAHIS	Majoor L.TOURNAY	

1°esc. Koksijde	Reparatiepark	Etampes
Lt.DEMANET	Beaumarais	
2°esc. Koksijde		
Lt.ISERENTANT		
3°esc. Koksijde		
Lt.DHANIS		
4°esc. Houtem		Opmerking:
Lt.HAGEMANS		-de 1° en 5° escadrille zijn jachtescadrilles
5°esc. Houtem		-de 2°, 3°, 4° en 6° escadrille zijn bestemd voor het
Cdt.MOULIN		uitvoeren van verkenningen,observaties en bombar-
6°esc. Houtem		dementen.
Kpt.HEDO		
Frans-Belgische esc.		-deze herschikking is een gevolg van het legerorder
C74 Hondschoote		nr 259 uitgevaardigd op 28 januari 1916.
Esc. watervliegtuigen		
Calais		

BIJLAGE XI

VERNIELDE VLIEGTUIGEN

Datum	Plaats	Bemanning (-)gekwetst (+)gesneuveld	Oorzaak	Toestel type
1914-08-04	Laroche	Jaumotte-Bussy	omslaan	
1914-08-10	Wilrijk	Dechamps	noodlanding	
1914-08-14	Wilrijk	Hanciau	omslaan	
1914-08-14	Wilrijk	Petit	omslaan	
1914-08-17	Leuven	Boonaert(-)-Hugon	neerstorten	
1914-09-05	Buc (Fr)	Soumoy(+)	neerstorten	FarmanHF20
1914-09-12	Oostende		2 toest.stormweer	FarmanHF20
1914-09-12	Wilrijk	Vertongen-Wahis	val	
1914-09-25	Kontich	Carbury(-)-de Ligne(-)	val bij start	
1914-09-29	Kontich	Tyck-Collignon	noodlanding	
1914-11-18	Amiens (Fr)	Demanet	slechte landing	H.Farman
1914-12-06	Veurne	Lagrange(-)-Hiernaux	slechte landing	
1914-12-21	Diksmuide	Noirsin-Dechamps(+)	ontploffing obus	
1914-12-21	De Panne			
1914-12-28	St.Pol (Fr)		8 toest.stormweer	
1915-02-18	Treport (Fr)	Goethals	ongeval	M.Farman
1915-03-13	Nieuwpoort	Constantin		
1915-03-13	De Panne	Smits(+)-Ciselet(-)	slechte landing	M.Farman
1915-04-11	Eeklo	Hugon-Declercq	slechte landing	M.Farman
1915-05-07	Villacoublay(Fr)	Bussy(+)	ongeval	
1915-05-11	Poperinge	Hagemans-Gallez	neerstorten	
1915-06-02		Petit-Benselin	neergeschoten	
1915-07-01	Villacoublay(Fr)	Lagrange(+)	val bij start	
1915-09-06	Calais(Fr)	Tyck	slechte landing	Nieuport
1915-11-11		Dony-de Crombrugghe	neergeschoten	
1915-11-28	Oostduinkerke	Hedo-Rombeaux	motorpech	
1915-12-19	Avekapelle	Robiano-Robin	neergeschoten	Nieuport
1916-01-09		De Meeus-Coomans		
1916-01-19		Dony	neergeschoten	Nieuport
1916-02-01	Etampes	Taccoen	ongeval	
1916-02-07		Rondeau	omslaan	
1916-02-09		Dony	motorpech	
1916-03-13	De Panne	Smits(+)-Ciselet(-)	slechte landing	
1916-03-20		Rigaux(+)-Rondeaux(-)	neergeschoten	
1916-04-15		Poot-Coomans	slechte start	
1916-05-17		Coomans-Lambert	omslaan	
1916-07-01	Reninge	Olieslagers-Gilles(+)	neergeschoten	H.Farman
1916-07-07		Kervyn	omslaan	
1916-07-30		Wouters		
1916-07-30		Lints(-)-Janssens(-)		
1916-07-31		Goyens-Mauroy	motorpech	
1916-07-31		De Neef	motorpech	
1916-08-06	Westvleteren	Choisnet-Crahay	motorpech	Caudron
1916-08-15		Thieffry-Decubber	slechte start	
1916-09-08		Jacquet-Robin	neergeschoten	
1916-09-30	Krombeke	Manseron-Toussaint	omslaan	
1916-10-09		Laffon-Stas	omslaan	
1916-10-21		Cambier		
1916-10-22	Oostvleteren	Damelincourt(-)-de Zaeytijdt	neergeschoten	
1916-11-28		Lambert		
1916-12-13		Pirmez-Declercq	slechte landing	
1916-12-19	St.Malo(Fr)	Roobaert(+)	neergestort	Nieuport
1917-03-24	Lampernisse	Van Cotthem	omslaan	
1917-04-08	Bovekerke	Glibert(+)-Callant(+)	neergeschoten	BE.2C
1917-04-27		Lithauer-Michaux	motorpech	Caudron
1917-05-01	Esen-Vladslo	Pauli(+)-De Bersacques(+)	neergeschoten	M.Farman
1917-05-12	Diksmuide	de Goussoncourt(+)-De Cubber(+)	neergeschoten	Nieuport
1917-05-29	De Moeren	de Woot de Trixhe(+)	slechte landing	M.Farman40
1917-06-03	Gistel	Collignon-de Lounart	neergeschoten	M.Farman40
1917-06-08	Proven	Bouchon-Ronge	motorpech	
1917-06-14	Steenkerke	Thieffry	motorpech	
1917-07-12	Nieuwpoort	Sterpin-Robin	motorpech	
1917-07-17	Vladslo	de Meeus-Kervyn de Lettenhove	neergeschoten	M.Farman40
1917-07-27	Woumen	Vilain XIII-Van Sprang	neergeschoten	M.Farman
1917-07-28		Michaux(-)	slechte landing	

Datum	Plaats	Bemanning	Oorzaak	Toestel
1917-08-09	Oostduinkerke	Gordinne	neergeschoten	Nieuport
1917-08-09		de Meeus-Coomans	neergeschoten	
1917-08-12	Wulvergem	Manceron-Toussaint	motorpech	
1917-08-17	Steenkerke	Vertongen-Ochs	motorpech	Caudron G4
1917-08-17	Houtem-Veurne	Burnies	slechte start	Caudron G4
1917-08-18	Oudekapelle	Verbessem	omslaan	
1917-08-21	Oeren	Manceron-Toussaint	motorpech	Caudron
1917-08-22	De Moeren	Hallet(+)de Maelcamp d'Opstaele(+)	neergestort	M.Farman40
1917-08-29		Delelienne	slechte landing	
1917-09-01		Thieffry	noodlanding	Spad
1917-09-21	Gijverinkhove	Lallemand-Cornelius	motorpech	
1917-09-21	Gijvelde(Fr)	Gordinne	motorpech	
1917-09-22	Avekapelle	Brabant-Van Geel	motorpech	
1917-09-30	Alveringem	Hanciau(+)	neergeschoten	Nieuport
1917-10-23	Oudekapelle	Van Geel(+)-Herman(+)	neergeschoten	RE 8
1917-10-30		de Meeus-Montgenast	neergeschoten	Sopwith
1917-11-04		Olieslagers	omslaan	
1917-11-20	Kaaskerke	Ciselet(+)	neergeschoten	Spad 7
1917-11-29		Jamar-Lamarche	motorpech	
1917-12-05	De Panne	Braun Ter Meeren(+)	neergestort	Spad 7
1917-12-07	Diksmuide	Verhoustraeten(+)	neergeschoten	Nieuport 17
1917-12-19	Wulvergem	Verbessem(+)	neergeschoten	Sopwith
1918-02-17	Koksijde-Bad	Mouton-Depage	neergeschoten	
1918-02-23		Thieffry	vermist	
1918-03-18		Pirmez-Berquet	neergeschoten	
1918-04-13	Oostduinkerke	Wauters	noodlanding	
1918-04-18		Pamez-Becquel	neergeschoten	
1918-04-23		Malherbe-Biver	slechte landing	
1918-05-09	Koksijde	Pringiers(+)	ongeval	Sopwith 1A2
1918-05-10	De Moeren	Montgenast(-)-Vlieckx	slechte landing	
1918-05-10		De Grauw	vermist	
1918-05-18	Woumen	Ciselet(+)	neergeschoten	
1918-05-19	Houtem-Veurne	Van Stappen(+)	neergestort	Sopwith
1918-05-21	De Moeren	Cornesse(+)-Vlieckx(+)	neergestort	Sopwith
1918-06-04	Houtem-Veurne	Malherbe(+)	neergestort	Sopwith
1918-06-12		de Chestret		
1918-06-27		Max Olieslagers	slechte landing	Sopwith
1918-06-30		Dubost(-)-Bael(-)	noodlanding	RE 8
1918-07-11		Demeulemeester	motorpech	
1918-07-16		Labrique	motorpech	Nieuport
1918-07-18		Heyvaert	motorpech	
1918-07-19	Steenkerke	Goosens	motorpech	
1918-07-22	Zoutenaaie	Cornelius(-)-Lagae(-)	motorpech	
1918-07-29	Hondschote(Fr)	Goethals	motorpech	
1918-08-07	Houtem-Veurne	Boel(+)	neergeschoten	Sopwith
1918-08-30	Lampernisse	Ledure(-)	neergeschoten	Spad
1918-09-12	Reninge	Cremers	omslaan	Hanriot
1918-09-14	Steenkerke	Colignon(+)	neergestort	Sopwith
1918-09-17		Lagae-Demese	slechte landing	Sopwith
1918-09-21		Gerber-Firon	slechte start	
1918-09-28	Kortemark	Cajot-Bricoult	vermist	
1918-09-28	Klerken	Coomans(+)-de Roest d'Alkemade	neergeschoten	Spad XI
1918-10-01	De Moeren	Dony(+)	neergestort	Spad 7
1918-10-03		Jamar	neergeschoten	
1918-10-03	Oostnieuwkerke	Gisseleire(+)-Roland(+)	neergeschoten	Spad XI A2
1918-10-04	Beveren-Roeselare	Martin	neergeschoten	Nieuport 17
1918-10-07	Alveringem	De Ruyter(+)	neergeschoten	Sopwith
1918-10-09	Staden	Goethals(+)	neergeschoten	Spad 7
1918-10-14	Passendale	Gallez	schroef gebroken	
1918-10-20	Adinkerke	Gruber(+)	slechte landing	

Opmerking:
Deze lijst is opgemaakt uit de gegevens beschikbaar in de dagorders (O.J.A. Documentatiecentrum CHD te Evere) en de artikels van Commandant Mathieu "Les débuts de L'Aviation Militaire Belge" verschenen in B.B.S.M. Slechts de toestellen waarbij de bemanning is gekend of deze vernietigd als gevolg van een stormweer zijn in deze lijst opgenomen.

BIJLAGE XII

AANTAL BRUIKBARE TOESTELLEN

Aantal toestellen	11	6	10	22	16	28	25	32	39	48	50	73	67	95	127	111
Maand/jaar	8/14	2/15	3/15	6/15	11/15	1/16	5/16	6/16	7/16	8/16	7/17	8/17	10/17	4/18	7/18	8/18

BIJLAGE XIII

BELGISCHE PILOTEN en BALLONVAARDERS GESNEUVELD in W.O.I

Naam	eenheid	datum	plaats
Liedel Felix		08-06-1914	Martelange
Hubert Raymond		10-07-1914	Kiewit
Soumoy Jules	3° esc.	05-09-1914	Buc
Dechamp François	2° esc.	21-12-1914	Ghyvelde
Lambotte Gerard	Pil.school	02-02-1915	St.Pol S/Mer
Bussy Leopold	3° esc.	07-05-1915	Villacoublay
Taccoen Robert	Pil.school	21-06-1915	Etampes
Lagrange Robert	1° esc.	01-07-1915	Bievres
Michaux Henri	Pil.school	01-02-1916	Etampes
Smits Andre	5° esc.	13-03-1916	De Panne
Rigaux Pierre	4° esc.	20-03-1916	De Panne
Gilles Victor	5° esc.	01-07-1916	Reninge
Evrard Marcel	Pil.school	21-09-1916	Etampes
Deproost Robert	3°sec.Bal.	12-10-1916	Eikhoek
Behaeghe Aimé	Esc.Hydro	04-12-1916	Dumbo (Congo)
Robaert Egide	1° esc.	19-12-1916	St.Malo
Faning Richard	C74 FR-BE	07-04-1917	Bikschote
Glibert Armand	6° esc.	08-04-1917	Koekelare
Callant Jules	6° esc.	08-04-1917	Koekelare
Pauli Jean	3° esc.	01-05-1917	Vladslo
De Bersacques	3° esc.	01-05-1917	Vladslo
de Goussoncourt Paul	3° esc.	12-05-1917	Diksmuide
De Cubber Leon	3° esc.	12-05-1917	Diksmuide
de Woot de Trixhe F.	1° esc.	29-05-1917	De Moeren
Kervyn de Lettenhove	4° esc.	17-07-1917	Vladslo
de Meeus Jacques	4° esc.	17-07-1917	Vladslo
Hallet Lucien	2° esc.	22-08-1917	De Moeren
de Maelcamp D'Opstaele	2° esc.	22-08-1917	De Moeren
Hanciau Paul	1° esc.	30-09-1917	Alveringem
Herman Eduard	6° esc.	23-10-1917	Oudekapelle
Van Geel Henri	6° esc.	23-10-1917	Oudekapelle
Ciselet Robert	5° esc.	20-11-1917	Kaaskerke
Demeulemeester J.	Pil.school	05-12-1917	Etampes
Braun Ter Meeren P.	5° esc.	05-12-1917	De Panne
Verhoustraeten Armand	1° esc.	07-12-1917	Diksmuide
Verbessen Charles	1° esc.	19-12-1917	Wulveringem
Vertongen René	Avi/Parc	01-02-1918	Oye

de Melotte de Lavaux P.	Avi/Parc	11-03-1918	Beau-Marais
Artan de Saint Martin L.	Pil.school	24-04-1918	Juvisy
Pringiers Fritz	2° esc.	09-05-1918	Koksijde-Bad
Ciselet Marcel	6° esc.	18-05-1918	Woumen
Van Stappen Victor	4° esc.	19-05-1918	Houtem/Veurne
Vlieckx René	3° esc.	21-05-1918	De Moeren
Cornesse William	3° esc.	21-05-1918	De Moeren
Van Dyck Léon	Pil.school	23-05-1918	Juvisy
Malherbe Didier	4° esc.	04-06-1918	Houtem/Veurne
Galler Robert	Pil.school	02-07-1918	Juvisy
Boel Gaston	6° esc.	07-08-1918	Houtem/Veurne
Kasel Gabriel	Pil.school	04-09-1918	Athis-Mons
Colignon Léon	6° esc.	14-09-1918	Steenkerke
Coomans Charles	7° esc.	28-09-1918	Klerken
de Roest d'Alkemade J.	7° esc.	28-09-1918	Klerken
Dony Jules	10° esc.	01-10-1918	De Moeren
Gisseleire Albert	4° esc.	03-10-1918	Oostnieuwkerke
Roland Max	4° esc.	03-10-1918	Oostnieuwkerke
Martin Max	11° esc.	04-10-1918	Beveren
Eckstein Serge	1° sec.Bal.	05-10-1918	Passendale
Demot Jean	3° sec.Bal.	05-10-1918	Passendale
De Ruyter Gaston	11° esc.	07-10-1918	Alveringem
Goethals Jacques	10° esc.	09-10-1918	Staden
Gruber Servais	4° esc.	20-10-1918	Adinkerke
Gilson Arthur		26-10-1918	Calais
Jonniau Fernand	2° cie Bal.	30-10-1918	Brugge
de Montigny Charles	10° esc.	31-10-1918	Calais
Lebon Pierre	Dir.gen.	08-11-1918	Parijs
Demanet Arsène	Ex cdt 1°esc	10-11-1918	De Pinte

BIJLAGE XIV

De MILITAIRE LUCHTVAART in MAART 1918

1° GROEP: verkenning
    1° esc.(park) Koksijde:Cdt.MICHAUX (niet operationeel,onderhoud)
    2° esc. De Moeren:Cdt.ISERENTANT (Breguet 14A2)
    3° esc. De Moeren:Kpt.DHANIS (Breguet 14A2)
2° GROEP: verkenning
    4° esc. Houtem :Cdt.RICHARD (SPADXI)
    5° esc. Bray-Dunes: Cdt.HUGON (niet meer operationeel SPAD XI)
    6° esc. Houtem :Cdt.DESMET (SPAD XI)
    7° esc. Houtem: Cdt.JAUMOTTE (M.Farman 11bis)
    8° esc. Coudekerke:is nooit volledig operationeel geweest
1° GROEP: jacht (Groep JACQUET)
    9° esc. (ex 1°esc.) De Moeren:Cpt.GALLEZ (Hanriot HDI)
    10° esc. (ex 5°esc.) De Moeren:Cpt.DONY (SPAD VII)
    11° esc. De Moeren:Cdt.HIERNAUX (Sopwith Camel)
C74 (Frans-Belgische esc.) Hondschoote:Cdt de BUEGER
Esc. watervliegtuigen Calais
Militaire Luchtvaartschool Juvisy

BIJLAGE XV

BASIS van de ESCADRILLES

Escadrille	Basis									
1° esc	Ans 04.08.14	Wilrijk 07.08.14	Oostende 03.10.14	St.Pol 12.10.14	Kerkepanne 17.10.14 (enkele dagen)	Koksijde maart 15	De Moeren 11.12.16	Houtem 12.09.18	Aartrijke 30.10.18	
2° esc	Chimay 24.08.14	Buc 28.08.14	Oostende 10.09.14	Wilrijk 14.09.14	Gent 07.10.14	St.Pol 11.10.14	Koksijde maart 15	De Moeren 20.02.17	Houtem 12.09.18	Male 30.10.18
3° esc	Wilrijk 07.08.14	Erps Kwerps 12.08.14	Herent 12.08.14	Wilrijk 20.08.14	Oostende 03.10.14	St.Pol 11.10.14	Koksijde maart 15	De Moeren 28.05.17	De Moeren 12.09.18	Oostkamp N. 30.10.18
4° esc	Wilrijk 07.08.14	Oostende 03.10.14	St.Pol 12.10.14	Houtem 16.04.15	Hondschote 23.12.17			Hondschote februari 18	Hondschote 12.09.18	Oostkamp Z. 30.10.18
5° esc	Leuven 11.08.14	Wilrijk 18.08.14	Gent 07.10.14	Oostende 11.10.14	St.Pol 12.10.14 december 14	ontbonden	Houtem(actief) 15.04.1915	De Moeren 01.07.17	Bray-Dunes 24.02.18	Bray-Dunes 12.09.18	Oostkamp N. 30.10.18
6° esc			Houtem(opgericht) 01.02.1917		Hondschote 23.12.17		Houtem februari 18	Houtem 12.09.18	Oostkamp Z. 30.10.18	
7° esc						Houtem (opgericht) maart 18		Houtem 12.09.18	Maria Aalter 30.10.18	
8° esc						Coudekerke (opgericht) maart 18		Quaedypre 12.09.18	Oostkamp N. 30.10.18	

9°esc				De Moeren 01.02.18	De Moeren 12.09.18	Moerkerke 30.10.18
10°esc				De Moeren 01.02.18	De Moeren 12.09.18	Moerkerke 30.10.18
11° esc.				De Moeren maart 18	De Moeren 12.09.18	Moerkerke 30.10.18
C74	St.Pol 12.10.14	Hondschote maart 15	Roesbrugge 22.06.16	Hondschote juli 16	bij FR 36 CA 23.12.17	
Esc. Hydro	Calais (opgericht) 30.06.15	vertrek Calais 07.01.16	Matadi 04.02.16	M'Toa 13.05.16	Calais 13.05.17	Calais 12.09.18	Calais 30.10.18
Parc	Wilrijk 07.08.14	Oostende 03.10.14	Beaumarais 01.03.15			
School	Brasschaat 06.08.14 — Wilrijk 07.08.14 ┐ 2° School te St. Agatha Berchem 11.08.14 ┘		Wilrijk (samensmelting) 20.08.14	Etampes 01.03.15	stoppen activiteit 15.12.17	Juvisy 01.01.18

Bibliografie
Historische publicaties

ANGELUCCI E.-MATRICARDI P.	Practisch handboek Vlieguigen, Helmond 1975.
BAILEY F.-FRANKS N.-GUEST R.	Above the lines, London 1993.
BAILEY F.-FRANKS N.-GUEST R.	Bloody April...Black September, London 1995.
BERGET A.	La Télégraphie sans fil, Paris 1921.
BODENSCHATZ K.	Jagd in Flanderens Himmel, Munchen, 1938.
BRUCE A.	An illustrated companion to the First World War, London 1989.
BURGE C.G.	Encyclopedia of Aviation. London 1935.
CLARCK A.	Aces High. The war in the air over the Western Front 1914-1918, London 1973.
COLE C.	Royal Flying Corps. Communiques 1915-1916, London 1969.
COLE C.	Royal AIr Force. Communiques 1918, London 1969.
COOKSLEY P.	BE2 in action. Aircraft Number 123, Carrollton 1992.
COOPER B.-BATCHELOR J.	Bommenwerpers 1914-1939, London 1977.
COPPENS W.	Reclassements. Hélice en croix, Genève 1945.
COPPENS W.	Jours envolés, Paris 1932.
COPPENS W.	Aviaterus celèbres et un intrus au temps des hélices, Oostende 1969.
DE LAMINNE J.	Le printemps de l'aviation Belge, Liège 1938.
DUFLOU R.	Gebeurtenissen te Vlamertinge tijdens de oorlog 1914-1918, Langemark 1964.
FACON P.	L'Encyclopédie illustrée de l'Aviation. 16 delen, Paris 1982-1985.
FLIPTS A.-FAILLIE M.&R.	Marke 2; Wereldoorlog 1, Marke 1984.
FRANKS N.-BAILEY F.	Over the front, London 1992.
FRANKS N.-GUEST R.-SHORES C.	Above the trenches, London 1996.
GERARD H.	Les As de l'Aviation Belge, Bruxelles 1985.
GESQUIERE J.	Veurne tijdens de Wereldoorlog 1914-1918, Brugge 1979.
GIBBONS F.	The red knight of Germany, London 1930.
GILBERT J.	The Great Planes,
HUTH H.	La Radiodiffusion,Puissance Mondiale, Paris 1937.
IMRIE A.	Pictural History of the German Army Air Service 1914-1918, London 1971.
IMRIE A.	German Bombers of World War One, London 1990.
KILDUFF P.	Germany's first air force 1914-1918, London 1991.
KILDUFF P.	Over the Battlefronts. Amazing Air Action of World War One, London 1996.
MANGIN J.A.	Sous nos ailes, Arlon 1977.
MANGIN J.A.-CHAMPAGNE J.P.	L'Aviation Militaire Belge-Insignes et traditions, Arlon 1972.
MATHIEU E.	Les Débuts de l'Aviation Militaire Belge, Bruxelles 1938.
MUNSON K.	Pioneer aircraft 1903-1914, London 1969.

OLIVER D.	HENDON Aerodrome. A History, Shrewsbury 1994.
PACCO J.	History of the Belgian Air Force 1910-1990, Averbode 1990.
PENROSE H.	British Aviation. The great War and Armisitice, London 1969.
PERNET A.	Les avions de la guerre 1914-1918, Verviers 1961.
PETIT J.J.	Les As de l'Aviation. 1914-1918.
RICHTHOFEN M. von	Der rote Kampfflieger, Berlin 1933.
ROUSSEL J.	Le premier livre de l'amateur de T.S.F., Paris 1923.
SAUNDBY R.	L'âge héroique de l'aviation, l'épopée des as du ciel, Londres 1971.
SERVAIS A.	Filiations des Unités de la Force Aérienne, Bruxelles 1978.
SIMKINS P.	Air Fighting 1914-1918, London 1978.
UREEL L.	De Kleine Mens in de Grote Oorlog, Tielt 1984.
VAN DER KLAUW B.	Gevechtsvliegtuigen 14-18, Alkmaar 1988.
VAN DER KLAUW B.	Het jachtvliegtuig, Alkmaar 1988.
VAN ONSEM R.-VAN THIENEN A.	Geschiedenis van het Belgisch leger van 1830 tot heden, Doornik 1982.
VANOVERBEKE L.	Moorsele één dorp, twee vliegvelden, Kortrijk 1993.
VER ELST A.	Heroische luchtgevechten in Wereldoorlog I, Amsterdam 1966.
VILAIN W.	80 jaar Vliegveld Koksijde, Herentals 1996.

Onuitgegeven documenten en artikels

Carnet de Campagne de Charles Coomans.
Carnet des vols effectués par le lieutenant Hedo.
De Belgische militaire kokardes door Cdt. H.Verelst in Forum december 78-januari 79.
Groupe de Chasse-9° escadrille-Les Moères Belges-Extrait de mon canet de vol.
Histoire 2° Escadrille.
Historique de la 6° escadrille d'aviation par Gén.Desmet.
Historique de la 9° Escadrille par F. Jacquet.
La Grande Guerre in A vol d'Oiseau n° spécial 50 ans d'aviation militaire.
Les mitraillieuses Lewis et notre aviation Militaire par M.Terlinden in Le Musée d'Armes april 1984
Poperingse vliegvelden 1914-1918 van Depoorter C. in Gidsenkroniek Westland n° 24 1986.
Ordres journaliers in het Centrum voor Historische Doucumentatie te Evere.
Naissance d'une force aérienne belge in Informatietijdschrift der taktische Luchtmacht,oktober 1968.
Vliegveld Koksijde in Wereldoorlog I door R.Desender in De Gidsenkring n° 7 1969.

Herkomst illustraties

Koninklijk Legermuseum Brussel:17,24,28,30,48,51,52,55,57,59,65,68,70,74,77,78,81,84,89,94,97,100
103,108,109,111,117,118,120,123,128,133,137,143,145,149,153,157
159,165,168,171.

Alle andere foto's zijn afkomstig uit privéverzamelingen.

Inhoud

Voorwoord	5
Eerste vliegtuigen	7
De "Compagnie des aviateurs"	14
Ballonvaart	18
Start met hindernissen	29
Verdediging van Antwerpen	35
De IJzerslag	41
Wacht aan de IJzer	47
Luchtfotografie en telegrafie	56
Bewapening	61
Reorganisatie	69
Strijd om de suprematie	73
Kalmte aan het westelijk front	77
Het jaar van de ommekeer	88
Jagers in de lucht	92
Wisselende kansen	105
Toenemende druk	109
Een woelige zomer	113
De storm luwt	127
1918:Het jaar van de waarheid	134
Wachten op succes	137
Heroische meidagen	147
Ballonnenjacht	152
Het bevrijdingsoffensief	160
Bijlagen	172
Bibliografie	188
Inhoud	190

DE KRIJGER

Krijgsgeschiedenis

BOEKHANDEL & UITGEVERIJ

Dorpsstraat 144 - 9420 Erpe

Tel. (053) 80 84 49 - Fax (053) 80 84 53

Open: maandag tot zaterdag van 14 tot 19 uur.

Op het ogenblik zijn er ongeveer 14.000 titels (± 40.000 boeken) in voorraad, uitsluitend militaire geschiedenis. Zeker een bezoek waard!

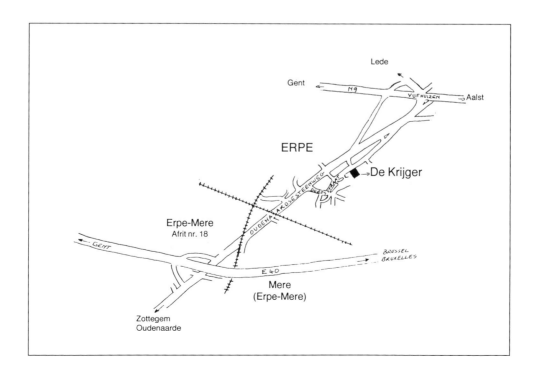

De winkel met een totale oppervlakte van 400 m² is onderverdeeld in 3 delen:
1) 2de W.O.
2) 1ste W.O. - Oudheid - Vuurwapens - Moderne oorlogvoering
3) Reeksen - Uitgevers.

De boeken zijn geklasseerd volgens onderwerp. Oude, uitverkochte en nieuwe boeken staan niet afzonderlijk. Er is ook een zoekdienst voor oude en uitverkochte boeken, uitsluitend krijgsgeschiedenis. U kan steeds een lijst brengen van boeken die u zoekt. Vermeld wel zoeklijst. Boeken op een zoeklijst en bestellingen blijven geldig tot levering of annulatie.

Wij kopen oude boeken, tijdschriften, loten en verzamelingen in elke taal op, alleen krijgsgeschiedenis. Gooi niets weg, het is altijd wel iets waard bij DE KRIJGER.